中公新書 2249

根本 敬著

物語 ビルマの歴史

王朝時代から現代まで

中央公論新社刊

物語　ビルマの歴史†目　次

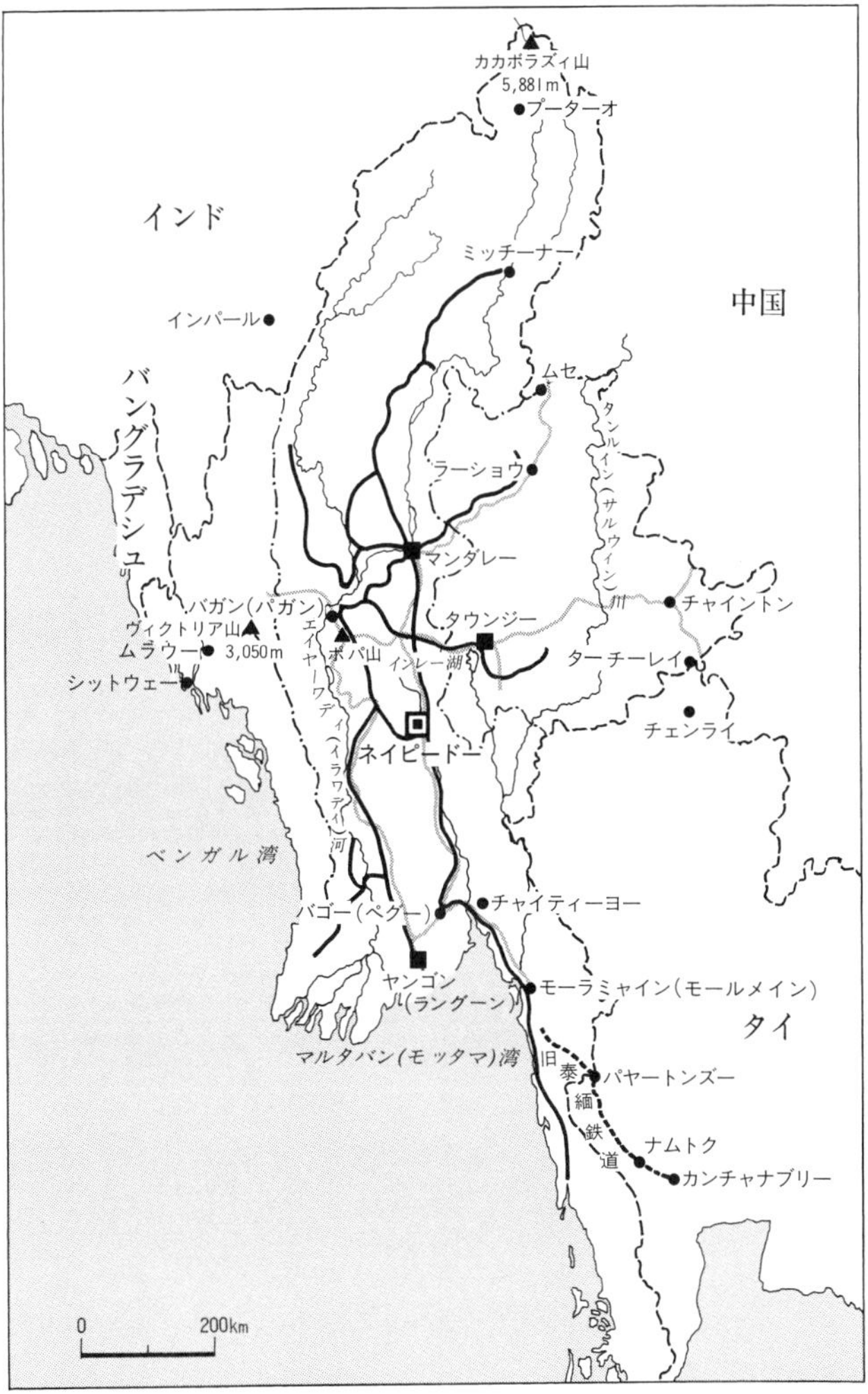

ビルマ（ミャンマー）略地図.

物語　ビルマの歴史

王朝時代から現代まで

序章

ビルマ（ミャンマー）という国

ビルマの歴史世界へようこそ。

いきなり古い時代の歩みから説き起こす前に、準備体操として、まずはこの国の基本的な情報から紹介することにしたい。国名をめぐる問題（ビルマなのかミャンマーなのか）、人々が住む国土と自然環境の特徴、そして民族・言語・宗教の多様性についてである。これらを知ってからこの国の歴史を見ていくと、理解がいっそう深まるはずである。

1　ビルマかミャンマーか――国名をめぐる基礎知識

本書ではこの国の名称について「ビルマ」を用いる。日本で明治期（十九世紀後半）から長年にわたって使われてきた呼び方である。しかし、インターネットや新聞・雑誌、テレビで見るこの国の名前は圧倒的に「ミャンマー」が多い。「ビルマ」と「ミャンマー」、なぜ異なる二つの呼び方があるのか。歴史的背景にも触れながら説明してみたい。

この国のビルマ語名称は一九四八年の独立時からずっと「ミャンマー」である。一方、英語名称のほうは「バーマ（Burma）」が公式に使われ、国際社会でもその名前で知られてきた。日本でも「ビルマ」という呼称が用いられてきた。ところが、一九八八年九月に民主化運動を封じ込んで登場した軍事政権は、翌一九八九年六月に突然、英語の国名を「バーマ」から「ミャンマー（Myanmar）」に変更すると宣言した。すなわち、英語の国名もビルマ語の「ミャンマー」に統一すると決めたのである。

ビルマでは王朝時代（十一～十九世紀）から、書き言葉（文語）では「ミャンマー」が使われ、しゃべり言葉（口語）では「バマー」が使用されてきた。いまでもビルマ人同士の会話（とりわけ年長者のあいだ）では「バマー」がよく使われる。英語の「バーマ」はこの口語の「バマー」を起源にしている可能性がある。「バマー」や「バーマ」はオランダ語では「ビルマ（Birma）」と表記されたため、日本では明治初期にこのオランダ語の呼び方が導入され、漢字表記の「緬甸《めんてん》」とともに日本語のなかに定着した経緯がある。

「ミャンマー」（文語）と「バマー」（口語）に意味上の違いは見出せない。いずれも歴史的には狭義の「ビルマ民族」や彼らが住む空間を意味したからである。現在でいうカレン民族やシャン民族などの少数民族を含む国民全体を表す概念ではないことに注意が必要である。しかし、軍事政権は英語国名を「ミャンマー」に変更したとき、「ビルマ」と「ミャンマー」に意味上の違いが存在するかのような無理な説明を行った。それは「バマー」は狭義の「ビルマ民族」を指し、「ミャンマー」は少数民族を含む「国民全体」を意味するという解釈である。それに基づいて英語国名もビルマ語名称の「ミャンマー」に統一すべきだと結論づけたわけである。

軍事政権がつくりあげたこの新しい解釈はしかし、歴史的根拠に欠ける。もし「バマー」と「ミャンマー」とのあいだに意味上の違いをあえて見出そうとするのなら、その答えは軍政のそれとは逆になるはずである。というのは、軍政の中核であるビルマ国軍の誕生と密接な関係を有する一九三〇年代の反英ナショナリスト団体タキン党（我らのビルマ協会）が、文語の「ミャンマー」ではなく、口語の「バマー」（英語のバーマ）こそ「ビルマ国民」全体の呼称としてふさわしいと主張し、その使用に力を入れた経緯が存在するからである。日本軍が一九四二年から三年間この国を占領し、中途半端な「独立」を与えたときも（一九四三年八月）、国名はこのタキン党の解釈に従い、ビルマ語では「バマー」、日本語では「ビルマ（緬甸）」、英語では「バーマ」を使用した。軍政はこうした独立闘争期の史実を無視している。

ただ、たとえ説明に歴史的根拠や正統性がなくても、一国の政府が英語名称の変更を公的に宣言した以上、国内のみならず国際社会もそれに従わざるをえない面がある。国連ではすぐに英語名称を「ミャンマー」に切り替え、現在に至っている。日本政府も国会の承認を得て日本語呼称を「ミャンマー」に変更した（一九八九年）。日本のマスメディアも一部を除いて「ミャンマー」表記に変えた。文部科学省の検定を受ける学校の教科書も同じである。世界の多くの国々も、米国や英国などの例外を除き、二十一世紀に入るころまでには「ミャンマー」（ないしはそれに近い発音表記）を使うようになった。

一方、「バマー」「バーマ」「ビルマ」を使いつづけたほうがよいとする見解も根強く存在する。これを一番強く主張しているのは、ビルマの国内外で反軍政側に立ってきた人々、すなわち民主化運動を支持してきた人たちである。彼らは「クーデターで登場した軍事政権が国民の合意を得ずに英語呼称を一方的にミャンマーに変えた」ととらえ、その命令を非民主的と断じ、従うことを拒絶してきた。彼らは現在でも「バーマ（ビルマ）」を使いつづけている。民主化運動指導者のアウンサンスーチーも同じ理由に基づき、英語で発言するときは「バーマ」を使いつづけている。

これに加え、日本の国語表現のなかで定着した「ビルマ」という呼称を、わざわざ「ミャンマー」に変える必要はないという考えに基づき、「ビルマ」を使いつづける人がいる。これは興味深い判断である。たとえば現在の英国の公式名称を正確に訳せば「グレートブリテンおよび北アイルランド連合王国」であるが、その略称にあたる「連合王国」という国名を日本では誰も使っていない（外務省だけがある時期まで使用していたが、ほとんどの国民は気づかなかったのではないか）。「英国」や「イギリス」という呼称は、江戸時代から一貫して日本語のなかで使われており、一九二七年に国名が「グレートブリテンおよび北アイルランド連合王国」に確定しても、日本語による呼称をそれに合わせて変更するということはしなかった。英国政府からそのことに関して抗議を受けたという話も聞かない。一般に、相手側が国名を変えたからといって、必ずしも自国語における呼び方まで変えなければいけないという原則はない。そこに相手国に対する見下しなど差別意識が絡む場合は別だが（中国をシナと呼ぶなど）、「ビルマ」と「ミャンマー」の場合、そのような問題は存在しない。

こうした議論を考えると、「ビルマ」「ミャンマー」の呼称をめぐる判断は一筋縄ではいかないことがわかる。本書では「ビルマ」を用いるが、それは筆者が英語国名の「ミャンマー」への変更に関する当時の軍事政権の説明に納得できないことと、日本語として「ビルマ」という呼び方が長期にわたり定着してきたことを重視してのことである。けっして「ミャンマー」の使用を否定するわけではない。この国の名称は「ビルマ」「ミャンマー」のいずれで表現してもかまわないが、その背景にある議論については知っておいたほうがよい。公平を期すために「ビルマ（ミャンマー）」「ミャンマー（ビルマ）」というふうに併記して用いる方法もある。ちなみに、二〇一三年現在、この国の英語による公式名称はミャンマー連邦共和国（The Republic of the Union of Myanmar）である。

コラム1　ビルマ人の名前

アウンサンスーチーは「アウンサン家のスーチーさん」ではない。彼女の名前は「アウンサンスーチー」でワンセットである。ビルマには一部の少数民族を除き、姓にあたるものがない。ビルマ人が持つパスポートには無理やり「姓」と「名」に分割した名前が書き込んであるが、これは国際標準に合わせた便宜上の措置で、ビルマ人の感覚からいえば滑稽《こっけい》に映る。

かつては男女とも一音節ないしは二音節の名前が多かった。たとえば、独立後の初代首相を務めたウー・ヌ（一九〇七～九五）がそうである。ウーは成人男性に付ける敬称なので、名前そのものはヌだけである。かつて活版印刷が全盛のころ、日本語の手書き原稿で「ウー・ヌ」や「ヌ首相」と書くと、印刷工が間違えて「ウー・又」「又首相」と活字を組んでしまうことがあった。いまとなってはなつかしい思い出である。一九六〇年代に一〇年間にわたって国連の事務総長を務めたウー・タン（ウ・タント、一九〇九～七四）も、名前の部分はタンだけである。二人とも一音節とはいえ、ヌは「やわらかい」、タンは「清い」という意味を持つ。二音節の名前の例としてはネィウィンが挙げられる。一九六二年から八八年までこの国の独裁者として君臨し、「ビルマ式社会主義」を率いた元軍人の政治家である。彼の場合、ネィは「太陽」、ウィンは「輝く」を意味し、ミスター・サンシャインといった感じである。

一方、一九七〇年代あたりから三音節の名前が徐々に増えはじめ、一九九〇年代以降は四音節ないしはそれ以上の名前も目立つようになった。これには父や母、ないしは祖父や祖母の名前の一部ないしは全部をつけて、姓にあたるようなものを示したいとする心理が背景にある。

冒頭のアウンサンスーチーはその典型である。彼女が生まれた当時、四音節の名前はまだ例外的だったが、父からアウンサン、祖母からスー、母からチーをそれぞれとって名前を構成している（意味はアウン「勝利」、サン「特別」、スー「集める」、チー「澄む」）。日本占領期に国家元首を務めたバモオ博士の場合、その息子や娘の名前の一部には必ず「モオ」がつき、孫の代になると彼らの父（バモオの娘婿）ヤンナインの「ナイン」をさらに付している。その結果、ザーニーモオナインといった四音節の名前ができあがる。しかし、これを何代も続けていくと名前の「寿限無《じゅげむ》寿限無《じゅげむ》」化を招くことになり、結局四音節ないしは五音節を超えたある段階で、過去のどれかの人物の名前（の一部）を落としていくことになる。よって姓の成立までには至らない。

日本でいう「キラキラネーム」も一九九〇年代以降、男女を問わず増えている。派手で華やかな四音節（ときにそれ以上）から成る彼らの名前を、年長世代がどのように見ているのかは想像するしかないが、これも「変化」するビルマの象徴といえるかもしれない。

ちなみに、ビルマ人女性の名前の前につく「ドオ」は男性の「ウー」と同じく、敬称である。ドオ・アウンサンスーチーは「アウンサンスーチー氏」を意味する。ビルマでは自分の名前を呼ぶときでも敬称をつけることがあるので、そこが日本語とは異なる。

2　国土と自然環境

人口と面積

ビルマでは一九八三年を最後に人口調査が実施されていない（二〇一四年、三一年ぶりに実施予定）。よって、それ以降は推測統計に基づく数字しか利用できない。国際通貨基金（ＩＭＦ）による推計値に従えば、二〇一一年現在六二四二万人で、東南アジア全一一か国のうち、インドネシア、フィリピン、ベトナム、タイに次ぐ第五位である。国土面積のほうは日本の約一・八倍に相当する六七・七万平方キロを有し、こちらはインドネシアに次いで第二位である。人口密度は国連の二〇〇九年統計で一平方キロあたり七三・九人（国別で九八位）だが、国土面積を二〇一一年ＩＭＦ推計値の人口で割ると九二人になる。

位置

熱帯に属する国なので、日本よりかなり南の赤道付近に位置しているイメージを抱くかもしれない。しかし、実際の国土は北緯九度三六分〜同二八度二九分、東経九二度一〇分〜同一〇一度〇九分の範囲に存在し、全土が北半球に楽々おさまり、最北端の緯度は日本の奄美大島《あまみおおしま》とあまり変わらない。中国との国境にある標高五八八一メートルのカカボラズィ山は年間を通じて冠雪する（ちなみに同山の初登頂は一九九六年九月十五日、日本人登山家の尾崎隆による）。最南端の緯度もベトナム南部のカントーや、南シナ海の南沙《なんさ》諸島、中米コスタリカの首都サンホセとほぼ同じである。夏至に太陽の南中高度が九〇度になる北回帰線が国土の北部を通過している（マンダレー北二三〇キロあたり）。

国境は西からバングラデシュ、インド、中国、ラオス、タイの順で計五か国と接し、なかでも二一六〇キロにおよぶ中国との国境線がもっとも長い（その次がタイで一八〇〇キロ）。ベンガル湾・アンダマン海と接する二〇〇〇キロにおよぶ長い海岸線も有しているので、海陸両方を活用した交易に適した国土だといえる。日本との時差は二時間三〇分あり、ビルマのほうが日本を後追いする格好となっている（たとえば日本の夜十一時はビルマの同日夜八時三十分）。

自然環境

国土の中心からやや西側に、ビルマの象徴ともいえるエイヤーワディ（イラワディ）河が南北に流れている。北はミッチーナーから南はアンダマン海に向かって、その長さは日本最長の信濃川《しなのがわ》（全長三六七キロ）の五・九倍にあたる二一七〇キロにおよび、流域面積（河川に対して降水が流れ込む範囲）も日本の国土面積を上回る四一万平方キロに達する（ビルマ全土の六一パーセント）。下流域に九つの分流があり、広大なデルタ湿潤地帯を形成し、そこはビルマ最大のコメの生産地となっている。

エイヤーワディ流域は歴史的に「ビルマ世界」が形成された「舞台」だった。その「舞台」は特色ある二つの地帯から成る。ひとつは中部平原に広がる乾燥地帯である（古都マンダレーや多数の仏塔遺跡で知られるバガン〔パガン〕などが存在する地帯）。ここは年間降水量が東京の三分の二程度の一〇〇〇ミリ前後しかない。もうひとつは中部平原の南端からデルタ全域にかけて広がる湿潤地帯である（前首都ヤンゴン、パテイン、モーラミャインなどが存在する地帯）。こちらは年間降水量が二五〇〇ミリを超え、地域によっては四〇〇〇ミリから四五〇〇ミリにも達する。いずれも熱帯モンスーン気候に属し、南西のインド洋から湿った季節風が吹く五月から十月に雨が集中して降り（雨季）、逆に北東から乾燥した季節風が吹く十一月から四月は晴天が続く（乾季）。同じ雨季でも前述のように降水量は二つの地帯で大きく異なる。インド洋からビルマへ吹きつける南西からの湿った風が、デルタにはそのまま及んで大雨を降らせるものの、中央平原部へはビルマ西部に縦断するアラカン山脈が壁のような役割を果たして雨雲の移動を妨げるからである。

こうした中央平原部とデルタの降水量の差異は、古くからビルマにおける農業に影響を与えてきた。乾燥地帯では少雨に適した畑作と周辺の水源地から水を引く灌漑《かんがい》稲作が広がり、雨季に多量の雨に見舞われる湿潤地帯においては、山地部の森林特産物の産出と、デルタでの雨水を利用した天水稲作が中心となった。歴史的にエイヤーワディ河流域に登場した政治権力は、これら特徴の異なる二つの地帯を支配下におさめることによって、安定的な政治・経済基盤を確保しようとした。

気候

下《しも》ビルマに位置する最大都市ヤンゴン（二〇〇五年までの首都）の場合、雨季は五月後半から始まり、七～八月にピークに達し、十月に終わりを迎え乾季に入る。この間、一日の気温はだいたい二六度から三二度くらいのあいだでしか変化しない。乾季は、涼季と呼ばれる十一月から二月前半までと、暑季と呼ばれる二月後半から五月前半までの二つの季節に分けられる。暑季のピークは四月で、日中の最高気温は四〇度に達し、夜も二八度を下回らないことが多い。一方、涼季は十二月から一月にかけてピークを迎え、日中は三〇度まで上がるが、朝と夜は一六度から一八度くらいまで下がって過ごしやすくなる。上《かみ》ビルマに位置する第二の都市マンダレーの場合、雨季は雨が少なく三〇度を優に超える高温が続く。涼季は朝と夜に一二度以下にまで下がり寒さを感じるが、日中は軽く三〇度を超え、一日の温度差が大きくなる。暑季は日中四〇度を超える猛暑となり、朝と夜もさほど涼しくならない。

このような気候であるから、ビルマに住む人々の服装は、男女とも風通しの良いロンジーと呼ばれる巻スカートのようなものをはくのが一般的である。ロンジーは綿ないしは絹で織られ、男性用をパソウ、女性用をタメインという。高原地帯や山岳地帯に多く住むシャン民族の男性は、ロンジーのほかシャン・バウンビーと呼ばれるズボンをはくことも多い。一方、ヤンゴン

ロンジーをはいた人々．地方都市の小さな朝市にて．
出所：筆者撮影．

のような大都会では、男性のズボン姿や女性のスカート姿、また男女を問わず若者のジーンズ姿を見かけるようになった。ジーンズはビルマのような熱帯モンスーン気候には適さないのに、若者のあいだで少しずつ広がりを見せているのはファッション性が優先されるからなのだろう。

3 多民族・多言語・多宗教の国

多様な民族

ビルマは典型的な多民族国家である。主要民族だけを見ても、人口順に並べると多数派のバマー（狭義のビルマ民族）を筆頭に、シャン、カレン（カイン）、アラカン（ラカイン）、モン、チン、カチン、カヤー（カレンニー）の八民族が存在する（表1参照）。このほかに一二七の民族がいて、全部合わせると一三五民族という大変な数にのぼる。

しかし、これはビルマ政府の見解に基づく分類で、客観性が保証されたものではない。そもそも民族分類から政治性を抜きとることは難しい。ビルマでは英国による植民地統治の一環として十九世紀後半から「民族」の「分類」が行われるようになり、人口調査のたびにその基準や民族の数、呼称までもが変化した。そのことが示すように、常に統治する側の視点に基づいて民族分類はなされてきた。独立後もその性格に大きな変化はない。たとえば、ビルマ東北部に位置するシャン州に住む民族の種類は、一九八三年の人口調査ではシャン民族を筆頭に三三民族にのぼっているが、一九五五年の調査では二七民族にとどまっており、しかも五五年と八三年の調査で同じ民族名は一五民族しか登場しない。

こういう事情があるとはいえ、それでもビルマが多民族国家であることに疑いはなく、その民族的多様性がこの国の大きな魅力でもあり、一方で少数民族問題をめぐる対立を生む要因ともなっていることを指摘しておきたい。

	構成比（%）
バマー（狭義のビルマ民族）	69.0
シャン	8.3
カレン（カイン）	6.2
アラカン（ラカイン）	4.5
モン	2.4
チン	2.2
カチン	1.4
カヤー（カレンニー）	0.4
その他	5.6

表１　主要８民族の人口構成比（1983年センサスに基づく）
注：政府公認民族数 135（うち主要民族は上記８民族）

多様な言語

多民族国家である以上、言語もまた多様である。ビルマ在住の主要八民族を言語系統に従って分類してみると、「シナ・チベット語族」のなかの「チベット・ビルマ語派」に属する言語を使う民族が六民族におよぶ。バマー（ビルマ）をはじめ、アラカン

（ラカイン）、カレン（カイン）、カチン、チンおよびカヤー（カレンニー）である。ただ、同じ言語系統に属するからといって、これら六民族が互いに自分たちの言語を使って自由に意思疎通できるわけでは全然ない。実際は外国語ほどに違う。たとえ同じ民族内であっても、言語集団が異なると意思疎通は難しい。

たとえばカレン民族にはスゴー・カレン語とポオ・カレン語を母語とする二つの言語集団がある。それぞれが用いる言語は互いに大きく異なり、ポオ・カレン語の場合、さらに東部と西部で多大な差異が存在するが、共通語も少なくない。カチン民族も同様で、カチン語（ジンポー語）のほかロンウォ（マルー）語、ラシー語、アヅィ語、ラワン語、リスー語の六言語集団があり、各言語集団にはさらに複数の方言が存在する。ビルマ全人口の一パーセントにも満たないカヤー（カレンニー）民族も、カヤー語、カヨウ語、カヤン（パダウン）語の三言語集団がある。反政府活動を長期に展開するカレンニー民族発展党（KNPP）は、カヤン語を中心にした「カレンニー語」をつくり、民族の共通語として普及させようとしている。

多数派の「チベット・ビルマ語派」以外の言語系統に属する主要民族は、「タイ諸語」に連なるシャン民族と「南アジア（オーストロ・アジア）諸語」に含まれるモン民族である。シャン民族も多様な言語集団を内包し、同一民族だからといって意思疎通が自由にできるわけではない。モン民族はモン語の一言語集団だけから成るが、母語話者が減りつづけ、いまや言語として絶滅の危機に瀕《ひん》している。ビルマの歴史と文化の形成に多大な貢献をした言語であるにもかかわらず、モン民族のビルマ民族への文化的同化が長いあいだに進んだためである。モン語文献を読める専門家の育成も進んでいない。

このようにビルマは多言語国家であるが、国語（公用語）は一九四八年の独立以来、ビルマ語と定められ、その使用は大きな広がりを見せ、現在では全人口の九割以上が用いるリンガ・フランカ（共通語）となっている。母語が異なる少数民族同士も、相互の意思疎通にはビルマ語を用いるのが一般的である。ビルマ語はいまや六〇〇〇万人近い話者を持つ東南アジアの主要言語のひとつで、日本でも一定の学習者が常に存在する（たとえば東京外国語大学と大阪大学外国語学部にはビルマ語を専攻できる学科があり、上智大学や桜美林大学では選択科目として初級ビルマ語が開講されている）。

ビルマ語の特徴を日本語と比べてみると、言語系統は異なるものの、文の構造の類似性を指摘することができる。主語→目的語→動詞の順で文が構成されるので、「私は駅に行く」のように、日本語と同じ順番で文をつくることができ、主語の省略も日本語と同じように生じる。「私は駅に行く」に含まれる「〜は」「〜に」といった助詞もビルマ語に存在する。動詞をはじめ、品詞の変化がいっさい存在しないのも特徴で、日本人にとって学習しやすい言語だといってよい。ただ、中国語のように声調があり（ビルマ語の場合、三種類の声調に加え声門閉鎖音も）、母音も日本語より二つ多い七種類存在する。日本語にない子音や、有気音と無気音の違いといったものもある。よって、発音は難しく感じられる。

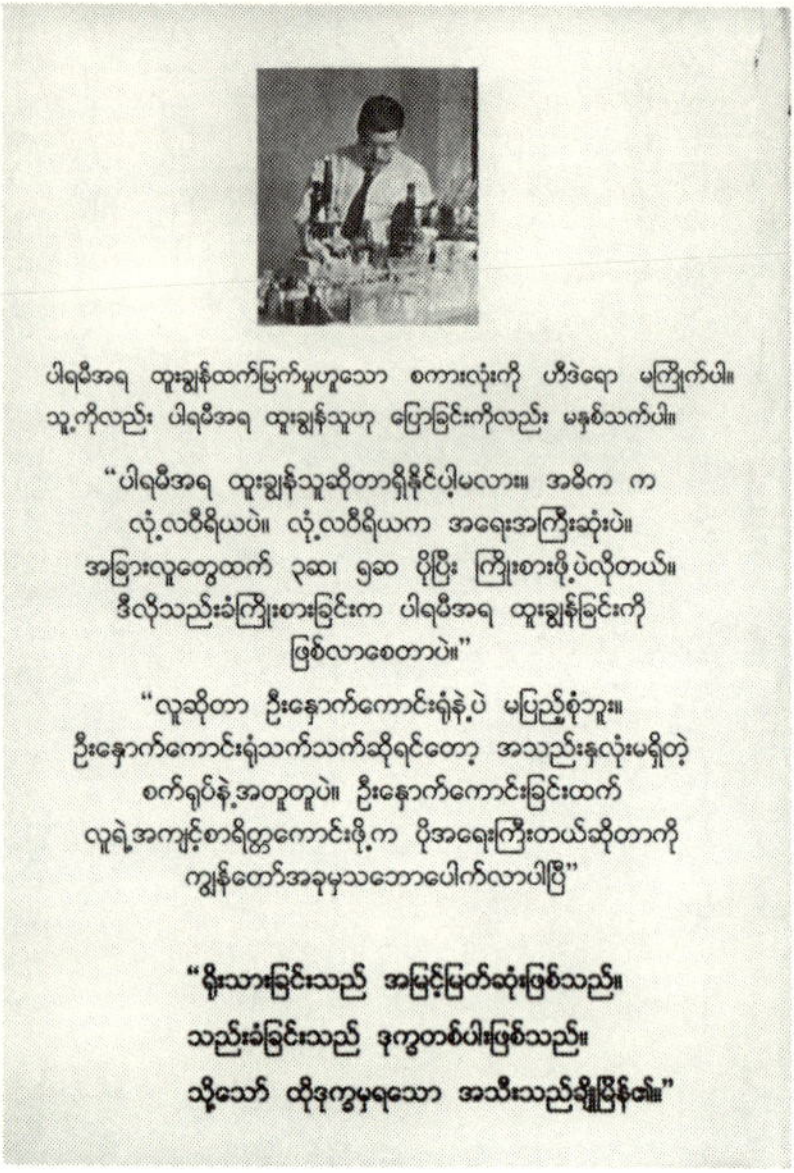

ပါရမီအရ ထူးချွန်ထက်မြက်မှုဟူသော စကားလုံးကို ဟီဒဲရော မကြိုက်ပါ။
သူ့ကိုလည်း ပါရမီအရ ထူးချွန်သူဟု ပြောခြင်းကိုလည်း မနှစ်သက်ပါ။

"ပါရမီအရ ထူးချွန်သူဆိုတာရှိနိုင်ပါ့မလား။ အဓိက က
လုံ့လဝီရိယပဲ။ လုံ့လဝီရိယက အရေးအကြီးဆုံးပဲ။
အခြားလူတွေထက် ၃ဆ၊ ၅ဆ ပိုပြီး ကြိုးစားဖို့ပဲလိုတယ်။
ဒီလိုသည်းခံကြိုးစားခြင်းက ပါရမီအရ ထူးချွန်ခြင်းကို
ဖြစ်လာစေတာပဲ။"

"လူဆိုတာ ဦးနှောက်ကောင်းရုံနဲ့ပဲ မပြည့်စုံဘူး။
ဦးနှောက်ကောင်းရုံသက်သက်ဆိုရင်တော့ အသည်းနှလုံးမရှိတဲ့
စက်ရုပ်နဲ့အတူတူပဲ။ ဦးနှောက်ကောင်းခြင်းထက်
လူရဲ့အကျင့်စာရိတ္တကောင်းဖို့က ပိုအရေးကြီးတယ်ဆိုတာကို
ကျွန်တော်အခုမှသဘောပေါက်လာပါပြီ"

"ရိုးသားခြင်းသည် အမြင့်မြတ်ဆုံးဖြစ်သည်။
သည်းခံခြင်းသည် ဒုက္ခတစ်ပါးဖြစ်သည်။
သို့သော် ထိုဒုက္ခမှရသော အသီးသည်ချိုမြိန်၏။"

ビルマ文字で書かれた野口英世の伝記の裏表紙.

一方、丸っこい形に特徴があるビルマ文字のほうは、十一～十二世紀ころにモン文字を改良してつくられたものである。南インド起源の文字系列に連なり、ローマ字とまったく異なるだけに、日本人が慣れるのには時間がかかる。

多様な宗教

ビルマは多宗教国家でもある。アジア・太平洋戦争が終わって二年後の一九四七年から雑誌に掲載されはじめ、ベストセラーになった竹山道雄の児童文学『ビルマの竪琴《たてごと》』（一九四八年）に描かれたビルマ（コラム3参照）は、仏教一色の素朴な世界だったが、現実のビルマは宗教的にも多様な国である。

人口の八九パーセントを上座《じょうざ》仏教徒が占めるとはいえ、残りの一〇パーセント強はキリスト教徒、イスラム教徒（ムスリム）、ヒンドゥー教徒、精霊信仰の人々から成る（表2参照）。ただ、イスラム教徒の人口比率は政府が示す数字よりも多いという指摘がビルマ研究者のあいだでは強い。国家が意図的に彼らの数値を低く発表している可能性がある。ビルマ政府は独立以来、「上座仏教を信仰し、ビルマ語を母語とする人々」（すなわちビルマ民族）を中心に国民統合を推し進めてきた。インド系のムスリムやヒンドゥー教徒は王朝時代からビルマに存在した人々であるが、英領植民地期になってから英国の政策で入ってきたインド系移民が目立ったため、のちに「招かれざる」移民として彼らをとらえる排他的ナショナリズムが反英独立運動のなかで生じるようになった。その影響から独立後もムスリムを「少なめに」カウントしようとする国家の意思が働いている可能性は否定できない。

ちなみに、現在の憲法（二〇〇八年憲法）では信仰の自由を認めながらも、上座仏教に「特別に名誉ある宗教」としての地位を与えている。そのうえで、キリスト教、イスラム教、ヒンドゥー教、精霊信仰の四つをビルマに存在する宗教としてわざわざ名指しで公認している（同時に宗教の政治利用の禁止も謳《うた》っている）。国家として上座仏教を優位に位置させたい意思は憲法を通じて明確に示されているといえよう。しかし、それでも上座仏教を中心にビルマの宗教を語ってしまうことには注意が必要である。この国の宗教の多様性は常に認識されるべきである（なお上座仏教の特徴については次章2節で詳しく触れる）。

	構成比（%）
上座仏教	89.40
キリスト教	4.94
イスラム教	3.99
精霊信仰	1.12
ヒンドゥー教	0.51

表2　宗教別人口構成比（1983年センサスに基づく）
注：イスラム教徒の比率については過小評価の可能性あり

コラム2　ビルマのことわざ

どの国もそうだが、ビルマにも興味深いことわざがたくさんある。老若男女を問わず、ことわざを会話に混ぜて使う人々をよく見かける。ここでは日常の会話でよく使われる七つのことわざを紹介したい。

†「**弟子のデキの悪さは先生の頭の悪さ**」

これは日本であれば「教え子のデキの悪さは先生の責任だ」と解釈されるであろう。ビルマではまったく逆である。「弟子が馬鹿だと、あいつを教えた先生は誰だということになり、その先生が恥ずかしい思いをするから、弟子たる者は常に精進せよ」という文脈で使われる。筆者が一九八〇年代半ばにビルマへ留学中、ビルマ語の試験で悪い点をとったとき、うっかり「先生の教え方がよくないからだ」という意味でこのことわざを用いたら、「使い方を間違っている」とまわりからひどく叱《しか》られた。このようにビルマでは先生はとても尊敬される存在なのである。

†「**知識は黄金の壺《つぼ》、誰にも盗めず**」

ビルマ人仏教徒は知識（智恵）に高い価値をおく。それは黄金の壺にも匹敵する。知識は努力して学ばないと身につかない。身についた知識は頭のなかにあるので、どんな泥棒でもそれを盗むことはできない。学ぶことの大切さを子供に教えるときによく用いられることわざである。筆者はビルマ留学中、ビルマ語の宿題をきちんとしなかったとき、ビルマ人の先生からこのことわざの大切さを長々と説教されたことがある。

†「パゴダが完成したら足場を取り去る」

パゴダとは仏塔のことで、釈尊（仏陀《ぶっだ》）の象徴である。僧侶が修行に専念する僧院と異なり、在家の一般信徒にとって神聖な祈りの場である。信徒たちは自分の財力でパゴダを建立することが人生における最大の功徳《くどく》だと理解している。そのパゴダを建立する際、足場を組んで工事を進める。当然、完成すれば足場は用済みとなって撤去される。これを人間関係に譬《たと》え、「必要なときだけ友人づきあいし、用が終わったら関係を断ち切る」という行動をとる人に対し、批判をこめてこのことわざを用いる。ビルマ留学最後の日、友人たちを前に筆者が別れのスピーチをしたとき、このことわざに触れ、「私はビルマで築いたパゴダの足場を永遠に撤去しません」と約束して拍手喝采《かっさい》されたことがある。そうやってかっこよく帰国したものの、時間がたつにつれ、残した足場は朽ちていくことを思い知らされた。

†「田んぼへ行くのに牛を忘れる」

ビルマではいまでも田畑の耕作では牛が大切な労働力である。田んぼに行くのにその牛を忘れるということは、天気予報で必ず雨が降ると言われているのに傘を忘れて外出するのと同じくらい愚かなことである。忘れ物をした子供たちに先生が用いることわざの典型である。筆者が若いころ、日本の大学でビルマ語を学んでいたとき、うっかり辞書を持ってくるのを忘れ、ビルマ人の先生からこのことわざをみっちり教え込まれたことがある。

牛を使う風景．ビルマの農村にて．
出所：筆者撮影．

†「シャン人が好きと言えば良い牛」

日本の「蓼《たで》食う虫も好き好き」と同じ。シャン民族はおもにビルマ東北部の高原地帯に住み、そこに点在する一部の町では牛の定期市が開かれる。そのため彼らはビルマ民族から牛の取引の達人とみなされ、シャン人が好むなら、たとえみすぼらしく見える牛でも良い牛だということで、このことわざができたらしい。ただ、シャン人のあいだでこのことわざを好む人を見たことがない。

†「建ててはじめて檀家《だんか》」

僧院を建てるといくら公言しても、実際に建てなければ本物の檀家とはいえないという意味。「口では大阪に城も建つ」に似て、言行一致を促すことわざのように思える。しかし、使う文脈はかなり異なる。ビルマでは役所で証明書などを申請しても指定された日にもらえることは稀《まれ》である。「約束だけではあてにならず、本当に実現するのをこの目で確かめてはじめて安心できる」というとき、このことわざを用いる。筆者が二年間のビルマ留学中、もっとも多く使ったことわざでもある。役所や国営銀行での対応には本当に苦労させられた。

†「会いたければ近く、会いたくなければ遠い」

世界中どこでも通用しそうな美しいことわざである。遠距離恋愛中の二人には特にぴったりくるだろう。遠来の客に「わざわざ遠くからおいでくださりお疲れでしょう」とねぎらうとき、客がこのことわざを使って返答すればピタッと決まる。実際、一九四七年一月、アウンサンが独立交渉のため英国に行き、ロンドンでアトリー首相と会ったとき、長旅をねぎらう首相にこのことわざを引用して、「私は閣下にお会いしたくてロンドンに来たのですから、遠いとは思いませんでした」と返礼し、アトリーを感動させている。

第1章

王朝時代のビルマ

1　先住の人々

ビルマの歴史をどこから書きはじめたらよいのかは悩ましい問題である。本書では先史時代は省略し、書かれた史料が残されている歴史時代以降をとりあげ、現在の多数派であるビルマ民族がまだこの領域（現在のミャンマー連邦共和国の領土）に進出していなかった時代、すなわち「ビルマがまだビルマではなかった」時代から書きはじめることにしたい。ビルマ民族よりも先に住んでいた人々の時代からの記述と言い換えてもよい。

ピュー

史料に基づく限り、ビルマ民族は九世紀より前にはエイヤーワディ河流域にその姿をあらわしていない。同流域で、その存在が史料上確認できるのはピュー（人）とモン人である。ピューは中国の歴史書（漢籍）に「剽」「驃」といった表記で登場する。パガンで見つかった十二世紀のミャゼディ碑文（一一一二年）に刻まれたピュー文字の解読から、彼らはチベット・ビルマ語派に属する言語を使用していた人々だったと考えられている。漢籍の『新唐書《しんとうじょ》』（十一世紀）の記述に基づけば、八世紀にはエイヤーワディ河流域を勢力下においていたという。しかし、統一国家をつくったわけではなく、考古学上の調査から見て、いくつもの城市から成るゆるやかな連合を形成していたと考えられる。

ピューの遺跡として有名なものはデルタ北部にあるタイェーキッタヤー（シュリクセトラ）と、中央平原部にあるベイタノウおよびハリンヂーの三つの城市跡である。存続年代ではベイタノウが一番古く（一～五世紀）、残りの二つはほぼ同じ年代と推測されている（ハリンヂー三～九世紀、タイェーキッタヤー三～十世紀）。遺跡の調査からこれらの城市では煉瓦《れんが》が使用され、火葬の習慣があったことがわかっている。宗教的には上座仏教・大乗《だいじょう》仏教・ヒンドゥー教の重層信仰が存在したらしい。『新唐書』の記述には稲作のほか豆類やサトウキビなどの畑作も行われていたとある。

一方、東南アジア大陸部には広範囲にわたりピュー・コインと呼ばれる旭日《きょくじつ》マークが刻まれた銀貨が発見されている。このことから、ピューが当時の交易ネットワークの中心的な役割を果たしていたことが推測される。当時の周辺を見渡すと、雲南《うんなん》には南詔《なんしょう》（?～九〇二）が、チャオプラヤー河流域（現在のタイ）にはドゥヴァーラヴァティ（六～十一世紀ころ、漢籍に「堕羅鉢底」などの表記で登場）が、またメコン・デルタには扶南《ふなん》（一〜七世紀前半）が存在した。ピューは中央平原部の乾燥地帯で綿花栽培を行い、それをもとに綿布を織って商品とし、これらの国々と交易したのではないかと考えられている［伊東、二〇〇一a］。しかし、九世紀に雲南から南詔の攻撃を受け（八三二年）、それをきっかけにピューは衰退に向かう。そして十二世紀までに歴史からその姿を消していった。

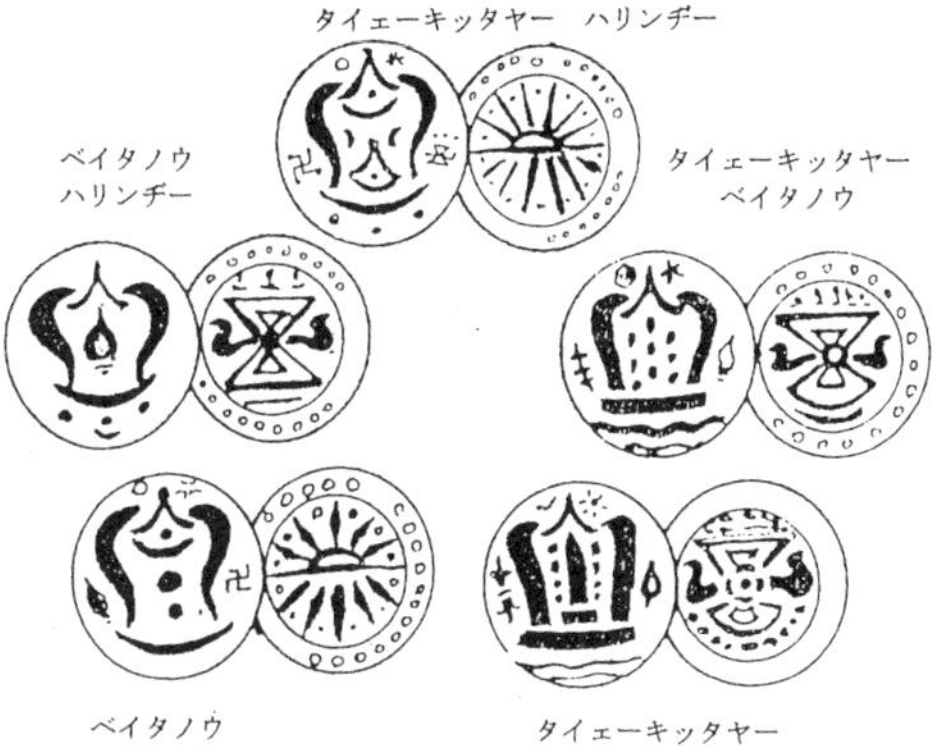

出土したピュー・コインのデザイン．
出所：石井・桜井（共編），1999,『東南アジア史Ｉ　大陸部』p.118.

モン人

モン人のほうは、前述のドゥヴァーラヴァティのほか、タイ北西部にあらわれたハリプンジャヤ（十一〜十三世紀末ころ）、ビルマの仏教史書『サーサナヴァンサ』に登場するラーマンニャデーサ（スヴァルナブーミ「金地国」）などの国家を建てたことで知られる。ラーマンニャデーサの中心はビルマ南部のタトンだったらしい。また、現在のヤンゴンの北六〇キロほどにあるペグー（バゴー）が、ハンターワディという名称で六世紀後半にモン人の都としてつくられたという伝説もある。

彼らは古くからインドやセイロン（現スリランカ）と海を経由した交易を行い、その関係で東南アジア大陸部でもっとも早く上座仏教を受容し、それをビルマとタイに伝播《でんぱ》させる役割を担った。ビルマ文字の体系がモン文字を元につくられたことも明らかとなっている。モン人はピューと異なり、歴史から消滅することなく、現在でもビルマとタイに住む少数民族として存在するが（タイ山岳地帯とラオスに住む少数民族モン Hmong とは異なることに注意）、モン語使用人口の激減から、民族として消滅の危機にさらされている。特にビルマでは国内の少数民族問題との関連で、消滅したピューの歴史研究は奨励されてきたが、現存するモン人（モン民族）の歴史や文化の研究に力が入れられることはなかった。そのことがモン史の解明を遅らせている。

2　上座仏教

ところで、現在のビルマ国民の九割近くが信仰する上座仏教とはどういう仏教なのだろうか。この先、王朝時代のビルマを見ていくにあたって上座仏教の特徴を知っておいたほうがよい。日本の仏教はごく一部の例外を除いて大乗仏教の系列に連なる。僧侶たちは一般の信徒（在家信徒）と同じように結婚して家族を持つことが許され、金銭を扱うことや副業を持つことも認められる。日常的な娯楽を楽しむことも禁じられていない。一方、現在のビルマ、タイ、ラオス、カンボジアに広がる上座仏教の僧侶は、文字どおりの出家者で、この世の欲望と絶縁して僧院に入り、修行に専念する生活を送っている。結婚はおろか、異性との接触はいっさい禁じられ、金銭に触れることも許されず、働くことも娯楽に関わることも禁じられている。彼らはしたがって、在家信徒の日常的な助けなしでは生きていけない。なぜ、日本と異なるこのような仏教が生まれたのであろうか。

歴史

古代インドで釈迦《しゃか》（ガウタマ・シッダールタ、前五六三ころ〜前四八三ころ？）が入滅したあと、原始仏教教団は発展を続けたが、紀元一世紀ころ、根本《こんぽん》分裂と呼ばれる二つの系統への大分裂が生じ、大衆部《だいしゅぶ》系と上座部系に分かれた。上座部系は原始仏教教団の伝統を強く残し、個人による出家と修行を重視する自力救済を目的としたのに対し、大衆部系は逆に釈迦（仏陀）の慈愛による生けるものすべての救済を信じた。大衆部系は自分たちが救済へ至る「大きな乗り物（大乗）」であると考え、上座部系は少数のエリートしか救済しない「小さな乗り物（小乗《しょうじょう》）」であるとして批判した。ここから「小乗仏教」という蔑称《べっしょう》が生まれ、日本でも上座仏教を長らくその名前で呼んできた経緯がある。上座仏教では自らのことを小乗仏教とはけっして呼ばないので、注意が必要である。

その後、両方の系統は枝末《しまつ》分裂と呼ばれるさらなる小分裂を繰り返し、それぞれにさまざまな宗派を生んだ。のちに大乗仏教に発展する大衆部系の諸宗派は、インドから陸上ルートで中国・朝鮮を経て六世紀には日本にまで伝播した。並行して海上ルートでインドから東南アジア島嶼《とうしょ》部にも伝わった。一方、上座部系はスリランカから東南アジアの大陸部のモン人に伝わり、十一世紀以降、そこからゆっくりと現在のビルマ、タイ、ラオス、カンボジアにあたる地域に広がっていった。これらの地域ではそれぞれの王権と深く結び付き、上座仏教国家を形成するに至った。この間、上座部系諸宗派のうち「南方上座部」と呼びうる派以外は姿を消し、その結果、もはやほかに「部派」が存在しなくなったため、「部」をとって上座仏教と呼ぶことになった。

正式にはテーラヴァーダ（「長老の教え」の意）と呼ばれ、個人の救いを目指す出家至上主義と、パーリ語で書かれた三蔵《さんぞう》（経蔵、律蔵、論蔵）を中心とする経典を信奉する点に一番の特徴がある。パーリ語とは古代インドの聖なる言語サンスクリットに対し俗語とされたプラークリットに含まれる言語で、原始仏教教団において用いられていた。文字はなく、ビルマではビルマ文字、タイではタイ文字を用いて表記されている。

出家者の特徴

上座仏教の僧侶は正式には比丘《びく》と呼ばれ、彼らはいっさい生産活動や経済活動を行わず、在家信徒の喜捨《きしゃ》と協力に全面的に依存し、僧院において修行生活を送る。その目的は、あらゆることがらの根源といえる根本無分別智《こんぽんむふんべっち》の獲得と、「不動の心境に至った人」を意味するアラハン（阿羅漢）を目指すことにある。そのため、律蔵に規定された二二七の戒を守り、とりわけ基本の十戒は厳しく遵守する。十戒は順番に「殺してはならない」「盗んではならない」「姦淫《かんいん》してはならない」「嘘《うそ》をついてはならない」「酒を飲んではならない」「午後に食事をしてはならない」「歌舞観聴をしてはならない」「装身具や香水をつけてはならない」「高く大きな寝台で寝てはならない」「金銀を受け取ってはならない」から成る。比丘は僧院で正しい方法に則《のっと》った瞑想《めいそう》を行い、経典の学習にも力を入れる。その際、修行を尽くした長老の教えに学び、ある程度修行を積んだ比丘は在家信徒への説法も行う。

僧院内で食事をとる僧侶たち.
出所：筆者撮影（アマラプーラ近郊のマハーガンダヨウン僧院）.

　こうした出家者の集団＝僧団をサンガ（僧伽）と呼ぶ。しかし、サンガはローマ教会（カトリック）のような教皇を頂点としたピラミッド型の統一組織ではなく、あくまでも抽象的な意味での出家者集団を意味するにすぎない。国家がサンガを組織してコントロールすることはあるが、それは限定的なもので、国内すべての僧侶がひとつのサンガのもとに具体的に組織されるというものではない。よって各僧院や一人ひとりの僧侶にさまざまな判断が委《ゆだ》ねられることが多く、その意味で上座仏教は僧院と僧侶の独立性が高い。

ちなみに、尼僧（比丘尼《びくに》）のサンガも十世紀まで存在した。だが、その後、戦乱のなかで滅んでしまい、現在、上座仏教圏に正規の尼僧から成る比丘尼サンガは存在しない。タイやビルマで見かける尼僧風の女性はあくまでも「女性修行者」という位置づけであり、彼女たちが修行に励む尼僧院が各地に存在するが、男性出家者（比丘）から成る僧院と同等にはみなされていない。ただ、一九九〇年代以降、スリランカとタイでは比丘尼と比丘尼サンガの復活が試みられている。正規の女性出家者の復活を目指すこの動きは既存のサンガからまだ認められていないが、徐々に広がっていく可能性がある。

在家者との互恵的関係

自力救済を旨とする出家者の生き方は、在家信徒の喜捨と協力が不可欠である。それでは在家信徒はなぜ出家者を支えるのだろうか。その動機は何であろうか。

上座仏教の信徒のほとんどは出家することを自分では決断できない。一週間から一か月ほどの短期の出家であれば男子の大半が一生に一回は経験するが、生涯にわたって僧院で修行生活に勤《いそ》しもうと決心する人は少数にとどまる。俗界と絶縁する人生を送る決心は容易につくものではないからである。しかし、出家の決心ができない在家信徒は自力救済の原則では救いに至ることができない。彼らに救いへの道は閉ざされてしまっているのだろうか。

否である。在家信徒は出家できない（しない）かわりに、出家者に食事を捧《ささ》げ、僧衣（袈裟《けさ》）を寄進し、僧院や仏塔を建立・維持し、僧侶の身の回りの世話を日常的に行うことによって、功徳を積むことができると考えられている。なかでも仏塔（パゴダ）を建立することが最大の功徳と考えられている。パゴダとは在家信徒の日常の信仰の場であり、僧侶が修行に励む僧院とは異なる在家中心の宗教施設であるが、ビルマの場合パゴダ（パヤー）と釈迦は同義であることから、仏塔信仰の伝統が非常に強いことがわかる。

こうした功徳を積む行いを積徳《せきとく》行為といい、たくさん功徳を積んだ者は来世において出家する決心ができる強い人間になれると信じられている。このような道が用意されていることによって、出家できない在家信徒にも上座仏教を信仰する強い動機が生まれるのである。無論「来世まで待てない」「別に出家しなくてもよい」と思う人もいる。そうした人々は公言こそしないものの、現世（いまの人生）の後半においてそれまでの積徳効果があらわれ、「金持ちになる」「健康で長生きする」「家族が繁栄する」など、より良い人生になることを望んでいるといえる。また、ごく少数であるが、上座仏教を宗教ではなく哲学や生きる指針のようにとらえて生活している在家信徒もいる。

ところで、在家信徒にとって功徳は真に修行に励んでいる出家者に喜捨してこそ積めるものである。修行を怠ったり戒律を破ったりする出家者にいくら喜捨を施しても、それは功徳を積むことにはならないと信じられている。出家者であれば誰でもよいというわけではないのである。そこで在家信徒は、出家者たちが腐敗せず常に最良の環境で修行に励むことを望み、かつ国家がそのような宗教的環境を整えるよう期待する。当然、出家者も在家信徒のためにしっかり修行に専念することを目指し、ここに自力救済の論理だけでは説明できない（すなわち「個人の救い」ということだけでは説明できない）出家者と在家信徒間の宗教的互恵関係を見ることができる。

換言すると、出家者は第一義的には自分の救いのために修行に励むが、同時にそれによって自分に喜捨をする在家信徒が功徳を積む機会を提供することになる。さらに、出家者は在家信徒に向けて自分の修行の成果を示す一環として説法を行い、在家信徒のほうは僧侶の説法を聞くばかりでなく、個人的に生活上や人生の悩みを聞いてもらい宗教的アドヴァイスを得る。こうして両者の関係は密なものとなる。

政治との関係

通常はそこまでの関係でとどまるが、戦争や内乱、悪政などのために在家信徒の住む社会が不安定になり、政治や経済が混乱を極め、彼らの生活状況が悪化すると、出家者も安心して修行に励むことができなくなるため、出家者が政治的な行動を起こす事態に至ることもある。

いうまでもなく、上座仏教の僧侶は政治と関わってはいけないことになっている。俗界の欲望と縁を切って出家した以上、その俗界の権力を構成する政治と関わることは出家者の本分に反するからである。在家信徒たちもそのことはよく理解している。それでも出家者から見て、在家信徒たちの生活が困難に陥っている原因が政治によるものであるとみなされる場合、僧侶たちは在家信徒を保護するという理由から政治的活動に関わることがある。

上座仏教と政治との関係を歴史的に振り返ると、王朝時代においては国王が仏教王（正法《しょうぼう》王）としての義務を果たし、仏教の発展のための努力を怠らず、僧侶らを財政的に支援しているかどうかをチェックする役割をサンガは有した。別言すれば、サンガが国王に王としての正統性を付与する役割を担っていたといえる。一方、国王はサンガが腐敗することなく出家者たちが修行に専念できているかどうかをチェックする役割を有していた。力関係では物理的権力を行使できる国王のほうが強かったが、サンガ側から仏教をないがしろにする「非法《ひぼう》王」という烙印《らくいん》を押されてしまうと、その国王は正統性を失うことになったので、両者は建前上、対等な関係にあったといえる。

英領植民地期においては、ビルマが英国によって国家そのものを根源的につくりかえられ、近代国家として「国家」と「宗教」が分離されたため、上座仏教はかつての国教の地位を失うことになった。僧侶たちは仏教そのものの危機を感じ取るばかりでなく、植民地政府による過酷な税の徴収や伝統的村落共同体の衰退に苦しむ在家信徒の状況を見過ごすことができなくなり、一部は反英運動に身を投じるようになる。こうした政治活動に関わった僧侶が多数派だったわけではけっしてないが、ビルマの反英独立運動における数々の「英雄」として記憶されている人物のなかに、ウー・オウッタマ（一八七九〜一九三九）やウー・ウィザラ（一八九五〜一九二九）といった僧侶たちも含まれていることは事実である。

コラム3　『ビルマの竪琴』という幻想

竹山道雄の名作『ビルマの竪琴』は日本人の心を打つ物語として知られ、二度も映画化されている。戦争に負けてすぐの一九四八年に出版されたこの作品は、英国との過酷な戦いが展開されたビルマ戦線で、疲れ切った元兵士（水島上等兵）が戦争終結後も日本に帰らず、僧侶となって倒れた戦友たちの遺骨を拾いながら供養する人生を歩もうと決意する物語である。主人公は僧衣を着てビルマの伝統楽器である竪琴を奏で、国内を歩きつづける。

しかし、『ビルマの竪琴』は名作とはいえ上座仏教をまったく理解していない作品である。この作品に基づいてビルマのイメージをつくりあげるのは問題である。英国との戦争に負けた日本軍の兵士が、修行も行わずにいきなり比丘（正規の出家僧）になるという設定からして問題だが、この際それは横に置く。より深刻な問題点は、僧侶になった主人公が竪琴を奏でながら戦友の供養を行うことにある。日本では琵琶《びわ》法師のようなイメージで受けとめられるかもしれないが、ビルマでは上座仏教の十戒に含まれる「歌舞観聴の禁」（音楽に親しんではならない）を犯す行為とみなされ、この僧侶は破戒僧ということになってしまう。戦友の遺骨を拾って供養するという行為も、日本では理解されやすい宗教的行為だが、ビルマの上座仏教徒から見れば何の意味があるのかわからない不思議な行いに映る。

上座仏教では遺骨に執着しない。なぜなら人間は死ぬとその大切な魂は肉体を離れ来世にいくと考えられているからである。残された遺体に特別の意味は見出されず、遺体の焼き場でも遺骨を残していく遺族が多いのが現実である。一九七八年三月二十五日にビルマ国営航空の国内線がラングーン空港を離陸後すぐに墜落したとき、乗っていた六人の日本の橋梁《きょうりょう》技術専門家が命を落としたが、現場ではビルマ政府が遺体をさっさと焼いて処分しようとしたため、日本大使館の職員があわてて日本人の遺体だけ別の場所に分けようと奔走したという話が残っている。

したがって、主人公が竪琴を奏でながら遺骨を拾い国内を歩きつづけるという姿は、ビルマの仏教文化から見れば「破戒僧が意味不明の骨拾いをやっている」というふうに受けとめられかねない。実際、一九七二年三月十一日付のビルマ国営紙には、この作品を批判する記事が掲載されている。

また、『ビルマの竪琴』はビルマを舞台にしているにもかかわらず、肝心のビルマ人が飾りのようにしか登場せず、日本人と英国人の描写のほうに力が込められている。ビルマは単なる背景にすぎないかのようである。日本に協力的だった素朴なビルマ人は登場しても、日本軍の占領をよく思わなかったり苦しんだりするビルマ人は登場しない。第5章で詳述するように、日本占領期の最後の段階では抗日闘争が起きている。それを思わせるような話がいっさい登場しない点にも「非ビルマ性」を感じる。

3 ビルマ民族の王国

ビルマ民族（より正確にはその元となった人々）がエイヤーワディ河流域に姿をあらわすのは九世紀以降である。彼らはもともと、ヒマラヤ山脈の北側に住んでいたと推測され、その後、何らかの事情によって東に移動し、雲南で南詔の支配下に入り、先述のピューが南詔に攻撃されて衰退を始めたのを機に、南詔の支配から自立してエイヤーワディ河沿いに南下移動したのではないかと考えられている［大野、二〇〇二］。

パガン朝

ビルマ民族は最初、中央平原部のチャウセー地方に定住し、そこで灌漑稲作を開始して、同地を拠点に勢力を徐々に拡大していった。その過程でエイヤーワディ河に面したパガンに町を築いたものと思われる。呼称のパガンは「ピューの集落」を意味する「ピュー・ガーマ」が転《てん》訛《か》したといわれ、初期の段階におけるビルマ民族とピューとの存在の重なりが想像される［大野、二〇〇二〕。十一世紀半ばに、このパガンを都として、初代アノーラター王（在位一〇四四～七七）から一一代ナラティハパティ王（在位一二五四～八七）に至るエイヤーワディ河流域を支配下に入れたビルマ民族最初の統一王朝が形成された。これをパガン朝と呼ぶ。

ビルマの上座仏教史書『ターダナー・リンガーヤ・サーダン』に基づくと、アノーラター王は一〇五七年に南部ビルマのモン人の都タトンを攻撃してマヌーハー王を捕え、上座仏教のパーリ語三蔵法典をパガンに持ち帰り、同時にモン人僧侶を一緒に連れて行ったとある。タトンの仏教にはヒンドゥー教や大乗仏教的要素が含まれていた可能性が高く、この段階でパーリ語仏典に基づく上座仏教がそのままストレートにパガンに伝わったわけではないが、アノーラター王はこれ以降、パガンで支配的だった密教的色彩の濃い仏教の排斥を試み、上座仏教を国教として定着させようとする。パガン朝はその後十二世紀に入ると、文化的にモンの影響から脱してビルマ化を進展させる。ナラパティスィードゥ王（在位一一七四～一二一一）はモン人僧侶をスリランカに派遣して、同地のマハーヴィハーラ派の仏教を導入し、正統派上座仏教の基礎をパガンに築こうとした史実がある。

また、パガン朝の前半期にはモン文字を改良したビルマ文字をモン人僧侶らにつくらせ、それによって文字のなかったビルマ語が表記できるようになった。モン語は日本語のように声調のない言語だが、ビルマ語のほうは三種類の声調に加え声門閉鎖音まであるので、それらと無縁のモン文字をビルマ語へ適用できるよう改良することは困難を極めたものと想像される。

パガンにはおよそ二五〇〇年のあいだに、王や有力者たちの積徳行為の一環として四〇〇〇基を超えるパゴダ（仏塔）が競うように建立された。しかし、このことが上座仏教の民衆レベルまでの浸透を意味したわけではない。ビルマの一般の人々のあいだでは十五世紀末まで大乗的・密教的な仏教が大きな影響力を残していたと考えられている［伊東、二〇〇一b］。碑文などの同時代史料を元に検討すると、パガン朝がパーリ語仏典に礎を置く上座仏教を取り入れたことは間違いないにしても、ビルマにおける上座仏教の社会への本格的浸透と王権とサンガとの役割の明確化は数百年かかったと見たほうが正しい。パガン朝崩壊後二〇〇年近くがたった一四七六年、ビルマ南部のハンターワディ王国（一二八七～一五三九）のダンマゼーディ王（在位一四七一～九二）は、二二名の僧侶を正式な受戒法を会得させるためにスリランカに派遣し、彼らが一四七九年に帰国後、ペグー（バゴー）にカルヤーニ・テインと名付けられた新しい戒《かい》壇《だん》（比丘になるための授戒の儀式を執り行う場、結界）をつくっている。同王は僧侶にスリランカ様式に基づく具足戒（比丘が守るべき戒律）を受けさせることを義務づけ、同時に秘儀や経済活動を行う密教系の僧侶らを弾圧した。これ以降、ビルマにおける上座仏教の社会へ浸透が本格化したと推測される。

一方、パガン時代には上座仏教が民衆レベルまで浸透していなかったとはいえ、支配者層のあいだでは確実に受け入れられたことは間違いない。彼らはパゴダの建立や僧院の建設だけにとどまらず、土地をこぞって僧院に寄進し、そこで働く聖性を帯びた僧院奴隷も多数献上した。

こうした積徳行為はしかし、行き過ぎを見せるに至った。僧院領地の増大は非課税地の拡大として王朝の財政を悪化させ、少ない人口にあって多くの僧院奴隷が献上されたことは労働力不足を招いて国力を弱めた。十三世紀後半に中国から元《げん》軍が四度にわたって雲南を通ってパガン朝を攻撃したとき、すでに同王朝は内部から崩壊の兆しを見せていた。一二八七年にナラティハパティ王が毒殺されたあと名目的な王が跡を継いだものの、一二九九年にパガン朝は滅亡した。

タウングー朝とニャウンヤウン朝

パガン朝滅亡後、ビルマでは十六世紀まで三つの勢力がほぼ二五〇年間にわたり鼎立《ていりつ》する。ひとつは北東の山岳・高原地帯を拠点としたシャン人たちの勢力であり、二つ目はインワ（アヴァ）を都にして中央平原部に勢力圏を築いたビルマ民族主体のインワ朝（一三六四〜一五二六）、三つ目は下ビルマのペグーを都としたモン人主体のハンターワディ王国である。このほか、これらの三勢力とは別にシッタン河上流域のタウングーに十三世紀末、ビルマ民族によって城砦《じょうさい》が築かれた。

タウングーは乾燥地帯の上ビルマ（中央平原部）と湿潤地帯の下ビルマ（広義のデルタ地帯）との境界上にある町で、当初は大きな勢力ではなかったが、上ビルマのインワから逃れてきた人々を吸収しながら十五世紀後半より力をつけ、十六世紀に入ると一五三一年のダビンシュエティ王（在位一五三一～五〇）の即位をもってタウングー朝（一五三一～九九）を成立させた。すでにインワ朝は滅亡しており、同王はベンガル湾やアンダマン海の交易で潤う下ビルマのハンターワディ王国を攻撃し、一五三九年に同王国を滅ぼして港市ペグー（バゴー）に遷都した。ペグーは東南アジアで十五世紀半ばから十七世紀まで続いた「交易の時代」において、ビルマを代表する貿易港として栄えた港市である。そこを確保することは王朝の経済発展に大きな意味を持った（ちなみに日本の世界史教科書にタウングー朝が「トゥングー朝」という記述で登場するのは問題である。これはローマ字化された「Toungoo」というスペリングを元にしたために起きた現象で、原音に近い「タウングー」に修正すべきである。ローマ字表記も正確には「Taun-ngoo」でなければおかしい。実際、英領期の公文書等には Taun-ngu が併用されている）。

交易の主導権を維持すべく、ダビンシュエティ王は当時ビルマに伝わった鉄砲とそれを扱うポルトガル人傭兵《ようへい》を活用し、隣のアユタヤ王国への攻撃も行った。日本にも同じ時期、種子島《たねがしま》に漂着したポルトガル人を通じて鉄砲（火縄銃）が伝来したが（一五四三年）、日本の場合、在来の鍛冶《かじ》の技術を活用して短期間のうちに国産化を実現させ、戦国大名たちの戦い方に大きな影響を与えた。ビルマやタイでは国産化はなされず、ポルトガル人を傭兵として活用し、彼らに鉄砲を使わせ戦争で用いた。そこに相違が見られる。

ダビンシュエティ王のあと一人おいて即位した第三代バインナウン王（在位一五五一～八一）も対外膨張政策をとり、一五六四年にアユタヤを陥落させた。エイヤーワディ河流域一帯の統治を実現させたバインナウン王は、国内で強力な上座仏教国家をつくろうとし、法の整備に力を入れたが、ビルマ西部のアラカン王国（ムラウー朝、一四三〇〜一七八五）への遠征中に急死し、それをきっかけにタウングー朝は急速に内部の統一が乱れ、一五九九年には崩壊に至った。

その後、バインナウン王の息子でニャウンヤウン侯ミンイェーナンダメイッという人物がインワに都を移して王朝を再建し、一六〇四年、王位に就いた。この王朝をニャウンヤウン朝、もしくは復興タウングー朝と呼ぶ（一六〇四〜一七五二）。二代目のアナウペッルン王（在位一六〇六〜二八）のときエイヤーワディ河流域の再統一に成功し、交易の中心地である下ビルマのペグー（バゴー）に再遷都した。しかし、四代目のタールン王（在位一六二九〜四八）の治世になると、ペグーが川の沈泥作用のためにもはや交易港として機能を果たさなくなったので、上ビルマのインワに都を戻した。

このタールン王の時代、中央（都）と地方（在地有力者）を有機的に結ぶ統治形態が成立し、のちのコンバウン朝（最後のビルマ王国）にもそのシステムが引き継がれることになる。しかし、同王の死後、内部の統一はゆるみはじめ、十八世紀に入ると各地で叛乱《はんらん》が発生し、経済が疲弊した。そうしたなか、モン人勢力が一七四〇年、ペグーにハンターワディ王国を復活させ、ビンニャーダラ王（在位一七四七〜五七）率いる軍勢が一七五二年、インワを攻撃し占領する事態に至った。すでに混乱を極めていたニャウンヤウン朝はこれによって滅亡した。

4　最後のビルマ王国――コンバウン朝

三度目の統一王国

タウングー朝以来二二〇年間続いたビルマ民族による二度目の統一王朝にかわって、今度はモン人によるエイヤーワディ河流域の統一国家が成立するかに思われた。だが、そのときインワから一〇〇キロほど北にあるシュエボウの在地首長アウンゼーヤが軍勢をまとめあげ、迫ってくるモン軍を撃破し、その勢いに乗ってビルマの新しい王であることを宣言した。彼はアラウンパヤー王と名乗り、その名前の意味するところは「未来仏」であった。彼が興した王朝は都シュエボウの別名にちなんでのちにコンバウン朝（一七五二～一八八五）と呼ばれた。同王朝は結果的にビルマ最後の王朝となったため、本書では以下、この王朝をビルマ王国と表記することにする。

アラウンパヤー王（在位一七五二～六〇）は一七五四年にニャウンヤウン朝の都だったインワを取り戻すと、南下して一七五六年にモン人の拠点ダゴンを占領、モン軍を追い詰め、翌年ハンターワディ王国は滅亡した（復活してわずか一七年の短い王国で終わった）。アラウンパヤー王はダゴンをヤンゴン（英語名ラングーン）と改称した。「敵《ヤン》が尽き果てる《コウン》」という意味のこの新しい名称は、ビルマ民族にとって長年の宿敵だったモン人（モン民族）に最終的な勝利を収めたという認識からつけられたものである。モン人の勢力はそのあとも抵抗を続けるが、彼らの王国が復活することは二度となかった。

支配地域の膨張

ビルマ王国は対外膨張政策をとり、現在のインド東北部にあたるマニプールへ攻撃を加えたほか、タイのアユタヤ王国の影響下にあったテナセリム（タニンダイー）地方を奪取し、交易港マルタバン（モウッタマ）およびタヴォイ（ダウェー）を制圧した。そしてタウングー朝期（十六世紀）のバインナウン王以来となるアユタヤ王国への本格的遠征も行った。アユタヤ遠征はアラウンパヤー王のときは失敗したが、三代目のシンビューシン王（在位一七六三〜七六）のときに成功し、一七六七年三月、東南アジア有数の交易・文化都市だったアユタヤはビルマ軍に蹂躙《じゅうりん》され、四〇〇年にわたって栄えた同王国は滅びることになった。このときの蹂躙の跡はいまでも数々の仏教史跡とともにアユタヤに残され、タイ国民史の記憶のなかに「ビルマ軍の侵略による傷跡」として刻まれることになった。ただ、現在のアユタヤはユネスコの世界遺産となっているため、タイ政府は同地を「侵略者ビルマを非難する場」としてではなく、「世界平和を希求する場」として位置づけている。

アユタヤ攻撃と前後して、一七六五年から六九年にかけて中国の清《しん》の軍が北から侵攻してきたが、シンビューシン王はこれも撃退している。対外膨張政策は六代目のボウドーパヤー王

（別名バドン王、在位一七八二〜一八一九、初代アラウンパヤー王の第四王子）の治世にピークを迎える。同王は一七八四年、内紛に乗じてアラカン（ラカイン）王国を攻撃して征服し、十五世紀半ばから約三五〇年にわたってビルマ西部で交易大国として栄えた同王国を滅ぼした。アラカン地方はそれまで一度もエイヤーワディ河流域に成立した国家の支配下に入ったことがなく、ボウドーパヤー王はその地方を征服したことによって、ビルマにおける歴史上最大版図を有する王国を築きあげることになった。それはまた、英国による植民地支配の時期を経て、独立後のビルマが領有することになる領土の原型を形づくることにもなった。

しかし、三七年間続いたボウドーパヤー王の時代は、対外戦争で民衆が疲弊する時代でもあった。また、インド支配を強化する英国の脅威が西からのしかかってくる時期でもあった。ビルマ王国は次第に弱体化していく。

国家の構造

ビルマ王国は国家の構造においてニャウンヤウン朝の時代にできあがった諸制度を踏襲し、中央（都の王権）の権限を強化しながら地方の在地世襲有力者たちが王都に対して安易に自立できないよう工夫した。基本的には次のような体制から成る。

まず王都にある王宮内では、国王と王子たちが中心となり大臣が補佐する権力集団が存在した。国王の支配が及ぶ領域内の各地を、おもに王子たちとほかの有力王族（貴族）らが「ミョウザー」となって支配し、その土地の税収を自分たちの収入にした。「ミョウザー」とは「ミョウ（町）」を「サー（食べる）」という意味で、まさに日本語でいう「食邑地《しょくゆうち》」の支配者だった（英語ではタウン・イーターと訳すこともある）。しかし、彼らはふつう、都にそのまま住み、自分の食邑地に赴くことは稀で、太守《たいしゅ》を派遣して監督にあたらせた。

それぞれの食邑地には「ミョウダヂー（直訳で「町の大物」）」と呼ばれる世襲の在地首長たちが町（ミョウ）ごとにおり、その下に「ユワーダヂー（同「村の大物」）」と呼ばれる世襲の村長たちがいた。実際に農民を支配していたのは彼ら「ダヂー」たちだった。しかし、「ダヂー」らが支配できたのは「アティー」と呼ばれる「自由農民（平民）」だけで、公務や軍事にも携わる「アフムダーン」と呼ばれる「公務農民」には支配権が及ばず、「アフムダーン」はミョウ（町）のなかで別個のコミュニティを形成していた。彼らは都との関係が強く、常に中央の大臣らとつながっていた。

興味深いのは「ダヂー」たちと「自由農民《アティー》」たちとの関係が、土地を媒介にした封建制とは異なったことである。十八世紀終わりころまでのビルマは土地の広大さに比べて人口が少なく（一七八三年の段階で上ビルマに約三五〇万人、下ビルマに同一二〇万人が居住）、そのため土地はそれだけでは価値があるとはみなされず、実際に人が耕して生産物を得られるようになってはじめて価値を生み出す存在だった。したがって、人はその気になれば自由に土地を開墾し自分のものにすることができた。そうなると「土地を与えるから自分の支配下に入れ」という通常の封建制の論法は意味を持たなくなる。「自由農民《アティー》」たちが特定の「ダヂー」の支配下に入り、税を納めた理由は何だったのだろうか。

それは「ミョウザー」と太守を通じた王都からの課税を、「ダヂー」たちが自らの取り分を確保しつつ上手に緩和し、各農民の事情を理解したうえで、自分たちを守ってくれる存在だったからである。また、上座仏教と関連した村祭りのスポンサーとしての役割を担ってくれるからでもあった。そこには「ダヂー」と「自由農民《アティー》」との互恵的関係が存在した。逆に、もし自分が税を納める「ダヂー」が無慈悲で、王都からの課税をいっさい緩和せず、病気や天候不順など個々の事情にも何ら配慮してくれなければ、農民は別のミョウ（町）に住む「ダヂー」につくことができた。ただし、これは逃亡を意味するのではなく、同じ土地を耕しながら「ダヂー」の「乗り換え」だけを行うことを意味した。

したがって「ミョウダヂー」といっても、自分が支配するミョウのなかに別のミョウに住む「自由農民《アティー》」が（たとえわずかとはいえ）存在し、逆にほかのミョウに住む「ミョウダヂー」に税を納める「自由農民《アティー》」から税を徴収することもありえた。この複雑なシステムは疑似的封建制と呼ぶことができよう。

国王や「ミョウザー」となった王子らは、在地首長である「ミョウダヂー」らの実態を知るべく「スィッターン」と呼ばれる調書の提出を義務づけ、そのための担当官を王都から各ミョウに派遣し、人口や農地の様子を調べ、「ダヂー」の認定と人的資源の確認を行った。また

「ミョウダギー」が死んで子息が継ぐ際は、国王からの承認を得る必要があった。だが、都から離れれば離れるほど王都の威光は届かなくなり、また都の力がいったん衰えてしまえば、たとえ都に近いミョウであっても素直に王の権威には従わなくなった。国王は各ミョウのなかに存在させた「公務農民《アフムダーン》」への支配力を維持することによって、地方が勝手に中央に対して自立しないように監督することができたが、これもビルマ王国の末期には十分に機能しなくなった。

一方、王宮にはフルットーと呼ばれる国務院が設置され、有力王族や大臣によって運営された。国王はこの機関に政策を諮問するのが常だった。フルットーは直訳で「御解放」を意味し、国王が一人ですべての政務を担当すると疲れるので、そこから「解放」してあげるという建前からできた機関である。現実はしかし、有力王子やそれに連なる大臣たちの権力闘争の場でもあった。

王都はアラウンパヤー王の出身地シュエボウに始まり、インワ（一七六五～八三）→アマラプーラ（一七八三～一八二一）→インワ（一八二一～四二）→アマラプーラ（一八四二～五七）→マンダレー（一八五七～八五）の順で頻繁に遷都したが、いずれも上ビルマの中央平原部に位置した。海から遠く離れた内陸部だったとはいえ、王都には常にインド系、中国系、アフガン系、ペルシア系、アルメニア系、ポルトガル系などの人々が王権の庇護《ひご》を受けながら共住し、それも短期の滞在者ではなく定住者として生活していた。多くは商業（交易）に従事したが、ポルトガル系の人々は前節で述べたように鉄砲のスペシャリストとして大切にされた。やや大

マンダレーの王宮跡．現在は当時の建造物のレプリカが建っている．
出所：筆者撮影．

げさにいえば、ビルマ王国の都はコスモポリタンの様相を呈していたといえる。

東北部の高原地帯であるシャン地方に目をやると、そこには「ソーブワ」と呼ばれる藩王たちが自分たちの領域を支配しており、彼らはビルマ国王に忠誠を誓いながら個々の権力を維持していた。双方の交易も行われ、「ソーブワ」の娘らとビルマ国王ないしは有力王族との通婚関係も両者の良好な関係を維持するうえで重要な機能を果たした。

ビルマ王国はまぎれもない上座仏教の王国で、歴代の国王は仏教とサンガ（僧団）を大切にした。一方で、十八世紀後半以降、上ビルマにインドからの知識人が多く流入し、彼らと交流した僧侶らがその強い影響を受け、ヒンドゥー的な知識が王宮に入りこむことになった。暦法や吉凶を判断するバラモンがそれなりの地位を有して王宮に存在し、彼らは戴冠《たいかん》式のときも一定の役割を果たした。

コラム4　ビルマ最初の王は選挙で選ばれた?

ビルマには最初の王が人々の選挙によって選ばれたという「マハー・タマダ王」伝説と、彼に真理の法を伝えた「少年マヌ」の伝説がある。これらは隣国タイにも共通する。両国に上座仏教を伝えたモン人たちの伝説がおおもとで、さらにさかのぼると古代インドの説話にまでたどりつくようである。二つの伝説は混ざり合い、内容は次のようなものになった。

＊

人間たちははじめ、仲良く暮らし、社会は平和だった。ところが、だんだん欲深くなり、さまざまな対立や犯罪がはびこるようになった。そこでみんなで話し合って一人の王を選び、その王に自分たちの生産物の一〇分の一を差し出して、社会を安寧に統治してもらおうということに決まった。その結果、マハー・タマダ王が選ばれた。

一方で、マヌという大変優秀な少年がいた。彼は大人たちの紛争を上手に解決に導き、盗みの犯人を証拠を示してみつけることに長《た》けていた。そこでマハー・タマダ王は彼を司法長官に任命し、社会で生じるさまざまな裁判沙汰《ざた》の審理を彼に委ねた。少年マヌはまじめに裁判に取り組み、正しい判決を下しつづけた。

しかし、あるとき、瓜《うり》の所有権をめぐる事件で誤審を犯してしまう。隣の庭にたわわに実った瓜が自分の庭にはみ出ていたのをよいことに、それを取って食べた人に無罪判決を下したのである。「俺の庭にはみ出ていたのだから俺のものだ」という被告の言い分を認めてしまったのである。これを知った人々は「やはりマヌは子供だ。こんな簡単な事件の判決を間違えるなんて」と言いながら責め立てた。マヌはとても落ち込み、司法長官を辞任し、建物の奥深くに入って瞑想を始めた。そうすると、彼の魂は肉体を離れ、どんどん空高く飛び、宇宙のさいはてまで浮遊して鉄囲山《てっちせん》と呼ばれる壁にまでたどりついた。マヌはそこで一文字一文字が象の大きさで刻まれている真理の法を発見する。それをすべて暗記して下界に戻ったマヌは、瞑想から覚めると記憶した真理の法をマハー・タマダ王にすべて伝えた。王は大変喜び、その法に基づいて社会を安寧に統治することができた。

＊

何とも素朴な物語だが、上座仏教とは何の関連もなさそうなこの伝説が、ビルマとタイでは王権の正統性を支える重要な「神話」となり、歴代の王は戴冠式のとき、人々によって選ばれたマハー・タマダ王の末裔《まつえい》であることを宣言することになっていた。ビルマ民主化運動の指導者アウンサンスーチーは、かつて民主主義を西洋からの輸入品だとして軽蔑《けいべつ》する軍事政権に対し、この伝説を紹介して反論し、ビルマにも古くから人々が自分たちで支配者を選ぼうとする精神が存在したことを演説で語ったことがある。

5　英緬戦争とビルマ王国の終焉

強まる英国の圧力と弱体化する王国

ボウドーパヤー王が一八一九年に死去すると、ビルマ王国の西に位置するインドから英国の圧力が強くのしかかってくるようになった。ボウドーパヤー王は前述のように一七八四年、アラカン（ラカイン）王国を攻撃して征服しているが、その後、東北インドのアッサムとマニプールにも出兵し、現地の藩王に忠誠を誓わせている。これがインド統治の拡大と安定に努めていた英国を刺激するきっかけとなった。さらにアラカン王国制圧時にベンガル地方のチッタゴンへ多くの住民が逃げ込み、ボウドーパヤー王の勢力が彼らに追い討ちをかけたことも英側の危機意識を募らせた。チッタゴンは一七八七年以降、英国東インド会社の支配下に入っていたため、その領域にビルマ王国の軍が侵入したことは見逃すことのできない事態だった。ボウドーパヤー王にしてみれば侵入の目的はチッタゴンそのものではなく、逃げたアラカンの住民を取り戻すことだった。労働力を確保するための行動だったが、英国はボウドーパヤー王の行為を自国の領域への侵入と判断した。

英国はアジアでフランスと植民地争奪戦を展開しており、中国との交易陸路を確保するためにもビルマは地政学的に重要な位置を占めた。そのため、ビルマ王国軍のチッタゴン侵入を機

第１次英緬戦争でラングーンを攻撃する英軍.

に、態度を硬化させた。ただ、すぐに戦争をしかけたわけではない。一七九五年以降、東インド会社はビルマ王国に使節を何度か送った。しかし、ボウドーパヤー王もそのあとの第七代バヂードー王（在位一八一九～三七）も、使節が英国王の名代ではないことを理由に相手にしなかった。使節は外交使節としてから見て、東インド会社が派遣した使節は外交使節として英国を代表していないと解釈されたのである。

ビルマ王国は一八二四年、アラカン地方と英領インドを分けるナーフ河の河口にある島の領有などをめぐって英国東インド会社と対立し、これを機に三月から全面的な戦争が始まった。これを第一次英緬戦争（一八二四～二六）と呼ぶ。当時の東インド会社は十八世紀後半以来三度にわたったマラーター戦争を一八一八年に終結させ、デカン高原西部のマラーター同盟を屈伏させたあとの余裕があったため、一気にビルマ王国を攻める決定が下せた。五月に海路を通ってラングーンに上陸、その後、苦戦を続けながらも北上し、一八二六年二月にはパガンを占領するに至った。ビルマ王国のバヂードー王は敗北を認め、ヤンダボーにおいて条約を結び、アラカンとテナセリム両地方の割譲と、アッサム、マニプールに対する宗主権の放棄、そして東インド会社に対する一〇〇〇万ルピーの賠償金支払いを受け入れた。これによってラングーンはビルマ王国の支配下に戻ったが、西側のアラカン沿岸と東南のテナセリム沿岸地帯を失うことになった。アラカン地方はベンガル州知事が管轄し、テナセリム地方はすでに英領となっていたマレー半島のペナン知事の管轄下に置かれた。しかし、一八三四年以降は両地域ともベンガル州知事の管轄下に組みこまれた。

このあとバヂードー王を継いだ第八代ターヤーワディ王（在位一八三七～四六）は、前王が結んだヤンダボー条約を認めなかったため、英緬関係は引き続き険悪になった。ビルマ国王の理解では国際条約は国家と国家が結ぶのではなく、そのときの王と王が結ぶものと理解されていた。よって近代国際法の理解とはまったくかみ合わず、英国はビルマ王国のこうした対応にいら立ちを深めた。貿易問題などをめぐって双方に何度も対立が生じ、その流れのなかで一八五一年にはビルマ王国の官憲が英人の船長を船員殺人の容疑で逮捕し、罰金刑を科すという事件が発生する。インド総督ダルハウジーはこの問題を利用して、翌一八五二年四月、二度目のビルマ侵攻を行った。これを第二次英緬戦争と呼ぶ。

ビルマ王国は王権内部で和平派と主戦論者との対立が生じ、一枚岩になれず、この戦争にも敗北し、英国によるペグー（バゴー）地方の併合を認めざるをえなかった。これによって第一次英緬戦争のときに割譲させられた地域を含め、下ビルマ全体が英領となり、ビルマ王国は海への出口を失って上ビルマだけからなる内陸国に転落した。英国は手に入れた下ビルマの領域をアラカン、テナセリム、ペグーの三管区に分けて、弁務長官が支配する英領ビルマ州として再編し、ラングーンに州都を置いた。

近代化の試みと頓挫

第二次英緬戦争の際の王権内部における和平派と主戦論者との対立は、一八五三年に王宮クーデターの形で決着がつけられた。和平派のミンドン王（在位一八五三〜七八）が主戦論者のパガン王（ターヤーワディー王を継いだ第九代国王、在位一八四六〜五三）を倒し、国王の座に就いたのである（第一〇代）。ミンドン王は下ビルマの一部を取り返すことを目的に英国と再交渉を試みたが失敗した。

ミンドン王は内陸国化した不利を承知のうえで、ビルマ王国の近代化に着手する。その中心となったのが一八五七年に遷都したマンダレーだった。弟で皇太子のカナウンをその責任者に据え、国営の織物工場や繊維工場、武器製造工場、精米工場、精糖工場、造船所などを次々と建て、フランス人やドイツ人などの外国人技師を雇用して指導にあたらせた。また一〇〇名近い国費留学生をインドとヨーロッパ（フランス、英国、イタリア）に送りこんだ。

しかし、こうした試みはことごとく失敗に帰す。国内的な要因としては、カナウン皇太子が一八六六年に二人の王子（ミングンおよびミンゴンダイン）によって暗殺されてしまい、積極的に王国の工業化を進める役目を担っていた人物が失われたことが大きかった。対外的な要因としては、内陸国化したビルマ王国に対する英領ビルマ州（下ビルマ）からの経済的圧力が挙げられる。

そもそもビルマ王国は下ビルマを失うことによって、コメを十分に自給できなくなっていた。逆に下ビルマからの輸入に頼らざるをえなくなり、かつては同じ王国内のコメだったものが英領ビルマ州という外国から輸入するはめに陥った。しかも、国際市場で高騰を続けた当時の下ビルマ米は海外に流れてしまい、上ビルマに必要分が入ってこなかったため、凶作が続くと人々は飢饉《ききん》に直面する事態となった。そうしたジリ貧状態のなか、英領ビルマ州から質の良いヨーロッパ製の工業製品が安価で流入し、それに関税をかけることが許されなかったため、せっかく近代的な国営工場で生産したビルマ王国の商品も、厳しい競争環境にさらされ敗退を余儀なくされた。

ミンドン王（在位1853～78）.

失意のミンドン王は宗教的な事業に予算を注ぎ込む。その一番の象徴は一八七一年に都のマンダレーで大々的に実施した二四〇〇名におよぶ僧侶による三蔵経典の総合的点検だった（これをビルマでは紀元二世紀にクシャーナ朝のカニシカ王が行った史上四回目の仏典結集につぐ第五回仏典結集と呼ぶ）。ミンドン王はまた、英領ビルマ州の州都にあるシュエダゴン・パゴダにも高価な宝石をちりばめた尖塔《せんとう》部用の飾り（ティー）を奉納した。

ただ、彼はけっして宗教に逃げ込んだわけではない。国内改革の一環として税制改革に取り組み、ミョウダギーらの力を制限してタッターメイダー税という戸数割税を導入し、徴税作業の透明化を試みた。これによって査定や徴収が都から派遣される租税徴収官によって担当されることになったので、ダギーらを徴税業務から引き離すことになった。これはいうまでもなく中央の地方に対する直接支配を強化する企てであった。王はまた、貨幣制度の改革にも着手し、大きさと価値を英領ビルマ州で流通するインドのルピー貨幣と一致させることによって、それまで流通していた純度の不安定な貨幣を排除することに成功した。

王国の最後

開明的で自国の近代化推進に力を入れたミンドン王だったが、一八七八年に志半ばで病死すると、その跡を継いだのはまだ二十一歳の若いティーボー王（在位一八七八～八五）であった。これはフルットー（国務院）の判断で決まった。力が弱く若い王子をあえて国王に推挙することによって、フルットーの影響力を強め、王国の改革と近代化を推し進めようとしたのである。実際、改革派のトップとなった大臣キンウンミンヂーは、ミンドン王時代の海外留学組をまわりに集め、立憲君主制を視野に入れた体制の構築を目指した。彼はティーボー王即位後すぐに西欧的な官僚制をモデルにした一四省から成る官僚機構を発足させ、内閣制度も導入した。政策は内閣で審議されることになった。財務省でも改革派で知られるポウフライン（ヨー・ミョウザー）が大臣に就き、国王による自由な財政運営を廃止し、合理的な国庫の管理と計画的な国家予算に基づく運営を始めた。

しかし、保守派の抵抗はすぐに始まった。その最たる存在がティーボー王の王妃スパヤーラッとヤンアウン・ミョウザーの二人だった。彼らは一八七九年二月に新政府の大臣たちの大幅入れ替えを強行し、改革派のポウフライン蔵相を捕えて死に追いやった。これと呼応するように、前王ミンドンの四八人いた王子のうち三一人と、王女六二人のうち九人が捕えられて処刑されるという前代未聞の王宮内大虐殺が生じた。このため、改革はあっという間に止まってしまった。この間、力のないティーボー王は何もできなかった。せっかくキンウンミンヂーやポウフラインのような優秀な改革派長老を有していたにもかかわらず、ビルマ王国の近代化に向けた改革はこれで終わりを見ることになった。

王国は弱体化を続け、シャン州のソーブワたちも離反を始めた。下ビルマの英領ビルマ州では英国の企業家らがビルマ王国への攻撃と占領を主張するようになった。ビルマ王国としては英国を牽制《けんせい》するためにはインドシナ（現在のベトナム、ラオス、カンボジア）で植民地支配を進めていたフランスに接近するしか道はなかった。ルビーや鉄鋼・石炭の採掘契約をはじめ、マンダレーとタウングー（下ビルマとの境）を結ぶ鉄道敷設契約をフランスとのあいだで結ぶと、一八八五年一月には緬仏条約を締結して、フランス領事のマンダレー着任を認めた。

英国はこうした両国の接近を見逃すわけにはいかなかった。インドからラングーンに派遣されていた軍隊をエイヤーワディ河沿いに北上させると、一八八五年十一月二十八日、マンダレーに侵攻させて王宮を占領した。まだ二十八歳のティーボー王とその妻スパヤーラッ王妃は捕えられ、インドのマドラスに追放された。こうしてビルマ王国は終焉《しゅうえん》を迎えた。この最後の侵攻を第三次英緬戦争と呼ぶ。しかし、戦闘らしい戦闘は起きなかったので、「戦争」という言い方は名目的なものだといえる。

なぜタイ（シャム）は独立を維持し、ビルマはできなかったのか

ビルマ王国のこうした最後を見ると、なぜ隣国タイ（シャム）のように自力で近代化を成功させ、独立を維持することができなかったのかという疑問が浮かぶ。よく知られているように、タイは国王と国王を支える官僚集団が十九世紀半ば以降、上からの近代化を推し進め、植民地化を免れ独立を維持した。そこには西から迫る英国と東から迫るフランス両国が、タイを緩衝地帯にする妥協が成立した僥倖《ぎょうこう》も作用していたとはいえ、自ら近代化を推し進め、柔軟な外交で英仏との関係を上手に維持した点において、ビルマ王国との対応の違いを感じさせる。しかし、単に「ビルマ王国の対応が下手でタイのそれは上手だった」という説明だけでは済まない部分もある。そのことについて述べておきたい。

タイ（シャム）では十八世紀後半の一七八二年から、バンコク（クルンテープ）を都とするラタナコーシン朝による支配が始まり、一八五一年に即位したラーマ四世モンクット王のころから近代化政策がとられていく。即位前にバンコクの僧院長を務めたモンクット王だが、そのころから外国人宣教師との交流を深め、英語やラテン語、天文学などを学び、英語の書籍を取り寄せて海外の事情にも通じていた。彼は四十七歳で王位を継承すると、欧米諸国との国交を重視し、それまでの中国（清）への朝貢をとりやめ、一八五五年に英国ヴィクトリア女王の全権ジョン・バウリング卿《きょう》（香港《ホンコン》総督）とのあいだに通商条約を結び、つづいて米国、フランスなどとも同様の条約を締結した。これによって欧米諸国との本格的通商関係を樹立した。タイは当面の植民地化の危機を脱したが、負担させられた代償も大きかった。王室はアヘン以外の独占貿易の特権をすべて放棄させられ、さらに欧米人のタイにおける治外法権や、すべての港における交易および居住権も認めさせられた。

モンクット王のあとを一八六八年に継いだラーマ五世チュラロンコーン王（在位一八六八〜一九一〇）は、即位時わずか十五歳で、最初はほとんど力を発揮できなかったが、一八八〇年代半ばから親政を行える環境となり、一連の本格的な改革を進行させていく。それらは近代的官僚機構と徴税システムの確立に始まり、奴隷制の漸進的廃止、教育制度の近代化（公教育の導入）、学歴に基づく能力主義の普及、地方行政制度の整備、国勢調査（センサス）の実施、軍の近代的改革などであった。これらは近代国家としての体制を整える積極的行動として西欧諸国から高く評価された。

ビルマ王国はなぜ同じことができなかったのか。まず注目したいのは、タイでモンクット王が近代化に着手した時期である。同王は一八五一年に即位し、欧米諸国との本格的な通商関係を結んだのは一八五五年以降であった。このとき、インドシナではまだフランスによる植民化は始まっておらず（フランスによる最初のベトナム侵攻は一八五八年）、西のビルマでは下ビルマが英領化されて三年目にすぎなかった。東のフランスはもとより、西の英国によるタイ侵攻の可能性もさほど高くはなく、大きな脅威として認識されたものの、何よりも自主的な改革を両国から邪魔される危険性がなかった。

一方、ビルマでは同じ時期に改革派のミンドンが王位に就き、近代化と国内の改革に着手したが、タイと大きく異なったのは、すでに第二次英緬戦争で敗北し、海への出口を失って内陸国化していたという事実である。さらに海への出口を独占した下ビルマの英領ビルマ州が、さまざまな方法でビルマ王国を経済的に追い詰め、圧力を加えたことも忘れてはならない。コメの大生産国だったビルマ王国が、下ビルマを失うことによってそれすらも輸入に頼らざるをえない状況に陥ったため、ミンドン王の改革とタイのモンクット、チュラロンコーン両王が取り組んだ改革には共通点が見られるものの、ミンドン王はタイの王たちより数段不利なハンディを背負っていた。王宮内の権力抗争や西欧の国際法の理解の後れについてはビルマ王国の自己責任といえるが、対外的環境については英国が植民地化を進めたインドに隣接していた分、ビルマ王国はすこぶる不利な国際環境にあった。また英国がタイにはヴィクトリア女王の全権を送っておきながら、ビルマ王国には英国東インド会社の使節団しか送ろうとしなかった点も重要な違いである。ビルマ王国は帝国主義化した英国に常に格下扱いを受けつづけた。これは時代が生んだ不運だったとしかいいようがない。

第2章

英国植民地下のビルマ

1 押しつけられた国家

英領インド帝国への併合

前章で詳述したように、第二次英緬戦争（一八五二年）に敗れて以降、海へのアクセスを失って内陸国化したビルマ王国（コンバウン朝）は、さまざまな近代化の試みに努めたが、英領となった下ビルマから加えられる経済的・軍事的・外交的圧力のため、成功を見ることはなかった。宮廷内の対立も深刻で、王朝体制は弱体化の一途をたどり、一八八五年十一月、英軍の攻撃を受け、その最期を迎えた（第三次英緬戦争）。

翌一八八六年一月一日、英国はすでに英領だった下ビルマに上ビルマを加えたビルマ全土を英国領土に併合することを宣言し、二か月後の三月一日、その領域を英領インド帝国に組み入れ、その一州とした。ここに「英領インド帝国ビルマ州」が発足することになった。ただし一

ビルマ州を含む英領インド帝国の公式地図（1909年）.

八九七年四月まで準州扱いで、正規の州に昇格するのは同年五月一日からである。

英国はビルマ州を二つの領域に分け、それぞれ別の形態で統治した。「管区ビルマ」と名づけられた平野部を中心とする核心領域は、インド総督（英人）によって任命されるビルマ州知事が率いる植民地政庁の直接統治が導入された（実際は正規の州に格上げされる前の一八九七年四月まで準州弁務長官《チーフ・コミッショナー》、その後一九二三年一月に両頭制が施行されるまでは正規の知事《ガヴァナー》より一ランク下の準知事《ルテナン・ガヴァナー》が任命された）。

一方、「辺境地域」と呼ばれた東部のカレンニー、東北部のシャン、北部のカチン、北西部のチンを含む丘陵・山岳地帯から成る領域は間接統治の対象となった。カレンニーやシャン、カチンでは、古くから藩王（土侯）たちがそれぞれ比較的小さな領域を統治し、ビルマ王の権威に従属しながらも行政的には自立していた。英国はあえてこれらの地域まで直接統治することを選ばず、英国への忠誠を誓わせたうえで彼らに引き続き藩の統治を任せた。

この分割統治により、植民地ビルマは独立を迎える前年の一九四七年まで、「管区ビルマ」と「辺境地域」という二つの質的に異なる空間から構成されることになった。その間、交通通信手段が発達したにもかかわらず、二つの領域間の人的交流は制限を受け、意思疎通はほとんどできなかった。この政策は英国が植民地支配のコストを極力抑える必要から選び取ったものであるが、土着の多数派であるビルマ民族と他民族とを分断する統治だっただけに、のちに独立国家としてビルマが国民統合に取り組む際、それを妨げる要因のひとつとなった。

国家の根源的つくりかえ

直接統治の対象となった管区ビルマは、それまでの王朝国家とは質的に異なる新しい国家としてつくりかえられることになった。ビルマ王国時代にあっては、国境概念は存在したが、それは正確な地図に描かれた国と国との境を意味するものではなく、支配者（国王）が自分の基準で理解した自国の領域の外界線のようなあいまいな境界だった。一定の領域を国家権力によって一元的に統治するという実態がなく、そうした考え方も稀薄《きはく》だった。国王の意思が、地方実力者たちとの人的主従関係の強弱や、王都からの距離の遠近によって「不均質」に伝わっていく、伸縮自在な「空間」として王国は存在した。それが英国による植民地化によって根本的につくりかえられたのである。

英国は、近代的な測量技術に基づいて作成された地図に明確な国境線を定め、支配領域を画定して領土面積も算出できるようにし、首都ラングーンを中心とした中央集権型の行政ネットワークを形成して、その空間を一元的に治めることを目指した。その際、「法による支配」の原則を導入し、王朝期のような、支配者が変わることで法解釈や運用が変えられてしまうことや、支配者と被支配者との関係の強弱によって法律が恣《し》意的に適用される事態が生じることを禁じた。

近代都市につくりかえられたラングーン（ヤンゴン）は英領インド帝国ビルマ州の州都となり、そこにはビルマ政庁（植民地政庁）が設置された。それをトップに管区→県→郡→市（町）→村（村落区）という垂直・ピラミッド型の行政体系がつくられ、一元的な国内支配が貫かれることになった。それを支える具体的なインフラとして電信網（のちに電話網）や鉄道、道路網が建設され、システムとして近代的な官僚制度と教育制度が導入された。

これによって植民地国家ビルマの「空間」は、政庁のトップに就く知事（ないしは総督）やその部下である局長たちが誰であるかということと関係なしに、州都のラングーンであれ、そこに隣接する県であれ、一〇〇〇キロ以上も離れた地方の県であれ、間接統治となった辺境地域を除き、すべて同じ「均質な空間」として一元的に扱われるようになった。

ビルマ王国の時代に多数存在した各地のミョウダギーら世襲実力者たちは、一八八九年以降、準州弁務長官クロスウェイトによって施行された上ビルマ村落法に基づいて次々と解任され、かわって中央政府の意向に従う官僚としての村長が任命された。これによって人的主従関係に基づいて成り立っていたミョウダギーら地元実力者と農民（村人）との関係は、「国家権力」と「一国民」との関係に置き換えられていった。

英国の政治学者ロバート・テイラーの言葉を借りれば、これは強制された「国家の合理化」と表現することができる［Taylor, 2009］。元来、ビルマの土着社会は国家の象徴を王と王が存在する都に求めていた。英国はそれを取り去って、西欧の歴史過程のなかで形成された「法による支配」「法の前の平等」が貫かれる異質な国家を押しつけたのである。それも「法」は英国側がつくり運用する「法」であった（その後、少しずつビルマ側にも行政や立法に関与できるスペースが与えられるようになったが）。

こうした外国勢力による一方的な国家のつくりかえは、第二次世界大戦後の日本を彷彿《ほうふつ》させるかもしれない。確かに日本に勝利した連合国（特に米国）は、軍国主義の根絶と民主主義の導入による日本の根源的な改革を行った。しかし、あのときの日本は、すでに明治期の自由民権運動や大正期のデモクラシー運動（民本主義など）を経験していた。その後は軍国主義に抑え込まれたとはいえ、民主主義の考え方や概念は、たとえ不十分であれ、地下水のごとくインテリや行政官らのなかに脈々と生き残っていた。だからこそ、新しい憲法（現在の日本国憲法）に謳われた象徴天皇制に基づく国民主権や基本的人権の保障という考え方を、彼らは苦労することなく理解し、一般の国民が受け入れられるよう上手に導いたのだといえる。戦争の勝利者である連合国によってもたらされた民主主義が、紆余曲折《うよきょくせつ》を経ながらも大きな混乱なしに日本に定着したのは、そうした戦前の歴史経験がプラスに作用したからである。民主主義がうまく日本の天皇制に接木《つぎき》されたという言い方もできよう。

一方、十九世紀後半のビルマの場合は、まったく思想や実践上の経験がないまま、「合理的国家」を外から強制され、それまでの国家のあり方を崩されてしまった。そこには伝統的制度との接木を行える歴史的条件はなかった。ビルマで「合理的国家」がまがりなりにも機能するようになるのは二十世紀に入ってからであるが、その間、ビルマ側にできたことは、一部のエリートが必死になって英国の近代教育システムのもとで勉強し、時に留学し、「合理的国家」の概念をゼロから受け入れ、それを身につけることであった。

なぜ君主制を残さなかったか

英国はなぜこのような大手術をビルマに施したのだろうか。たとえば第三次英緬戦争に先立つ五年ほど前、英国は西アジアで第二次アフガン戦争（一八七八〜八〇年）を起こし勝利しているが、その際、自国の権益拡大を図るにあたってアフガニスタン王国を滅亡させることはせずに保護国としている。それと同じようなことをビルマでも行う意思はなかったのだろうか。そうすれば前述の「伝統的制度との接木」も可能になったかもしれない。これについて、ビルマ人歴史家のタンミンウーは次のような説明をしている［Than Myint-U, 2001］。

英国は当初、アフガニスタンと同じようにビルマ王国の保護国化を考えていたが、マンダレー占領後の短期間にいくつかの理由でそれをあきらめざるをえなかった。第一に、王朝のなかに利用できる王子が見当たらず、英国に協力的で土着社会にも影響力を持つ都合のよい新しい王をたてることができなかったからである。ミンドン王の王子たちは一二人がまだ生きていたが、英国はそのなかに適切な候補を見出せなかった。第二に、ビルマ王国が王都マンダレーとその周辺を統治するのもおぼつかない弱体王権にすぎなかったことを、マンダレー占領後ひと月ほどで英国が認識したからである。これによって英国は、土着社会へ広範な影響力を有さない王権を無理に残す必要はないという判断に傾いた。第三に、保護国化を念頭に、はじめは国務院（フルットー）など、ビルマ王国の既存の統治制度を活用しようとしたが、それが英国の期待通りに動かなかったからである。たとえば、ティーボー王が在位中に任命した県知事たちの権力行使を支援するため、英国は国務院を通じて新たにビルマ警察をいくつかの地方で設置することを認めたが、そうした措置をとった地域で逆に治安が悪化する事態が生じたため、すぐにこの政策にストップをかけ、国務院も廃止してしまった（一八八六年二月）。

見逃せないのは、この間、ミンドンとティーボーの両王に仕えた賢臣キンウンミンヂーが、英国に対し立憲君主制を提案していることである（一八八五年十二月）。ビルマの人々にとって君主制はきわめて重要な制度なので、これを廃止してはならないと彼は訴えた。ヨーロッパの事情に通じていた彼は、英国の保護のもとで「君臨すれども統治せず」を原則とする立憲君主制を導入し、実際の権限はビルマ人の大臣たちが握り、英国の指示に従いながら行政をつかさどるという案を提示した。そうすることによって、悪化した国内の治安が回復に向かうはずだとキンウンミンヂーは主張した。

しかし、英領ビルマ州（下ビルマ）の弁務長官バーナード（のちの初代ビルマ準州弁務長官）はこの案を拒否し、英領インド帝国の総督（副王）ダファリン卿もビルマ王国の保護国化は非現実的だと判断するに至った。これによって既存の国家機構を残しながら近代的な改革を施すという選択肢は消え、ビルマ王国を根源的につくりかえる大手術を施すことが決定した。ビルマ王国ゆかりの土着の国家統治機構は、君主制であれ、ミョウのシステムであれ、そのほか何であれ、英国が導入する「合理的」な国家制度と接木することで生き残る機会を永遠に奪われたのである。

土着社会の抵抗

しかし、英国による植民地統治の開始に対する土着社会のネガティヴな反応は、初期の段階に激しい形で発生した。

前章で述べたように、英国は一八八五年十一月に都マンダレーを簡単に占領してビルマ王国を崩壊させたが（第三次英緬戦争）、王宮や都、およびその近辺から、王国の将兵らが数多く地方に散ったことの意味を当初は軽く見ていた。彼らはしかし、散った先の各地で地元ミョウダギーらをはじめとする世襲実力者たちと合流しながらゲリラ戦を挑んで英軍に抵抗し、これにさまざまな強盗団や小規模な農民叛乱が加わった。このため、英軍は激しい叛乱とその広がりに大いに悩まされた。やむをえずインドから一万六〇〇〇人の援軍を増強し、上ビルマで展開されたビルマ土着の抵抗を一八九〇年までに力ずくで封じ込めた。先述した準州弁務長官クロスウェイトによる上ビルマ村落法の施行（一八八九年）もミョウダギーらに打撃を与え、武装抵抗終焉の大きな要因となった。

英軍によるゲリラ封じ込め作戦においては、村の焼き討ちや無差別発砲など、残酷な仕打ちがビルマの地元民に対してなされ、一般人に多くの犠牲者が出た。米国の政治学者メアリー・キャラハンは、この時期の土着社会の抵抗とそれに対する英国の軍事的封じ込めが、ビルマにおいて国家の社会に対する非友好的態度を決定づけたと指摘している［Callahan, 2003］。少なくとも上ビルマにおいては、英国という新しい「国家」は土着「社会」から見て出会いの最初のときから暴力的な存在として認識されることになった。英国もまた、この激しい抵抗に直面してビルマ土着「社会」を敵視するようになり、三万五〇〇〇人以上の軍と警察力に基づく治安維持体制の下にこの国を置くことになった。

理論上、「国家」は「社会」を統治するが、「社会」による支持があってはじめて「国家」は順調に機能するものとなる。植民地ビルマでは「国家」と「社会」が相互に不信感を抱く関係となり、表面上は「国家」の力による平和と安定がもたらされたが、一九二〇年代にビルマ・ナショナリズムが擡頭《たいとう》すると、その安定は大きく揺らぎはじめる。

少数エリートによる統治

「合理的国家」につくりかえられたビルマ(管区ビルマ)は、少数精鋭のエリート行政官が統治した国家でもあった。英国の軍事力と経済力を土台に、ビルマ州の統治は実質的にわずか一五〇人あまりのインド高等文官(ICS)によって担われたといっても過言ではない。彼らは一九二一年に最初のビルマ人高等文官が採用されるまで、全員英人によって構成され、ビルマ州知事(一九三七年より総督)を補佐すべく、ラングーンのビルマ政庁においては局長クラスを占め、地方にあっては管区長官や県知事クラスのポストを占めた。彼らの下に現地で採用された中級や下級の公務員、クラークと呼ばれる一般事務職員が多数配置された。

インド本土やアフリカの英領植民地でもそうであったが、英国のビルマ支配は英人の存在が数の上で非常に限られるという特徴を有していた。これは小学校の教員や警察官まで、本土から日本人を派遣した台湾や朝鮮における日本の植民地支配とは大きく異なる(ビルマにおけるインド高等文官の詳しい説明については第4章参照)。

宗教中立政策

英国のビルマ支配のもうひとつの特徴として、宗教中立政策が挙げられる。「合理的国家」の導入は、国家の宗教に対する姿勢を中立的なものにさせた。国家と宗教の分離である。英国は王朝時代のビルマの国家的宗教であった上座仏教に介入しない一方、キリスト教を強制することもしなかった。英領期のビルマではカレン民族やカチン民族など一部少数民族のあいだでキリスト教の受容が広がるが、その中心をなしたバプティスト派の宣教は米国の宣教団の活動に拠《よ》っている。

しかし、こうした国家の宗教への不介入は、土着の仏教徒ビルマ人から見た場合、理解しにくいものだった。前章2節で見たように、ビルマ王国の時代、国王と仏教僧団（サンガ）は財《ざい》施《せ》と法施《ほうせ》の相互関係を築き、王権はサンガを財政的に支援して僧侶たちの修行環境を整備するかわりに、サンガは王権に対し法（ダンマ）に基づく理想の支配者のあるべき姿を訓《おし》え、理念上、王権に支配の正統性を付与する役割を担っていた。したがって、ビルマ王国を滅ぼして新しい支配者として統治を始めた英国が上座仏教を擁護しないという現実は、ビルマ人仏教徒に新国家の正統性への疑念を強く抱かせることになった。その後、僧侶らの要望に応じて、ビルマ政庁（植民地政府）は上座仏教の経典語であるパーリ語の認定試験を主催するようになったが、国家とサンガが王朝時代のような財施と法施の関係を取り戻すことはけっしてなかった。

経済開発——インド本土への食糧と燃料の補給基地として

十九世紀後半以降の帝国主義時代における植民地統治の目的は、いうまでもなく領土支配を通じた経済的利益の追求と確保であった。英国がビルマで求めたものは食糧としてのコメに加え、石油、銅、宝石（ヒスイやルビーの原石）、木材などの自然資源であった。経済開発もこれらを中心に進められた。

コメは当初、スエズ運河の開通（一八六九年）による航行距離の大幅短縮もあって、英国をはじめヨーロッパ向けに輸出された（コラム5参照）。だが、のちにインド本土でプランテーション労働者の食糧として求められるようになったため、そちら向けの輸出量を急増させた。一八七〇年代に年間九〇万トン台だった輸出量は、一九〇〇年代には二四〇万トン台に、そして一九三〇年代には六〇〇万トン台を記録する年もあらわれた。コメの生産と加工（精米）はビルマの最大産業となり、モノカルチュア（単一栽培）による輸出経済体制が築かれた。

これを支えたのが、下ビルマのデルタ地帯で十九世紀後半から推し進められた新規の水田開発である。一八七〇年代に二〇〇万エーカー台だったコメの作付面積は、その五〇年後の一九二〇年代には九〇〇〇万エーカーを超えるまでに至る。それを担ったのは、第二次英緬戦争で衰退したビルマ王国（上ビルマ）を捨て、英領となった下ビルマに移住した大量の農民たちだった。上ビルマはもともと雨季の降水量が少なく、畑作はともかく、稲作は灌漑の整った地域でしか行えず、かつ天候が不順な年は不作に襲われた。それに加え英国が支配する下ビルマから経済的に締め付けられ物価が高騰したため、上ビルマの農民たちは活路を求めて下ビルマのデルタへ向かったのである。一八七六年に下ビルマで施行された地租法もその動きを促進した。同法では一二年以上にわたって規定の地租を納めれば、農民は自分が開拓した水田を無制限に所有できることを定めていたからである。

ただ、デルタは雨季の降水量が多く天水稲作に向いているとはいえ、移住してきた上ビルマの農民にとって天国だったわけではない。自然環境が過酷で、森林と沼地を必死に開拓しても、洪水や害虫による不作が生じ、マラリアにも苦しめられる危険地帯だった。また、家畜の購入や日常の生活費の工面のために現金不足と直面し、そのため土地を担保にした借金を抱え、豊作の年はよいものの、不作に見舞われると土地を失い、小作や農業労働者に転落した。全ビルマが英領化されて一五年ほどたった二十世紀に入ると、あとで述べるインド人移民が増え、下ビルマの農業労働者間の競争は激化し、賃金が下がることによって彼らの生活を悪化させた。

石油も、ビルマ国内での軍事や民生利用分を除くとインド本土でその大半が消費された。パガン朝時代から細々と土着の人々によって採掘されていた上ビルマのチャウッやイェーナンヂャウンの油田を、十九世紀末から英国の石油資本が本格的に開発し、そこで採れた原油をラングーン近郊のシリアム（タニン）とその周辺に建設された石油精製工場でガソリンや重油、軽油などに製品化してインドに輸出した。一九三五年の統計でビルマ産の原油量は、月間五三万四〇〇〇バレル（一日あたり一万七八〇〇バレル）だった。それはペルシア（イラン）産原油の一三パーセント弱、オランダ領東インド（現在のインドネシア）産の一六パーセントにすぎなかったが、英領インド帝国内では最大規模を誇った。原油生産と石油精製にあたった代表的企業はバーマ・オイル・カンパニー・リミテッド（BOC）で、同社だけでビルマでつくられる自動車用ガソリンの五七パーセント、航空機燃料用ガソリンの九二パーセント、灯油の六六パーセントを生産していた。

こうしてコメと石油の産出量や輸出先を見ると、植民地ビルマが英国によってインド本土の食糧と燃料を供給するための「基地」として位置づけられていったことが理解できよう。英国にとってビルマはインド支配のための重要な「付属品」だったといえる。

移民の流入と複合社会の形成

一方、英領期のビルマ州には、企業や植民地政府のバックアップもあって、労働力不足を補うため、大量のインド人移民が流入した。一八九二年から一九三五年までの統計を見ると、一番少ない年（一八八二～八三年）で一四万九九六七人、一番多い年（一九二七～二八年）で四二万八三四三人ものインド人がビルマ州に入国している。平均で年二五万人である。ただ、ほぼ同数の出国者数が毎年記録されていることからわかるように、その多くは数年働いた後に帰国する短期移民だった。さらに英領インド帝国内の州境を越える移動だったので、法的には国内移動とみなされた。

彼らが就いた仕事は、港湾労働や倉庫の荷役など、沖仲仕《おきなかし》や苦力《クーリー》と呼ばれたきつい肉体労働が多く、ほかに工場労働者や農村における農業労働者などであった。低賃金であるにもかかわらず、こうした仕事に就くためビルマ州にわざわざ働きに出て来たインド人移民の大多数は、南インドのマドラス州と東インドのベンガル州の下層カーストに属する貧しい人々だった。一方、精米工場の経営や金融業、商業に従事する中位カーストのインド人も一定数入ってきた。彼らは長期にビルマに住み、そのまま定住することが多かった。また植民地軍の将兵や警察官、保健衛生の専門官や税吏、郵便電信局職員などの専門職公務員にもインド人が多く採用され、さらに下級公務員の下に位置する一般事務職層（クラーク）でもインド人は目立った。

これらのなかで金融に従事したチェティアと呼ばれる人々は、マドラス地方で代々金貸しを生業とし、海外にも広く進出して、ビルマではおもに下ビルマの開拓農民を相手に金を貸し付けた。法外な利息をとることはなかったが（土地を担保にした場合年一五パーセント、無担保の場合同六〇パーセント）、悪天候による不作や恐慌によるコメ価格の暴落によって金を返せなくなる農民が日常的に存在したため、担保の農地をとりあげ不在地主化した。そのため、一九二〇年代以降、盛り上がるビルマ・ナショナリズムのなかで土着社会から敵視されるようになり、「高利貸し」と罵《ののし》られ憎悪の対象となった。彼らはけっしてビルマで不在地主となることを望んで金融業を営んでいたわけではなく、農地のとりあげは業務上やむをえない行為にすぎなか

階層	民　族	職業・職種
上　層	英人・欧州人	高級官僚，大企業幹部社員，軍人，教員
中間層	英系ビルマ人	公務員，教員，看護師，商工業
	中国人	流通，商工業
	インド人	金融（不在地主），流通，商工業，地主，軍人，公務員
	（キリスト教徒）カレン人	公務員，教員，会社員，看護師，軍人
	ビルマ人	公務員，教員，弁護士，地主，自作農
下　層	インド人	クーリー（港湾労働者等），油田労働者，農業労働者
	ビルマ人	工場労働者，油田労働者，小作農，農業労働者

表3　ビルマの複合社会

ったが、ビルマ人の多くはそうしたチェティアを「悪徳高利貸し」として受けとめた。

こうした移民の流入は、ラングーンを中心に複合社会（プルーラル・ソサイエティ）を形成することにつながった。複合社会とは、英領ビルマの高等文官（ICS）だったJ・S・ファーニヴァルが早期退官後に研究者となり、一九三〇年代から使いはじめた用語である。その特徴は、職業（職種）が民族別に分かれ、そこに経済的・社会的格差が存在し、経済では相互につながりを持つが、言語も宗教も風習も別々で、家に帰ればそれぞれの民族文化のなかで生き、民族を超えた交流は婚姻も含め例外的にしか生じないところにある。そのため「国民」としての一体感（ナショナリズム意識）は生まれにくい。支配する側にとって分割統治ができるので好都合だといえるが、一方で経済的対立が激化したり、社会を構成する主要民族のひとつがナショナリズムを主張したりしはじめると、社会は一気に不安定化する。

一九二〇年代以降の植民地ビルマ、とりわけ首都のラングーンは、そうした不安定化要因をはらんだ複合社会と化した。それはおおむね表3のように特徴づけられる。ビルマ民族（表3では「ビルマ人」と表記）は「中間層」と「下層」に分かれたが、いずれの階層でもライバルとなる民族との競合を余儀なくされた。「中間層」では英系ビルマ人、インド人、カレン人（キリスト教徒のスゴー・カレン）、中国人と競合し、「下層」ではインド人と対立する境遇に置かれた。ラングーンでは一九三〇年五月に大規模な反インド人暴動が起きているが、その原因は複合的とはいえ、ひとつは港湾労働者の職の奪い合いという一面があった。

コラム5　ビルマ米はどこへ何のために輸出されたのか

十九世紀後半から二十世紀前半にかけて、ビルマは独立国のタイやフランス領のベトナムと並んで、コメの輸出大国として知られた。ビルマ米は日本のコメとは食感が異なる長粒種（いわゆるインディカ米）である。一九一〇年代以降、ラングーン港から輸出されるビルマ米の多くは、インド本土とセイロン（現スリランカ）に運ばれ、プランテーションで働く労働者の食用米として消費された。英国にとって、ビルマが植民地インドの食糧供給基地だったと言われるようになった所以《ゆえん》である。

しかし、インドやセイロンに向けたコメ輸出が本格化する前の二十世紀初頭まで、ビルマ米はおもに英国のロンドンやリヴァプールに向かっていた。英国人はコメを食べないはずなのに、なぜビルマ米の需要があったのだろうか。ひとつは英国で精米して食糧が不足する西アフリカやカリブ諸島に運ばれたからであるが、英国国内やほかのヨーロッパ諸国でも消費されていたから不思議である。

実は十九世紀のヨーロッパには四種類のコメ需要が生じていた。ひとつは（当時の農民が知ったら怒ったと思うが）隆盛しつつあった製本業で使う糊《のり》の原料としての需要である。二つ目は蒸留酒製造に用いる原料、三つ目は家畜のエサ、そして四つ目は（これは特に英国の事情だが）産業革命のなかで増えた貧困労働者層の代用食としてであった（彼らはパンも買えないくらい貧しかった）。このうち、ビルマ米はおもに貧困労働者が飢えをしのぐための食べ物として消費された。そのため特に安価なガセイン米という種類が好まれ、その味は当然のようにまずかった。

二十世紀に入ると、貧困労働者の代用食という目的は薄れ、サラダの一部に用いる上等なコメをヨーロッパが求めるようになり、ビルマ米の輸出は前述のようにインドとセイロン向けのものにシフトしていく。ここでも味は問題とされなかったので、引き続き安価なガセイン米が好まれた。

英国植民地下でガセイン米の生産が奨励されたことは、ビルマのコメ生産にとって不運だったといえる。この品種だけが輸出用として売れつづけたので、品種改良を行う機会が失われたからである。その結果、独立後しばらくして国際コメ市場で品質が厳しく競われるようになると、おいしくないビルマ米は不利な立場に陥った。

現在は品種改良も進み、国内総農地面積（一三六四万ヘクタール）の三分の二にあたる八三〇万ヘクタールで比較的上等なものを含むさまざまなコメが生産されている（二〇一〇年現在）。戦前と比べれば激減したが海外への輸出も続いており（二〇一〇年輸出総額の三・四パーセント）、二〇一二年以降は大幅に増える傾向にある。将来は日本人の好みに合った、いわゆるジャポニカ米を生産して輸出する可能性すらある。

ちなみに、ビルマ人は日本人の三・四倍のコメを一年間に消費する（ビルマ人二〇三キロ、日本人五九キロ、いずれも一人あたり、一九九九～二〇〇一年統計）。一日あたりに換算すると、ビルマ人は一人五五六グラム（約三・七合）、日本人は同一六一グラム（一合強）である。この数字を見ると、ビルマの人々にとってコメは絶対に欠かすことのできない主食であるといえるが、日本人についてはもはや主食とはいえない状況になっていることがわかる。

2　段階的な自治権付与

両頭制

二十世紀に入り、ビルマの植民地統治は表面上の落ち着きを見せはじめたが、一九一四年に始まった第一次世界大戦はこの国に大きな影響を与えた。英領インド帝国がヨーロッパにおける英国の戦争遂行のため財政面を中心に協力させられたことに加えて、戦争が当初のバルカン半島をめぐる対立から、一九一七年の米国の参戦を経て「民主主義の防衛」や「民族自決権の擁護」にその戦争目的を大きく転じ、そのイデオロギーが植民地のナショナリズムに火をつけたからである。

戦後、英国は自分の植民地帝国のなかでもナショナリズム運動が強かったインド本土に対し、段階的な自治を与えていく政策を導入した。当初、ビルマ州は適用を除外されたが、四年後の一九二三年一月、すでにインド本土で施行されていた両頭制（モンタギュー・チェルムスフォード改正インド統治法）を施行し、任命する州知事をそれまでの準知事から正規の知事に格上げした。

両頭制は、土着の人々を部分的に立法府と行政府に参加させることを目的としたものである。英国王の代理を兼ねるインド総督が任命したビルマ州知事の下に、立法参事会（植民地議会）

が設けられ、制限つきの立法府として機能した。それ以前にも知事の任命制による立法参事会は存在したが、立法府ではなく諮問機関という位置づけで、定数も一五名にすぎなかった。新しい立法参事会は定数が一〇三名に増え、さらにそのうちの八〇名は男子だけの制限選挙で選ばれることになった。この八〇名のうち、ビルマ人に割り当てられた議席数は五八に限られたが、植民地における選挙制度の導入という点で両頭制は画期的なものだった。

一方、知事によって二名のビルマ人の大臣が任命され、立法参事会に責任を負うことになった。その二名のほか、別個にインド総督に責任を負う二名の大臣（ビルマ人一、英国人一）が任命され、知事を含めた計五名で行政参事会を構成し、その下に各行政部局が置かれて行政府として機能することになった。

政府の機能は基本的に①ビルマ州知事が管轄する保留事項部門、②立法参事会に責任を負う二名のビルマ人大臣が管轄する移管事項部門（教育や農林行政など）、③インド総督が管轄する中央事項部門（防衛、外交、貨幣政策）の三つの部類に分けられ、それ以前と比較してビルマ人の政治と行政への参加が強められることになった。

ビルマ統治法

英国は一九二〇年代後半、今度はビルマ州をインド帝国から分離させることを考えるようになる。将来の分離を視野に、官僚機構においてビルマ人の高等文官（ＩＣＳ）を少しずつ増やしていくことが決まったほか（行政の現地化方針）、英緬円卓会議を一九三一年十月に開催し、分離を前提とした将来のビルマのあり方をビルマ人の代表も招いて検討した。翌一九三二年一月に分離を正式決定すると、英本国の下院で分離後の新統治法をめぐる法案審議に入った。

こうした経緯を経て、ビルマに対する自治権付与の第二段階として、英国は一九三五年四月、両頭制にかわる新たな基本法であるビルマ統治法を公布する。インド本土でも同時に一九三五年改正インド統治法が公布された（いずれも施行は二年後の一九三七年四月）。

ビルマ統治法下では、ビルマ州がインド帝国から分離され、同州は英国の直轄植民地である英領ビルマとなった。それまで英領インド帝国の総督によって任命されてきたビルマ州知事にかわり、英本国政府の指名に基づきビルマ総督が任命され（任命は英国王による）、立法・行政・司法の頂点に立つことになった。総督の下に立法府として上下両院が設置され、各院が制限つきで法案提出権を有することになった。両院とも解散権は総督が有した。

下院（任期五年）の定数は両頭制時代の一〇三から一三二に増え、そのうちビルマ人に割り当てられた議席は両頭制時代の倍近い九五に増えた（全議席の七二パーセント）。商工会議所代表や油田労働者代表などから成る職能代表四議席を除き、九一議席が一般選挙区において選出された。選挙権の制限も大幅に緩和され、男子は普通選挙が実現し、女子にも学歴制限つきで選挙権が付与された（日本で女子に選挙権が認められた一九四六年より一一年早い）。

複合社会の特徴を反映して、下院にはカレン人（一二議席）、インド人（一三議席）、ヨーロ

民　族	割当議席	下院定数に占める比率（%）	管区ビルマ全人口に占める比率（%）[1]
ビルマ民族[2]	95	71.97	73.35
カレン民族	12	9.10	8.56
インド人	13	9.85	7.63
中国人	1	0.76	1.00
英系ビルマ人	2	1.51	0.13
ヨーロッパ人	9	6.81	0.08
総　計	132	100.00	90.75

表4　下院における民族別議席配分の内訳（1937年施行ビルマ統治法）
注（1）：1931年センサスに基づく比率
注（2）：狭義のビルマ民族に加え，アラカン，モン，および一部シャン民族を含む

ッパ人（九議席）、英系ビルマ人（二議席）、中国人（一議席）にも議席がそれぞれ割り当てられた（職能代表区を含む）。下院における民族別の議席配分率と管区ビルマ全人口に占める民族比率との比較は表4に示したとおりである。このなかでヨーロッパ人に割り振られた議席配分率六・八一パーセントは、人口比率〇・〇八パーセントに対して八五倍にも達しており、彼らが優遇されていたことがわかる。なお、上院（任期七年）は定数三六で構成され、半数を下院で互選し、残り半数は総督が直接指名した。

法案は上下両院いずれから審議を始めてもよく、両院で可決されたのち、総督の了承を得て施行されるものとされた。総督には可決された法案に対する拒否権が認められた。また自ら立法し、両院でその必要性を説明したのち公布する権限も有した。

行政府へのビルマ人の参加も、両頭制のときより大幅に認められた。下院で多数を占める政党の議員

のなかから、総督によって首相が指名され、その首相が最大一〇名までの大臣を指名し、総督の補佐機関としての内閣を組織した。各大臣を通じて、ビルマ政庁各局の行政に深く影響力を行使することができるようになった。首相の指名こそ総督によったが、内閣自体は下院に責任を負う責任内閣として機能した。ただし、内閣に下院解散権が与えられていないので、その力は議会に対して弱く、常に議会から不信任決議案の提出で脅かされることになった。

一方、内閣の権限がまったく及ばない部門は、外交と防衛、辺境地域に関する事項、そして貨幣政策（造幣を含む）に限られることになった。ただ、これらの権限は主権国家の柱のなかの柱であり、英国がこれらを明け渡すはずがなかった。

英本国ではビルマ統治法の施行に伴い、それまでのインド省からビルマ省が分離され、ビルマ問題をインド問題と正規に分けて処理することになった。ただし、両省は建物も兼用、大臣も政務次官も兼任、事務次官も独立直前の時期（一九四七年六月〜四八年一月）を除き兼任だったことが示すように、英本国の認識においてビルマ統治がインド統治の「付属品」扱いだったことは否めない。ビルマ省の専任スタッフも少なく（ここでも主要ポストの大半はインド省兼任）、その数は一般事務職を含めて五〇〜六〇名程度にすぎなかった。

こうして英国は、ビルマの土着エリートたちに広範囲にわたる政治的・行政的権限を委譲した。インドでも同様の法が施行され（改正インド統治法）、これによって英帝国内におけるインドとビルマは、英領植民地としての性格を明確に残しながらも、一定の自治権を有する植民地国家として、独特の地位を有することになった。それは主権国家同様に扱われたカナダやオーストラリアなど英連邦《コモンウェルス》のドミニオンと、一方でまったく自治権が認められなかった香港などの王領植民地（クラウン・コロニー）との中間に位置していたといえる。

将来のドミニオン化の約束

ビルマ統治法を施行して二年半がたった一九三九年九月、ヨーロッパではドイツ軍がポーランドに侵攻し、第二次世界大戦が勃発《ぼっぱつ》した。英国は第一次世界大戦のときと同じように、植民地のインドとビルマに国防費の供出など戦争協力を求めた。一方で、高まるナショナリズムや反英運動を考慮し、見返りとしてインドとビルマに将来、ドミニオンの地位を付与する約束を行った。ドミニオンとは英連邦《コモンウェルス》に属し、英国王が国家元首を兼任するものの、主権を有する事実上の独立国家のことである。カナダやオーストラリアやニュージーランドは現在でもドミニオンを継承した英連邦王国（コモンウェルス・レルム）である。インドとビルマにその「待遇」を将来（いつの日か）必ず与えると宣言したのである。英本国チェンバレン内閣での閣議決定を経て、ビルマ総督コックレインは次のような声明を出した（一九三九年十一月二十四日）。

「ビルマ総督として、本国政府の決定に基づき、ビルマにおける統治改革の核心が、将来におけるドミニオンの獲得にあることをここに認める。その間、責任ある自治政府がビルマで段階的につくられるようにしなければならない」

この声明によって英国政府は高まるビルマ・ナショナリズムを和らげようとしたが、ナショナリストたちは党派や立場を問わず、この声明に満足しなかった。「将来におけるドミニオン獲得を認める」といっても、具体的な時期についてまったく触れていないからである。この程度の「約束」でビルマ人ナショナリストたちが納得することはなかった。

3 植民地軍からのビルマ民族排除

植民地ビルマの統治を語るにあたって、もうひとつ見落とせないものが植民地軍である。もともと植民地経営は宗主国の圧倒的軍事力と経済力を背景とし、両者のいずれかが不十分だと支配は安定しない。ビルマの場合、第三次英緬戦争（一八八五年）後に土着社会から激しい武装抵抗を受けた経験を有しているだけに、英国にとって、この国の軍事力のあり方は常に大きな関心事であった。

「国家」としての英国は、「社会」としての多数派ビルマ民族を「平伏させねばならない対象」（敵）とみなし、この国の軍事力の維持にあたって、単に外敵の侵入を防ぐだけでなく、国内治安維持についても慎重に考慮した。それらの任務にあたったのが英領インド帝国の植民地軍であるインド軍（ビルマ駐留部隊）だった。同軍は一九三七年三月に英領インド帝国からビルマ州が分離されるまで、三万人の規模で常駐した。

ビルマに駐留するインド軍へビルマ土着の人々が入隊することは、第一次世界大戦（一九一四～一八年）前までは例外的にしか認められなかった。ビルマ州常駐のインド軍は英国人（正規将校）とインド人（土着将校、下士官、兵士）から構成され、ビルマ土着の人間は非ビルマ民族を含めてもごく少数にすぎない。しかし、第一次世界大戦開始とともに、土着の人々を民族別にリクルートして部隊（中隊）を結成し、英国が直面する有事に対応させることになった。

そのとき結成されたのが、ビルマ工兵隊（三個中隊）とビルマ・ライフル大隊（四個大隊）である。前者はビルマ民族によって構成され、後者はビルマ、カチン、カレン、チン、グルカの各民族とシーク教徒（インド人）によって構成された。いずれも正規将校は全員英人で、ビルマ人やインド人は格下の土着将校にしかなれなかった（例外は英国のサンドハースト陸軍士官学校に留学した極少数のエリート）。ビルマ・ライフル大隊は民族別に中隊が結成され、ビルマ民族から成る隊は全一六個中隊のうち一〇個中隊を占めた。ビルマ工兵隊もビルマ・ライフル大隊も、戦時中に中東まで派遣されている。

第一次世界大戦が終わって平時に戻ると、拡大したインド軍の縮小が始まった。その際、ビルマ民族から成るビルマ・ライフル大隊の中隊が段階的に廃止され、非ビルマ系民族（カレンやカチンなど）の中隊はそのまま残された。三個中隊あったビルマ工兵隊も縮小のうえ一九二九年にすべて解散させられた。その結果、ビルマ駐留のインド軍は、一九三〇年までに英人（正規将校）とインド人、そして非ビルマ系諸民族から成る軍と化し、ビルマ民族は排除される形となった（ただ、兵卒レベルで一割ほど残ったので、完全にいなくなったわけではない）。

ビルマ民族が植民地軍から歓迎されなかった理由は二つある。ひとつは大戦中の訓練において、彼らが「軍には不向きな民族だ」という烙印を英人将校らによって押されたことである。たとえば、本国インド省のモンティース事務官は、ビルマ政庁（植民地政庁）の英人高等文官（ICS）に宛《あ》てた一九三四年六月二十八日付の手紙のなかで、第一次世界大戦時のビルマ民族の兵士がいかに拙速にかき集められ質が悪かったかを、当時の英人大尉の証言を用いて述べている。そこでは、ビルマ民族の中隊はパレスティナまで派遣されたものの、現地での軍事訓練にまったく耐えられず、一回の戦闘も経験せずにビルマに戻った経緯が紹介されている。もうひとつの理由は、第三次英緬戦争後の武装抵抗の経験から、英国がビルマ民族の忠誠心に疑念を抱きつづけていたためである。植民地軍のなかに彼らを入れておくことの危険性を常に感じ取り、好き嫌いを言っていられない有事の際はともかく、平時には閉め出そうとした。

しかし、一九三七年四月、ビルマ統治法が施行されると、英領インド帝国からビルマ州が分離され単独の直轄植民地「英領ビルマ」となったため、インド植民地軍に替えてビルマ独自の植民地軍を新たに創設せざるをえなくなった。このとき、英国は重い腰をあげ、植民地軍の門戸をビルマ民族に大きく開くことになる。しかし、彼らの入隊は順調に進まなかった。日本軍が攻め込んでくる直前の一九四一年段階で、植民地ビルマ軍のなかでビルマ民族が中心を占めた部隊は、復活したビルマ工兵隊の一個中隊だけだった。軍の中心を構成するビルマ・ライフル隊（全一〇個大隊）では、ビルマ民族の占める割合が土着士官の一二人に一人にすぎず（八パーセント）、兵卒は五人に一人（二〇パーセント）にとどまった。植民地軍全体でもビルマ人の数は二割を下回った。ビルマ民族の将兵が増えなかった理由としては、当局が表向きはともかく本気で彼らの入隊を歓迎したわけでなかったことを指摘できる。国内における反英ナショナリズムのいっそうの高まりを見て、それに連なる分子の入隊や、それに影響を受ける将兵が出てくることを当局が恐れたことは間違いない。土着社会の側も、植民地軍を外国軍とみなし、ビルマ民族に門戸が開かれてもそれに魅力を感じることなく、積極的な関心を示さなかった。

4　首都ラングーンの変貌

シュエダゴン・パゴダのある町

英領期のビルマの中心を担ったのは、経済的にも行政的にもラングーン（ヤンゴン）だった。英領インド帝国ビルマ州の州都として長らく機能し、一九三七年四月からはビルマ統治法の施行に伴い、英国の直轄植民地「英領ビルマ」の首都として栄えた。

ラングーンは下ビルマのエイヤーワディ・デルタ地帯の東のはずれ、北西を流れるフライン川と北東を流れるペグー（バゴー）川との合流点に存在し、その中心部はマルタバン湾に面するラングーン川の河口から北へ三四キロに位置する。二十一世紀のいまは人口五〇〇万人を優に超え、さらなる人口増加が生じている大都会となっているが、英領期は四〇万人を少し超える程度であった（一九三一年）。さらにさかのぼって英国が第二次英緬戦争の勝利によって下ビルマ地方をすべて奪い取った当時の人口は、わずか数万人にすぎなかった。

ラングーンの簡単な歴史を振り返ってみよう。十八世紀半ばまで町の名前はダゴンといい、ビルマ民族ではなくモン人が多く住む町であった。古い歴史を持つシュエダゴン・パゴダがティンゴウタヤの丘の上に建立されていたため、歴史的に「聖地ダゴン」として広く知られていた。

現在、黄金に輝く高さ約一〇〇メートルのこのパゴダは、まさにラングーンの象徴であり、一般仏教徒が毎日やってくる有名な仏塔で、外国人観光客の来訪者も多い。二五〇〇年ほど前にオウッカラーパ出身のモン人の商人タプッサとバリカ兄弟が建立したという伝説が残っているが、原型が建立されたのは十五世紀ごろと推測されている。当初は高さ数メートルにすぎなかったと想像され、長期にわたって増築が繰り返されながら現在の高さに至ったと考えられている。ラングーン中心部にはこのほか、スーレー・パゴダとボウタタウン・パゴダの二つが著名な仏塔として存在する。

旧称ダゴンからヤンゴンへ

旧称ダゴンは、コンバウン朝の初代国王アラウンパヤーによるこの地の制圧（一七五六年）

20世紀初頭のラングーン（中央はスーレー・パゴダ）.

によってヤンゴンへ変えられた。ヤンは「敵」、ゴン（コウン）は「尽き果てる」という意味で、この地で強い勢力を保持していたモン人たちを追放したことを祝う名前としてつけたものである（実際に追放できたわけではなかったが）。のちに英語でラングーンと呼ばれるようになり、その名前で国際的にも知られるようになった。

ビルマ語地名ヤンゴン（Yangon）が、英語でラングーン（Rangoon）と呼ばれる（書かれる）ようになったのには理由がある。ビルマ語表記ヤンゴンの「ヤ」は、本来R音の「ラ」であり、それに従えば英語で「ランゴン（Rangon）」と表記できる。

それが変化して「ラングーン」になったのである。第一次英緬戦争に勝利した一八二六年にロンドンで印刷された地図において、すでにこの町がラングーンと表記されていることは興味深い。

城砦都市から近代都市へ

ビルマ王国はラングーンを軍事拠点にするため中心部に東側五〇〇メートル、西側二〇〇メートル、東西の幅一〇〇〇メートルの不等辺四角形の砦《とりで》をつくり、まわりにティークの丸太を打ち込み、その上に高さ六メートルの防御柵《さく》を配して外側に深い濠《ほり》を掘った。城砦都市ラングーンの誕生である。

その後、港町としても発展し、ビルマ王国の海外交易の輸出入基地となった。しかし、第一次英緬戦争（一八二四～二六年）で英軍に攻撃され、第二次英緬戦争（一八五二年）で恒久的に占領されるに至る。下ビルマの初代弁務長官に就任したフェイヤーは、「(ラングーンの) 道路は汚く、多くの人々と掘立小屋が無数に存在する」と一八五二年十二月十九日付の日記で記し、英国はこのような「汚い町」ラングーンを根本的につくりかえることを決める。

つくりなおしのための基本プランは一八五五年に策定され、ここからラングーンの近代都市への変貌《へんぼう》が始まった。その範囲は当初、旧城砦を核とする中心部とその周辺に限られた。そこに縦横整然とした街並みを形成し、上下水道を整備した。十九世紀末には市内の一部で電力供給も開始された。港の設備の近代化も進められ、一八八〇年代には鉄道も開通した。

市内中心部には一八九〇年代以降、二十一世紀の現在までその姿を残す立派な建造物がさまざまに建った。宗教関係では、英国教会（聖公会）のホーリー・アングリカン・トリニティ教会（一八九六年）や、バプティスト派のイマニュエル・バプティスト教会（一八八五年）、華僑《かきょう》が建立した福建寺院《ふっけん》（一八九〇年ごろ）、ムスリムが建てたモグール・シャー・マスジッド・モスク（一九一八年）などが挙げられる。行政関係では、植民地統治の象徴でもあるビルマ政庁の総合庁舎「セクレタリアート」（一九〇五年）を筆頭に、高等裁判所（一九一一年）、中央電信局（一九一七年）、中央郵便局（一九二五年）、ラングーン市庁舎（一九三六年）などが次々と建てられた。また商業関係としてスコット市場（現在のアウンサン将軍市場）が一九二六年に開設されている。この間、一九二〇年にはビルマ政庁によってラングーン市開発トラスト（RDT）がつくられ、首都が抱える住居問題や衛生問題、そして道路網の整備に取り組む姿勢を見せている。

人口は一九三一年までに四〇万人を突破するに至ったが、短期移民を中心とするヒンドゥー教徒とムスリムのインド人が過半数（五三パーセント）を占める都会と化し（中国人を含めると六一パーセント）、ビルマの首都かつ最大都市であるにもかかわらず、ビルマ民族が三〇パーセントしかいない非ビルマ的な雰囲気の漂う都市となった。中心部にインド人が多数住みついたため、ビルマ民族の住民はその外側へと追いやられ、これがビルマ・ナショナリズムの擡頭に影響を与える一因にもなった。

コラム6　ラングーンの路面電車とトロリーバス

車の渋滞に苦しむ現在のヤンゴンからは想像しにくいことだが、二十世紀初頭から一九四二年のはじめまで、植民地ビルマの首都ラングーンの市内には路面電車とトロリーバスが走り、公共交通機関として活躍していた。トロリーバスとは架線から電気をとって電動モーターによって動かすバスのことである。レールのない普通の道路を架線に沿って走るタイヤのついた路面電車だと思えばよい。実際、日本の法律用語では無軌条電車と呼ばれている。

ラングーンの路面軌道のはじまりは、一八八四年三月四日に開通した路面蒸気機関車（路上を走るSL!）にさかのぼる。現在のアウンサン将軍市場が建つ場所に車庫がつくられ、路線は総延長七・二キロにおよんだ。その後、ラングーンで電力供給が本格化すると、電力会社によってラングーン電気軌道・電力供給株式会社（RETS）が新たに発足し、一九〇六年十二月十五日から路面電車の運行が行われるようになった。

最初の路線は、市西部のケメンダイン（チミンダイン）地区から下《しも》ケメンダイン通りに沿って、市中心部のダルハウズィー通り（現在のバンドゥーラ通り）に至るルートであった。路線は徐々に延長され、一九三五年には五路線、営業距離三〇キロに達した。ケメンダインから市中心部へのルートに加え、一八八四年に蒸気機関車が最初に走った路面軌道でもあるシュエダゴン・パゴダ南参道口から南に下ってラングーン川に沿ったストランド通り（現在のカンナー通り）へ達するルートや、その通りから北東へ向かって現在のチャイカサン競技場のすぐ南（当時の名称はピカデリー・サーカス！）に達するルート、さらには市中心部から上《かみ》バズンダウン通り沿いにパテインニュン（現在の旧ターケータ橋の手前）に至るルートなどが主要路線であった。

1920年代の路面電車の写真を使ったビルマの絵はがき.

しかし、一九三〇年代に入ると、路面電車よりトロリーバスのほうが道路上で自由がきき、コストも安く済むということで、路面電車軌道をトロリーバス路線に切り替える工事が急速に進められた（英国でも同じことが起きていた）。一九三六年八月、最初の路線が開通、一九三九年までにかつての路面電車軌道の約半分がトロリーバス路線に替えられ、さらに路面電車が走っていなかった道路にもトロリーバスのルートが新しく開通した。この結果、ラングーン市内には東西のルート二本と、南北のルート四本が、路面電車（二路線一五キロ）ないしはトロリーバス（三路線一九キロ）によって運行されるようになった。トロリーバスは最高時速四〇キロ、平均時速で二〇キロ、牛車や馬車や通行人で混む道では時速わずか五キロで運行したという。

こうした公共交通機関の栄華も、一九四二年三月の日本軍のラングーン占領によって終わりを迎える。市南西部にあったアロン発電所が焼けてしまうなど、戦争は電力の供給を著しく不安定にし、路面電車とトロリーバスを動かすことを困難にさせた。日本軍はトロリーバスの一部を接収し分解してしまった（部品の一部を軍事目的に転用したらしい）。一九四三年の一時期だけ、わずか五台のトロリーバスで市内の運行が再開されたが、路面電車が動くことは一度もなかった。

戦後、復活が期待されたものの、戦争によるインフラ破壊がすさまじく、政治的事情もあって実現しなかった。独立後の政府は経済の段階的社会主義化を志向し、その一環として電力事業の国有化を優先させたため、路面電車とトロリーバス事業を運営していた民間の電力会社RETSも国有化の対象となった。その際、予算のかかる同社の交通事業の復活をあきらめ、市内の公共交通を一般のバスでまかなう方針をとった。これによって市内には路面電車の廃線跡がむなしく残されることになり、シュエダゴン・パゴダ南参道口から南へ下る道路には、一九六〇年代まで旧路面電車のレールを見ることができたほどである。英国植民地期の路面電車やトロリーバスは残念ながら一台も保存されることはなかった。

ちなみに、第二の都市マンダレーにも一九一〇年代から市内に路面電車が走り、公共交通機関として活躍していたが、こちらも一九四二年五月の日本軍による空襲や英国との戦闘で破壊されてしまい、復活することなくそのまま終わりを迎えている。

第3章

ビルマ・ナショナリズムの擡頭

1　ビルマ人中間層とナショナリズム

ビルマ・ナショナリズムとは

二十世紀に入り英国によるビルマの植民地支配が安定を示すようになると、それに反撥《はんぱつ》するように都市部を基盤としたビルマ・ナショナリズムが擡頭してくる。ビルマ・ナショナリズムとは、管区ビルマに住む多数派のビルマ民族を核にして「ビルマ国民」なるものを心のなかで想像し、そのことを広く人々に訴え、ビルマを「国民国家」として英国から独立させようとする思想・情念・運動のことである。その際、管区ビルマだけでなく辺境地域も自国の領土として想像された。しかし、いうまでもなく、これは管区ビルマに住むビルマ民族（特にあとで述べる中間層）が想像したものである。

この動きとは別に、十九世紀後半からキリスト教に改宗した一部のカレン民族（特にスゴー・カレン）による民族運動が始まり、上ビルマ（ビルマ王国）がまだ英領化されていない一八八一年に、下ビルマにおいてカレン民族協会（ＫＮＡ）が発足している。ＫＮＡは植民地ビルマで結成された最初の政治団体として知られる。カレン民族は管区ビルマ内（特に下ビルマ）にその多くが住み、なかでも言語的にスゴー・カレン語を用いキリスト教に改宗した人々が中心となって、民族としてのカレン・アイデンティティ（「我らのカレン」意識）を抱くようになった。彼らは米人宣教師たちの活動を通じてバプティスト派のキリスト教を受容し、英語にも親しみを有していたため、英人の行政官から親近感を抱かれていた。たとえば、上ビルマ併合後の反英武装抵抗を治めるため、一八八六年にビルマ州政府が発足させた軍事警察にインド人のほかカレン民族が大量に採用されたことは、英国の親カレン感情を象徴している。ＫＮＡの発足はこの軍事警察発足以前のこととはいえ、彼らは英国によるビルマ支配継続を前提に、カレン民族の文化的・経済的・社会的・政治的権利を強化していくことを訴えた。したがって、のちに登場するビルマ民族を中心に英国からの独立を目指すビルマ・ナショナリズムとは共通の接点を持ちえなかった。

ちなみにビルマ王国の時代、歴代の王は自分が支配する住民を言語や文化によって分類して単位化するということを行わなかった。植民地化されたビルマで人々に「民族」アイデンティティを持つように促したのは、英国による人口調査（センサス）を通じた民族分類の導入とそれに基づく支配だったといってよい。人口調査は一八九一年以降、一〇年に一回ずつ実施された。最終のものは一九三一年で、一九四一年実施分は日本軍の侵攻により暫定値のみ公表され、正確なデータがまとめられることはなかった。

農民叛乱

また、英領植民地期の農村部を見ると、「国民国家」をつくる方向とはおよそ重なりにくいビルマ民族の農民による反英運動がたびたび生じている。それは農民叛乱という形をとり、植民地支配によって破壊された伝統的共同体の復活と、それにつながる価値の再創造を求める運動として発生した。そもそもビルマの農村は二十世紀に入って開拓のための余剰地が減り、国際コメ市場における価格下落が続き、インド移民の増加による小作料の上昇や農業労働者の実質賃金の低下なども起き疲弊していた。一九一〇年代以降、下ビルマを中心に地主が小作に、小作が農業労働者に、それぞれ転落していく農民の下向分解現象が見られた。土地なしの農業労働者の比率が全農民の四〇パーセントを超す県が下ビルマで見られるようになった。一九二九年から広がった世界恐慌がそれに追い打ちをかけ、農村は極端に貧困化した。そのようななかで一九三〇年末から三二年にかけて下ビルマの複数の県を中心に発生した農民叛乱は、ビルマ州政府を混乱に陥れ、インドから応援の植民地軍を動員してやっと鎮圧が可能となる大規模なものだった。

この叛乱は、最初にターヤーワディ県で蜂起《ほうき》を組織した元僧侶の名をつけた「サヤー・サン叛乱」として知られる。しかし、実際にはサヤー・サン（一八七六～一九三一）が指導する蜂起が広範囲に展開されたわけではなく、さまざまな指導者たちが複数の県で困窮する農民を個別に糾合して広がった叛乱だった。よって「下ビルマ農民大叛乱」と呼ぶほうが実態に即している。叛乱に参加した農民は、英国によって押しつけられた合理的国家を無慈悲な体制として拒絶し、中央政府が一律に課す税に反撥して「税のない社会」を求めた。そのため村役場が襲撃され租税帳簿が焼かれた。中央政府の末端官僚と化した村長やその取り巻きも襲われた。また、本来は村の共有地だった森林を国有地にされたため、森林監督官も襲撃された。外敵に対しては力で倒し従わせる威力を持ち、共同体内部に対しては慈悲に基づく統治を行う支配者が理想とされ、叛乱に参加した農民たちから見てサヤー・サンらはそのような支配者として受けとめられていた［伊野、二〇〇二］。

植民地当局はしかし、「下ビルマ農民大叛乱」をサヤー・サンらが無知蒙昧《もうまい》な農民を騙《だま》して動員した悪質な叛乱として理解し、竹槍《たけやり》と刀だけで戦った農民らを植民地軍の近代的武力で封じ込めた。その結果、三〇〇〇名を超える死傷者を出し、約九〇〇〇名を逮捕、うち一五〇〇名を有罪とし、一二八名を死刑に処した。この大叛乱を最後に、ビルマで反英性を有した農民叛乱が組織的に起きることはなかったが、「下ビルマ農民大叛乱」において農民たちが見せた姿勢は、のちに述べる都市部のナショナリストたちにも影響を与えた。都市部出身の政治家は一九三六年に選挙制度が拡充されると、農村部の有権者の意向を無視できなくなり、両者のつながりは深まることになった。ただ、それでも都市と農村のあいだで政治や国家に求める理想像が重なりあうことは少なかった。

ビルマ人中間層

ビルマ・ナショナリズムの運動はけっして急速に発展したわけではない。一九〇〇年代の半ばころに小さな芽を吹きはじめ、一九一〇年代の第一次世界大戦期（一九一四～一八年）を経て、一九二〇年代に入って大きな動きとなり、管区ビルマ各地の都市部やその周辺に広がった。それを直接担い、かつ支えたのはビルマ人中間層に属する人々であった。

ビルマ人中間層とは、二十世紀初頭から第一次世界大戦期にかけて管区ビルマに登場したビルマ史上初のミドルクラスである。世代的にはビルマ全土が英領インド帝国の一州として組みこまれた一八八六年以降に生まれた者を中心とする。彼らは二世代に分けてとらえることができる。

第一世代は一八八〇～一九〇〇年生まれの集団で、一九一〇年代までに青年期を迎え、ナショナリズム運動が本格的に展開される一九二〇年代から三〇年代にかけて、中堅ないしは年長の政治家になった人々である。彼らは青年期にビルマの植民地経済の右肩上がり（ないしは安定期）を見ており、資本主義に対する反感はさほど強くなかった。第二世代は一九〇一年から一九二〇年に生まれた集団で、彼らの多くは一九二〇年代から三〇年代に青年期を過ごし、政治の世界では若手のナショナリストとして擡頭し、日本占領期を経て政治エリートとなっていく世代である。この世代の場合、青年期に世界恐慌に伴うビルマ経済の混乱を目の当たりにし、そのこともあって資本主義に強い疑念や反感を抱く傾向を有した。ビルマ政治史を飾る一九一五年生まれのアウンサン、一九〇七年生まれのウー・ヌ、一九一一年生まれのネィウィンらはこの世代に属する。

学歴上の特徴

ビルマ人中間層のもうひとつの特徴は、英国が十九世紀後半から導入した近代教育制度の下で育ったことである。彼らの学歴は高校中退ないしは卒業が多く、インド本土にあるカルカッタ大学の分校として位置づけられたラングーン・カレッジ（二年制、創設一八八五年）に進んだ者もいる。さらにごく一部ではあるが、ラングーン・カレッジ卒業後にカルカッタ大学に編入し、その後英国のオクスフォード大学やケンブリッジ大学に留学する者もいた（ビルマ州から直接留学する場合もあった）。一九二〇年代以降は四年制のラングーン大学（一九二〇年創設）へ進学する者が増えている。ただし、同大学の場合、厳しい進級制度のため、入学してもその多くが二年生から三年生に進級するときに落第・退学し、卒業率は毎年ほぼ二五パーセント前後にとどまっていた（コラム7参照）。

植民地期のビルマにおける官立や私立学校の教育は、王朝時代から続く寺院学校を除き、英語もしくは英語とビルマ語を併用して行われていた。その結果、英語に堪能《たんのう》なエリートとその予備軍が育ち、ビルマ人中間層は英語という宗主国の言語と親和性を有する人々としての特徴を持つことになった。

このことについてビルマ人歴史研究者のエイチョオは、十九世紀前半に英領インドで教育政策の策定に関わった英人T・B・マコーリーに触れ、一八三四年に彼が「(インドでは) 血と肌の色はインド人であっても、好みや意見、道徳性と知性においては英国人である人々から成る階層を形成する必要がある」と発言したことに注目し、その考え方のビルマ版が十九世紀の終わりから二十世紀にかけてビルマ州に導入されたと解釈している [Aye Kyaw, 1993]。

しかし、たとえそれが事実だったとしても、その結果として形成されたビルマ人中間層が、政治的にも親英的な集団になったとはいえず、基本的に英側との協力姿勢を見せながらも、交渉や取引 (バーゲニング)、大衆行動などを通して、ビルマ・ナショナリズムの強化につながる成果を導き出そうとしたことに注意する必要がある。また、一九三〇年代後半以降は、ビルマ人中間層の若い世代 (一九〇一年以降生まれ) を中心に、はっきりと反英独立を主張する集団も登場するようになる。

職業上の特徴

ビルマ人中間層は、その多くが管区ビルマの都市部とその周辺に住んでいた。植民地国家ビルマを支える重要な職種といえる地主（小作を持たない自作地主を含む）・教員・公務員・弁護士・商工業経営者と、その家族によって構成された階層だといってよい。

　地主は植民地の国庫を支える地租負担者であったし、教員は近代教育システムに基づいて植民地の人々を「啓蒙」する役割を担っていた。公務員は英国が持ち込んだ「法による支配」の「執行人」として、管区ビルマの一元的な統治を支えた中央集権的行政機関の具体的な働き手であった。また弁護士は、法の運用基準を裁判官や検察とともに法廷を通じてつくりあげていく存在だった。そして商工業経営者は、植民地経済を支える資本主義制度の重要な一部を担った。こうした職業への従事者は人口の上では少数派であり、一九三一年の人口調査においても、英領インド帝国ビルマ州総人口（一四六四万七七五六人）のうち二・七パーセント（三九万四一一二人）を占めるにすぎなかった。しかし、家族を含む全体の数は、当時の総人口の一割程度（約一五〇万人）を占めたものと推測される。

　ただ、ビルマ人中間層は植民地国家の重要な支柱だったとはいえ、彼らの上には政治・経済的立場において断然有利な英人がいた。また、ビルマ人中間層が進出した商工業・行政（公務員）・司法（弁護士）などの分野には、同じ中間層を形成するインド人や中国人移民の一部、それにカレン民族（特にキリスト教徒のスゴー・カレン）や英系ビルマ人らがいて、厳しい競争にさらされた。ビルマ人中間層は、自分たちの国において自分たちの政治的・経済的権利が公平に保障されていないことに不満を抱くようになり、第一次世界大戦期の後半以降、「民族自決」が国際的に大きな争点になると、その影響を受けながら政治運動へ関与するようになっていく。

コラム7　卒業が難しかったラングーン大学

ラングーン大学は、英領期のビルマで唯一存在した四年制総合大学（男女共学）である。ここを卒業した人々は間違いなく当時のエリートだった。

一九二〇年、キリスト教バプティスト・ミッションが運営するジャドソン・カレッジ（一八七五年設立）と、官立のカルカッタ大学分校ラングーン・カレッジ（一八八五年設立）が一緒になり、ラングーン北西部のヴィクトリア湖畔（現在のインヤー湖畔）にラングーン大学は開設された。この一帯はいまでこそ高級住宅が建ち並ぶが、当時はラングーンの町はずれにすぎなかった。それでも一帯の風景が英国人に北イングランドの湖水地方を思い出させたのか、道路のひとつにウィンダーミア通り（現在のタンルウィン通り）という湖水地方の有名な湖の名前がつけられている。

二つのカレッジは一緒になったとはいえ、部局として一元化されたわけではなく、同じ大学のキャンパス内でそのまま別個に存続した。このとき、ラングーン・カレッジはユニヴァーシティ・カレッジに名称を変更し、ビルマ民族の学生はおもにこちらに入学した。ジャドソン・カレッジにもビルマ民族の学生はいたが、数は少なく、多くはキリスト教徒のカレン人や英系ビルマ人、そしてインド系の学生だった。両カレッジとも授業はすべて英語でなされ、教員にも外国人が多かった（特に米国バプティスト・ミッションの影響が強いジャドソン・カレッジは、米国人とインド人の教員だけで専任教員の三分の二を占めた）。カレッジ別の学生規模ではユニヴァーシティ・カレッジのほうが圧倒的に多く、ジャドソン・カレッジの学生数を六倍上回った。学生たちは特別の事情がない限り寮で生活することを義務づけられ、教員の住居もキャンパス内に多くつくられた。ラングーン大学にはこれら二つのカレッジのほか、系列専門カレッジとして医科専門学校と農業専門学校が設置された。

ビルマには読み書き算数などを教える伝統的な僧院学校（日本でいう寺子屋）が各町村にあったが、英国はそれに手をつけることなく、別個に一〇年制（小学校四年→中学校四年→高校二年）に基づく近代教育システムを導入した。最短で一〇年生を修了した者は、十六歳で大学に進むことが可能だった。

小・中・高校は官立と私立両方の設立を認め、教授言語別に、英語だけで教える学校（おもにキリスト教系私立）、英語とビルマ語を併用して教える学校（おもに官立系）、そしてビルマ語だけで教授する学校（ナショナリズム運動から生まれた一九二〇年代以降の国民学校など）の三種類が管区ビルマ各地につくられた。いずれの学校に進んでも、学年ごとの進級試験に合格しないと落第し、そのためドロップアウトが多く、一〇年生修了試験（高校卒業試験）の合格までたどりつく者は非常に限られていた。

通常、一〇年生試験にパスすればラングーン大学に入れたが、二年間の共通基礎課程が終わって三年時の専門課程に進学する際、厳しい進級試験（中間試験）が課せられ、そこで六割近くがふるい落とされた。最低合格点が各科目とも一〇〇点満点中の四〇点で、一科目でもそれに達しないと落第という制度だったからである。独立後、軍人政治家として一九六二年から二六年間にわたり独裁権力を振るったネィウィン将軍も、その落とされた一人である。彼は一九二九年、系列の医科専門学校への進学を目指してラングーン大学ユニヴァーシティ・カレッジに入学したが、この進級試験において必修科目だった動物学で四〇点をとれなかったため、中退を余儀なくされている。

専門課程に無事進級できても四年次（コースによっては五年次）の卒業判定試験という難関が立ちはだかった。この突破も大変で、多い年には半数近くが落第した。その結果、平均して一年時入学者の四分の一程度しか最終的に卒業することができなかった。在学者数は二つのカレッジを合わせて二四〇〇人台だったので（一九三九年）、単純計算すると一学年六〇〇人前後いたことになるが、毎年そのうちの一五〇人ほどしか卒業にたどりつけなかったことになる。「ラングーン大学を卒業した学生は間違いなく当時のエリートだった」と最初に書いたのは、この意味においてである。逆にいえば、ラングーン大学は中退者を常に大量に出していた大学だといえる。がんばって一〇年生修了試験に合格し大学に入ったにもかかわらず、卒業証書を受け取れなかった人々が卒業生よりも多く植民地ビルマには存在したのである。

ちなみに、「独立の父」アウンサンと独立後の初代首相を務めたウー・ヌは、ともに一九三〇年代のラングーン大学卒業生である。

2 仏教青年会（YMBA）

YMBAの結成

ビルマ人中間層を出身・支持母体とするビルマ人政治エリートの登場は、一九〇六年から二〇年にかけて活動を展開した仏教青年会（YMBA）に見ることができる。YMBA自体はビルマ人中間層が擡頭する前の時期に結成されているのだが、一九一七年を境に急速に政治的主張を行うようになった背景には、一九一〇年代のビルマ人中間層の擡頭が影響していた。

YMBA発足の経緯は以下のとおりである。一九〇六年五月十日、まだ二十代前半の青年だったラングーン・カレッジ卒業生のバペー、マウンジー、バイェンの三人が、ラングーン市中心部二八番通りにあるマウンジーの家に集まって、仏教青年会という団体を発足させた。これがYMBAのはじまりである。三人はラングーン市内を歩いているときに見かけたYMCA（キリスト教青年会）の看板からヒントを得て、団体の英語名称をYMBAに決めたという。第2章1節で述べたように、英国はビルマ統治において宗教中立政策をとっていた。王朝時代には国王と仏教僧団（サンガ）との相互依存関係が存在したビルマだが、英国は上座仏教を擁護することはしなかったため、ビルマ各地で仏教や仏教道徳・倫理の衰退とみなされる現象が生じ、そのことに対する危機意識から、十九世紀末以降、マンダレー、ミンヂャン、モールメインなどの地方都市で上座仏教の復興を目指す団体が結成された。バペーら三人はそれらの動きを統合する団体を目指そうと、YMBAを結成したのである。

当初は役職や組織の規約もなく、バペーが実質的に組織の運営を行った。バペーという人物は、のちにビルマ字紙『トゥーリヤ』の編集責任者となり、一九二〇年代以降は植民地議会に入って政治家として大きな影響力を持つ人物となる。

英国との協調

その後、数年のあいだにYMBAにはラングーン・カレッジの学生や卒業生のほか、公務員が入会するようになり、英人行政官の資金援助により組織の目的を記した本も出版された。一九〇八年四月、バペーが幹事となって第一回目の会合をラングーンで開催、バペーらより五歳年長のビルマ人裁判官メイアウン（ケンブリッジ大学卒）らが出席し、英国との協調的雰囲気のもと、各地の仏教復興支援団体との連携強化やYMBAの支部づくりの推進などを決定した。二年後の一九一〇年五月にも、YMBAならびにビルマ州各地の仏教復興支援団体の代表がラングーンに集まって会合を持ったが、各地の組織とYMBAの支部をまとめあげラングーンに本部を設置することが決定されるにとどまった。

一九一〇年代前半までのYMBAの会員は、学生、公務員、商工業経営者などが中心で、その多くは英語に堪能な高学歴のビルマ人だった。また英人の会員も少なからず存在し、彼らはYMBAがYMCAと同様に政治的な活動はせず、社会事業を中心とした宗教的活動を行う組織だととらえていた。ただし、このころからすでにビルマ人会員のなかにYMBAの性格づけをめぐる見解の相違が存在し、バペーに代表される若い会員たちの多くは、組織の将来のアジェンダとして政治的活動もありうると認識していた。

YMBAの第一回全国大会は、組織結成から六年目に入る一九一一年五月にラングーンで開催されている。先述のメイアウンが大会議長となり、一四項目にわたる決議を行っている。それらは組織の整備や拡大に関する事項が半分を占め、そのほかは学校おける仏教教育の重視を訴えるものや、一般社会における得度《とくど》式や結婚式、穿耳《せんじ》式（少女が思春期を迎える時期に行う両耳たぶに小さな穴をあける儀式）がいたずらに豪華さを競うようになったため、本来の質素なものに戻すよう訴えるものであった。また、倹約や貯蓄精神の強調、飲酒の撲滅なども決議された。政治的な主張につながる決議は皆無だった。

第二回（一九一四年五月）および第三回（一九一五年十月）全国大会においても、YMBAの決議事項に政治的な色彩を帯びたものは登場しなかった。それぞれの大会では、冒頭に仏法僧の三宝に祈りをささげた後、英国王ジョージ五世（在位一九一〇～三六）の健康を祈り、インド総督やビルマ州知事への感謝表明、さらに英国国歌まで斉唱している。これだけを見れば親英的なビルマの仏教団体そのものである。

急速な政治化

しかし、こうした傾向も、第一次世界大戦が始まって二年がたった一九一六年十月にヘンザダ（ヒンダダー）で開催された第四回全国大会においては、ささやかな変化が起きている。この大会でも英国王、インド総督およびビルマ州知事への感謝表明や、英国国歌の斉唱が行われ親英的な雰囲気が維持されたが、バペーら若手ビルマ人会員がそれまでとは異なる性格の提案を行った。ひとつは植民地軍と別個に「ビルマ人の軍隊をつくるべき」という決議案であり、もうひとつは外国製布地の購入をできる限りやめて「ビルマ製の布地の購入を人々に勧めるべき」というものであった。政治性を帯びた前者の提案は却下されたが、後者は承認され、経済ナショナリズムにつながる主張をYMBAが公的に行った最初の事例となっている。

しかし、何といってもYMBAが組織全体として仏教復興支援団体から政治団体に変質しはじめるのは一九一七年からである。同年十月に管区ビルマ各地から約三〇〇人を集めて開催された第五回全国大会では、英国国歌斉唱が本来の「神はわが慈悲深い国王を救われる」ではなく、「仏陀はわが慈悲深い国王を救われる」に歌詞を変えて歌われた。さらに、同年十二月にインドのカルカッタへの訪問を予定していた英国のインド担当大臣モンタギューに対し、YMBA本部からバペーを代表とする派遣団を送りこみ、ビルマの統治体制の変革推進に関する申し入れを行うべきだとする決議が可決された。これはYMBAの歴史における政治決議第一号だったといってよい。バペーは既述のとおりYMBA創設者の一人であり、このときまでにYMBA本部代表の地位にのぼりつめ、政治的アジェンダをとりあげることを決意していた。

インド担当大臣との面会

英国はこのとき、第一次世界大戦における英領インド帝国の戦争協力に対する見返りとして、のちに両頭制と呼ばれるようになる新しい統治システムの導入準備を進めていた（第2章2節参照）。しかし、この制度のビルマ州への適用について英国は延期しようと考えていた。ビルマが歴史的にも社会的にもインドと大きく異なるため、いずれ別枠で統治改革を考えたほうがよいと判断したためである。これに対して、ビルマでは英国がビルマの自治進展を遅らせようとしているのではないかと受けとめる傾向が強まり、YMBAはそうした思いを英国に直接伝えるべく、モンタギュー大臣のカルカッタ訪問に合わせて代表団を派遣する決議を行ったのである。

その後、大臣とカルカッタで面会することを認める通知が英国政府からYMBA本部に届くと、同本部は臨時会議を開催して大臣への申し入れ事項に関する検討を行った。年長者や保守派の会員からは、YMBAの目的はあくまでも仏教徒ビルマ人の文化的・経済的発展にあり、組織として政治問題に関与すべきではないという主旨の反論が出されたが、大臣にビルマ人の政治的希望を正しく伝えることこそYMBAの使命であるという理解のほうが主流を占めた。

その結果、大臣に伝える要求項目は、将来のビルマのインド帝国からの分離と自治領化までを視野に入れたストレートなものとなった。YMBA代表団はこれらの要求をカルカッタでモンタギュー大臣に申し入れたが、英側はそれをいっさい考慮することなく、一九一九年、インド本土の各州に両頭制を導入し、ビルマ州への適用は先送りした。

一九一七年十月の第五回全国大会を境とするYMBAの急速な政治化の背景には、第一次世界大戦期における米国の大統領ウィルソンの民族自決原理と民主主義に基づく国際秩序の再構築の主張が影響を及ぼしていた。米国は一九一七年四月、中立国の立場を放棄して第一次世界大戦に英仏側に立って参戦するが、民族自決原理はウィルソンの想定を超えてアジア各地のナショナリズム運動に刺激を与えることになり、インドにおけるナショナリズム運動の高まりを経てビルマにも及んだ。

3　西欧人に対する「パゴダ内土足禁止」運動

パゴダとは

YMBAの急速な政治化のなかで、ビルマでは同国のナショナリズム史に名を残す興味深い運動が一九一六年から二〇年にかけて展開された。外国人に対する「パゴダ内土足禁止」運動である。英語ではシュー・クエスチョン（Shoe Question　履物問題）という。パゴダ（仏塔）とは第1章2節で見たように、僧侶が修行する僧院とは異なり、在家信徒が中心となって運営する信仰の場として、日常的に大切にされる宗教施設である。

ビルマの上座仏教ではこの仏塔に対する信仰が特に強く、パゴダを意味するビルマ語の「パヤー」は釈尊（仏陀）そのものを指し、そのことから想像がつくように、ビルマ人上座仏教徒にとってパゴダはとても神聖な場所だといえる。そのため、パゴダの境内（敷地）に入る段階で靴と靴下を脱ぎ、裸足になることが当然とされている。釈尊の象徴である仏塔に対し、そのいかなる敷地も含めて敬意を表するからである。同じ上座仏教圏のカンボジアやタイ、ラオスやスリランカでは、そこまで求めず、建物にあがるときに靴を脱げば十分とされている（靴下やストッキング着用は認められる）。ビルマでも僧侶が修行のために居住する僧院では敷地内での靴の着用はそれほど問題視されず、僧坊に入るときに脱げばよいとされている。

ビルマに入ってきた英国人はしかし、このことにまったく理解を示さなかった。彼らは英国風に「帽子をとる」ことによってパゴダや僧院へ敬意を表したと理解し、「郷に入っては郷に従え」を守ろうとはせず、靴を履いたまま境内に入った。二十世紀に入り、YMBAの運動が広まるなか、ビルマ人上座仏教徒のなかにこれを問題視する動きが出てきた。

事の発端

中心となった人物は弁護士のテインマウンである。一八九〇年に下ビルマのプローム県パウンデー郡に村長の息子として生まれた彼は、ラングーン・カレッジを経て一九一〇年にインド本土のカルカッタ大学を優等で卒業、英国に留学して一九一二年カンタベリー大学を卒業し（文学士と法学士の両方を取得）、つづいて一九一三年にロンドンのリンカーンズ・イン法学院で学び英国の法廷弁護士の資格を得た。当時のビルマ人にとって最高のエリートコースである。さらに一九一五年カンタベリー大学で修士号も授与されている。このとき弱冠二十五歳だった彼は、英国からビルマ州に戻るとラングーンで弁護士事務所を開業、そのころから外国人に対する「パゴダ内土足禁止」に強い関心を持ち、運動を推し進めるようになる。

事の発端は一九一六年七月、ビルマ州知事バトラーがプローム市の著名なシュエサンドオ・パゴダを訪問するにあたって、パゴダの入り口に立てられていた「境内では履物を脱ぐべし」という立て札を事前に撤去するよう植民地政庁がパゴダの管財人に要請したことに対し、管財人がこれを拒否したことにある。この背後にいたのがテインマウンだった。プローム県生まれの彼は、同県の歴史的建造物でもある大切なパゴダに英国人が靴のまま入ることに反撥し、州知事の訪問予定を知るとパゴダの管財人に申し入れを行い、件《くだん》の立て札を立てることを進言したのである。しかし、州知事一行は立て札を無視して靴のまま入った。今度はこれを知ったYMBAがこの問題に注目した。

翌一九一七年十月、ピンマナーで開催されたYMBA第五回全国大会はこの問題をとりあげ、「パゴダと僧院の境内で西欧人に対し履物を脱ぐよう義務づける運動」を支持する決議がなされる。ちょうどYMBAが一気に政治化する時期の大会だっただけに、相当な熱の入れようだった。にもかかわらず、翌一九一八年三月にはビルマ州知事クラドック（バトラーの二代あとの知事）が、今度はペグーにある著名な仏塔シュエモオドオ・パゴダに靴を履いたまま入った。このためYMBAの怒りは強まった。テインマウンも英字紙に断続的に抗議の投書を送った。同年五月には彼が議長となってラングーンのジュビリー・ホールに六〇〇〇人の僧侶を含む一五五〇人を集め、全ビルマ仏教徒会議を開催して、前年のYMBA全国大会での決議よりもいっそう強力な決議文を満場一致で可決した。メディアもこれを大きくとりあげた。

あわてた植民地政府は、この運動が政治運動化していると批判し、戦争（第一次世界大戦）が終わるまでこの議論を自粛するようメディアに強く要望した。テインマウンはこの運動がけっして反英運動ではないことを強調しつつ、自粛要請には素直に従った。一方、YMBA内では組織の政治化を嫌う保守派の会員たちがこの問題をめぐる執行部の対応に反撥し、前述のジュビリー・ホール決議後に一四名が脱会した。ただしこの決議に魅力を感じて七三名のビルマ人が新規に入会している。

同年十一月、第一次世界大戦は終結する。しかし、植民地政庁からこの件について何も反応がないため、翌一九一九年九月十五日、テインマウンは州政府宛に「パゴダや僧院の境内に履物を履いたまま入ることを禁ずる規則を政府は公認すべきである」旨の公式請願書を出し、それを新聞が大々的に報道した。

テインマウンの主張

テインマウンの論理は明快だった。パゴダの敷地内に裸足で入ることは仏陀の教えに基づく神聖な習慣だとし、ビルマでは長年にわたってそれが続いており、たとえ非仏教徒の西欧人であってもその習慣を尊重すべきだと訴えた。帽子をとるなど西欧の文化に基づく敬意を表されても納得はできず、宗教に対する敬意は、敬意を受ける対象の宗教とその信徒が喜ぶものでなければならないと主張した。

何よりもテインマウンは、この運動が宗教運動であってビルマ州政府や英国政府を批判する政治運動ではないことを強調した。逆に州政府側が各地のパゴダ管財人らに圧力を加え、「土足禁止」規則に西欧人に対する例外規定を含めるよう求めている現実こそ政治的であるとして強く批判した。同時に彼はビルマ人同胞への批判も行っている。安易に英国人に妥協するパゴダ管財人が多く存在することの問題性を指摘し、さらに一般のビルマ人が王朝時代から続く「権威に対するへつらい」から、権力を持つ西欧人が靴を履いたままパゴダに入っても見逃してきたことを反省すべきであると訴えた。

ただ、格式ある立派な英語で書かれたテインマウンの公式請願書も、ひとつだけ大事な点を植民地政府側に伝え損ねていた。それはビルマ人上座仏教徒がパゴダを仏陀（釈尊）と同じ価値で受けとめているという点についてである。前述のように、ビルマ語の仏塔「パヤー」は

「仏陀」と同義語である。ビルマ人上座仏教徒にとってあまりにあたりまえのこの認識を、知識人であったにもかかわらず客体化できなかったのか、テインマウンは英側に伝えなかった。よって、次に紹介する植民地政府側の反論はテインマウンの考えとかみ合わない内容となった。

植民地政府の反論

ビルマ州政府の反論は四項目から成った。ひとつはこの運動が政治性を帯びていることへの警告である。既述のように英国はこの運動を政治的なものととらえ、大戦が終わるまで議論を自粛するようメディアに強く求めた。州政府はパゴダ境内の靴の問題は、かつて一九〇一年に豪州人とセイロンの僧侶が問題にし、また一九一二年に英国のジャーナリストも問題としてとりあげたが、ビルマ社会は当時何の反応もしなかったと反論し、いまになってこのような運動が起きるのは反英的な政治意図を持つごく一部のビルマ人仏教徒が煽《あお》っているからだと断じた。特にYMBAやテインマウンらが中心となって各地のパゴダ管財人に圧力を加え、履物に関する西欧人の「例外」を認めさせないように不法行為を行っているとみなして非難した。また、州政府がこの最終見解をまとめているときに、マンダレーで四人の破戒僧が夜間のパゴダ祭りに靴を履いたままやってきた西欧人ら八人を襲撃し、数名に重傷を負わせる事件が起きたことをとりあげ（一九一九年十月四日）、テインマウンらの主張が公共の安寧を損ねているとしてその危険性を強調した。

第二は英国流礼儀作法への自負と衛生上の嫌悪感の表明である。ビルマ州政府はパゴダや僧院内で英国人が自国の流儀に基づいて帽子をとり畏敬《いけい》の念を表明することに何ら問題はないとし、逆に西欧では「人前で履物を脱ぎ裸足になることこそ礼儀を欠く」と反論した。そのうえで「なぜ一部のビルマ人仏教徒活動家は、西欧人が相手に対する非礼とみなす行いをあえて義務づけようとするのか」と批判する。また、パゴダの境内が泥やキンマをかんだあとの吐き汁や犬の糞《ふん》などで汚れていることがままあることを指摘し、そうした不衛生な場所を裸足で歩かされることへの衛生上の嫌悪感を露《あら》わにしている。

第三は隣国のシャム（独立を維持したタイ）との比較である。同国が同じ上座仏教国であるにもかかわらず、この件を何ら問題にしていないことを指摘し、十九世紀半ばのモンクット王（ラーマ四世王、在位一八五一～六八）が、僧院や仏塔へ西欧人が土足のまま入ることに反対しない方針を定めたことを高く評価している。靴や靴下を履くことがその人の属する国民固有の服装の一部であれば、彼らを土足のまま仏教施設内に入れても仏教界にとって何ら不名誉なことはないと判断したモンクット王の判断をほめちぎったのである。またセイロンでも僧院やパゴダの敷地内すべてで裸足を強制されることはないと述べている。

第四には「仏教は寛容を重んじる宗教ではないのか」という問いかけの提示である。シャムやセイロンで見られる非仏教徒の履物に関する寛大な対応に比べ、ビルマ人仏教徒のごく一部が、この二十世紀の時代に宗教的不寛容を唱えるのはいかがなものかと主張し批判している。

事の終わり

テインマウンの主張とビルマ州政府側の反論は、このようにまったくかみ合わなかった。しかし、テインマウンの公式請願書が出された翌月（一九一九年十月）二十九日、州政府はこの問題に対する最終見解を発表し、そこでは「西欧人の仏教施設内における履物の問題については、各宗教施設の管財人らにその判断を一任する」という方針を示した。まるで州政府側が譲歩したかのような内容である。

州政府側の方針に込められた主張はしかし、あくまでも各パゴダの管財人がＹＭＢＡなどの政治的圧力に屈して判断を下すことがないようにという点にあった。そこでは政府を含む特定の一団体が宗教上の問題に介入することはできないという、ビルマで植民地統治を開始して以来、州政府側が維持してきた「宗教中立政策」に基づく立場が前提とされている。そのため、西欧人の仏教施設内での履物の問題についても、いかなる団体もそれを一律に規制しようとする政治性を有してはならないとしたのである。そのうえで、判断を一任されたパゴダの管財人たちが、もし西欧人の土足の問題に対し「例外を認めない」姿勢をとるのであれば、それに対する反論権を西欧人は持たないと明言する一方で、そうした行為は非寛容・非友好的な対応であり、仏教本来の姿勢に反するものだとわざわざ主張した。さらに、軍や警察など官憲が公務でパゴダや寺院に入る場合は例外とされ、彼らは土足を許されるとした。

この最終決着を単純にYMBAやテインマウンらの勝利（植民地政府の敗北）とはとらえないほうがよい。植民地政府はビルマ統治にあたって初期から国家が宗教問題に介入しない「宗教中立政策」を導入し、その政策に縛られていた。だからこそシュー・クエスチョンについても英国の価値意識を押しつけることができず、「宗教中立政策」に基づく自縛《じばく》的対応をとらざるをえなかった。この運動が生じたときから州政府は妥協を余儀なくされていたのである。ただ、運動のなかに反英ナショナリズムの萌芽《ほうが》を強く感じ取ったがゆえに、「回答」の提示を第一次世界大戦終了後まで先延ばしし、少しでも「条件」や「文句」をつけようとしたのだと考えられる。パゴダ管財人が「外部」からの政治的圧力に屈してはならないことの強調に加え、「西欧人に対する例外をパゴダ管財人が認めないのなら、それは仏教本来の寛容の精神に反する」といった文化的脅迫ともいえるような表現まで用いたことから、そうした傾向がうかがえる。

ちなみに、テインマウンはその後、まわりから親しみと尊敬を込めて「履物テインマウン」というニックネームで呼ばれるようになり、自らラングーンのシュエダゴン・パゴダの終身管財人となって、同パゴダが西欧人に対する履物の例外を認めないよう徹底させた。そして弁護士を続けながら、一九三四年には両頭制下の立法参事会選挙に出馬して当選し、植民地議会の議員となる。ビルマ統治法下でも下院議員に当選し、一九三八年には法務官に任命され一九四一年まで務めている。日本軍の占領期においてもバモオ政府（第5章参照）の司法大臣に就任、日本軍敗退後は復帰した英国によって高裁判事に抜擢《ばってき》され、独立後は連邦最高裁判事を経て、同長官にまでのぼりつめている。さらにその後はネィウィン大将が首班を務めた選挙管理内閣(一九五八～六〇)で副首相・外相・宗教相・社会福祉相の大臣四ポストを兼任するなど、立法府、司法府、行政府それぞれにあって順風満帆の人生を送った。

4 ビルマ人団体総評議会(GCBA)

YMBAの分裂とGCBAの結成

話をYMBAに戻そう。一九一七年から拡大したYMBA内部における年長者を中心とする保守派の会員と、若手を中心とする革新派の会員とのあいだの亀裂は深刻化した。文化団体としての活動を中心に組織を存続させるのか(保守派)、それとも政治団体としての性格を強めるのか(革新派)、組織の活動方針をめぐってますます対立が深まったのである。すでに英人会員は組織から次々と離れていき、保守派のビルマ人会員の象徴的存在だったメイアウンもYMBAの政治化(反英化)に反撥して、一九一七年六月に退会した。もはやYMBAはひとつの団体として維持することが困難な状況となった。

一九二〇年十月、ついにYMBA本部から数十名の会員が飛び出し、新たにビルマ人団体総評議会(GCBA)という名の政治団体を結成した。仏教復興を目指す文化団体としてのYM

BAはその後も解散することなく、二十一世紀の現在まで細々と活動を続けているが、一貫して政治と関わることはなかった。それに対し新しく結成されたGCBAは、政治団体としての性格を明確に有し、ビルマのナショナリズム運動の牽引役を目指した。ビルマ人中間層はこのGCBAの最大の支持母体となり、かつ会員の供給源となった。GCBAが産声をあげたこの段階で、ビルマ人中間層の第一世代（一八八〇～一九〇〇年生まれ）は二十代から四十代を迎えていた。

ビルマ人団体の総元締めとして

GCBAはその公式名称（ビルマ人団体総評議会）にも示されているとおり、自らがビルマ各地のビルマ人による団体の総元締めとなって、ナショナリズム運動をおもに政治的手段によって推し進めることを目指した。都市部に根拠を置きながら農村部への浸透も試み、オウッタマ僧正などに代表される政治に関心を持つ僧侶活動家たちと連携しながら、各地にウンターヌ・アティン（「民族の志士結社」）やブー・アティン（「拒絶結社」）と呼ばれる農村直結型の運動組織をつくりあげていった。それらを通じ、英国に対しドミニオンの地位の要求や、人頭税・戸別税など当時の農民が不満を抱いていた税制度の廃止要求を行った。英国製品不買運動や納税拒否運動といったインド国民会議派が用いた戦術も採用した。

また、GCBAは結成後約二か月して生じたラングーン大学第一次学生ストライキの支援を通じ、学生運動との関係も築いていった。このストライキをきっかけに、ビルマ語・ビルマ文学・ビルマ史のほかに、数学や理科などの教科すべてをビルマ語で教授する国民学校（アミョウダー・チャウン）設立運動が展開された。GCBAは私立学校の形態で各地に開校されたこの国民学校を財政と人材の両面から積極的に支援した。それらの一部は財政難から廃校を余儀なくされたが、それでも日本軍侵入直前の一九四一年末の段階で管区ビルマ内に三六校が存在し、少数とはいえラングーン大学への進学者も輩出していた（のちに登場するアウンサンもその一人である）。

分裂と再編

しかし、ビルマ・ナショナリズムの総元締めを目指したGCBAも、両頭制の受け入れをめぐって内部で不協和音が高まっていく。英国はインド本土に遅れること四年、一九二三年に同制度をビルマ州に導入した。GCBAはそれが最低限の要求事項のひとつであったため歓迎はしたものの、さらなる英国からの権限移譲を求める運動を展開していくことをめぐって、組織内で意見が割れた。その結果、両頭制導入一年前の一九二二年に実施された第一回立法参事会議員選挙において、参加・不参加をめぐり内部対立が激化し、早くも最初の分裂を経験した。さらに一九二五年と二八年に行われた総選挙においても、同じ理由から分裂が繰り返され、GCBAは一九二〇年代末には五つの大きな派に分かれる状態となった。

ＧＣＢＡ系の政治家たちは一九三〇年代に入ると、今度はインドとビルマの分離問題をめぐって分裂・再編することになる。一九二〇年代後半以降、英国は英領インド帝国からビルマ州を分離する方向で検討に入り、一九三一年十月に英緬円卓会議の開催を経て、翌一九三二年一月にはビルマの分離を正式に決定した。これに対するＧＣＢＡ系各派のナショナリストたちの意見は二つに分かれ、同年実施された第四回立法参事会選挙でこの問題を争点に掲げ、「分離派」と「反分離派」に分かれて激しく選挙戦を戦った。

もともとビルマは歴史的にも文化的にもインドと大きく異なるので、ナショナリストたちのあいだで「分離は当然」との思いはＹＭＢＡ期から一貫して存在し、そのこと自体に反対する者はいなかった。この段階で「反分離派」に立った人々の理由は、英国がかつて両頭制の導入をビルマ州にだけ遅らせた事実を重視し、英国がビルマをインドから引き離す決断をした背景には、インドに近い将来与える自治権をビルマには与えないか、与えるにしてもずっと遅らせるのではないかと危惧《きぐ》したからにほかならない。

この段階でも、植民地議会への参加を拒絶する派がＧＣＢＡ系の政治家たちのなかには存在した。しかし、ビルマに対する自治権の段階的付与の第二段階として、一九三五年四月、英国が議院内閣制に基づくビルマ人の権限を強めたビルマ統治法を公布すると、すべての派がこの新しい統治法体制の受け入れを前提とした政治活動を展開するようになった。すなわち、植民地議会への積極参加を目指したのである。

英国とのバーゲニング

一九三〇年代以降のGCBA系政治エリートは、植民地議会を中心にしてビルマ・ナショナリズムの基盤強化にいっそう突き進むことになる。彼らは英国が用意した議会を自分たちの「土俵」とみなし、一九三七年四月のビルマ統治法施行以降は二院制と議院内閣制が導入されたため、さらに大臣や首相となることを目標として活動し、その結果、激しい権力闘争を演じることになった。

彼らはその際、英国に対する協力姿勢を見せて相手の信頼を獲得し、その立場を活用して本来のナショナリストとしての要求をしぶとく実現させていく政治的交渉（バーゲニング）を展開した。その先にはゴールとしてビルマのドミニオンの地位獲得が想定されていた。そしてもちろん、さらなる先には究極の目標として独立（共和制国家の確立）が想像されていた。換言すれば、英国に対する「抵抗と協力のはざま」に立って政治活動を展開しながら、ドミニオン獲得を当面の目的とするビルマ・ナショナリズムの強化を目指し、並行して自分の権力基盤の確立に努めることに専心したのであった。たとえば、彼らは増える一方だった農民の負債を軽減する法律や制度の構築に力を入れ、また教育・公衆衛生への国庫支出を増やそうと取り組んだ。また、英国が植民地ビルマに求める国防費の負担増についても粘り腰で抵抗し、その額を少しでも抑えようと努力した。こうした「抵抗と協力のはざま」を通じて、植民地議会を舞台にYMBA期以来の政治家バペー（このときまでに下院の重鎮になっていた）以下、バモオ博士（初代首相）、ウー・プ（第二代首相）、チッフライン（下院議長）、ウー・ソオ（第三代首相）といったGCBA系政治エリートが擡頭し、その後のビルマ政治史の年表に名前を残す存在となった。

5　我らのビルマ協会（タキン党）

若い世代の反撥

しかし、こうした政治的バーゲニングを軸とするGCBA系政治家たちの「抵抗と協力のはざま」に立った振る舞いは、圧倒的な力を持つ英国に対するさまざまな妥協を伴ったため、常に自国のナショナリズムに対する「裏切り」として同胞に受けとめられる危険性を有した。実際、一九三〇年六月には、ビルマ人中間層第二世代の若手が中心となって、我らのビルマ協会（ドバマー・アスィーアヨウン）という政治団体が結成され、英国が設定した植民地議会でしか闘おうとしないGCBAに対し、「彼ら（英国）の側にたつ（対英協力的な）ビルマ人」だとする厳しい非難を浴びせ、英国に対し妥協をいっさい拒否する主張を展開しはじめる。

通称タキン党と呼ばれるこの団体が初めて公にその姿をあらわしたのは、一九三〇年五月後半に発生したラングーンにおける大規模な反インド人暴動が生じた直後だった。ラングーンの港湾でインド人沖仲仕（船の積荷運び人）が賃上げを求めてストライキに入ると、経営者側が代わりの労働力としてビルマ人約二〇〇〇人を雇用、その後、スト解除により職場に戻ってきたインド人と激しく対立し、はじめはビルマ人の側に死者が出たが、その後反撃に転じ、最終的には二五〇人あまりのインド人が殺され、二五〇〇人にのぼる負傷者を出した。ビルマにはこのころすでに世界恐慌の波が押し寄せ、経済は悪化の一途をたどっていた。ラングーンが発展するにつれ、中心部を短期移民のインド人に占められ、ビルマ民族がその外側にはじき出されていた環境に加え、こうした経済不況がこのような民族暴動をもたらした背景だったといえる。

タキン党はこの反インド人暴動の直後に『国家改革文書第一号』という題の文書を配布し、公の行動を開始した。その後も『国家改革文書第二号』および独立後の国歌の元歌となった「ドバマー」（我らのビルマ）の歌」などを出版した。「ドバマーの歌」に関しては普及のためのコンサートも行った。これらの出版物やコンサート活動を通じて、初期のころの同党はビルマ民族・ビルマ文化中心主義を前面に押し出すウルトラ・ナショナリズムともいえる主張を展開した（コラム８参照）。

組織の拡大

初期の主要党員一〇人のうち、父の職業が元王宮勤め・商人・弁護士・地主という者が六人を占めていたことからもわかるように、タキン党もまたビルマ人中間層から登場した団体だった。ただし、世代的にはGCBA系諸政党に属する政治家たちより五歳から十五歳ほど若い、おもに一九〇一年以降生まれの人々によって構成された。同党はGCBAの分裂がもたらした民族運動の足並みの乱れに抗議し、英国に妥協しない団結力ある新しい統一的ナショナリスト団体を目指そうとした。はじめは文書の作成・配布を中心とする小規模な同人組織のようなグループにすぎなかったが、一九三五年を境に活動が活発化し、支部組織を充実させて全国ネットワークをつくり、一九三九年までに管区ビルマ全三七県中、二七県に支部を開設するに至った。特に一九三六年に発生したラングーン大学第二次学生ストライキへの支援を通じ、その後、学生運動出身者を継続的に入党させることに成功し、デモや大規模集会などで人々を直接動員する力量を蓄えていった。アウンサン（一九一五〜四七）らの入党もこのころである（彼は入党後すぐに書記長に抜擢されている）。

もっとも、その主張や行動の激しさに比べて、タキン党は一九三〇年代の植民地支配体制に大きな打撃を与えたわけではなかった。一九三八年後半から三九年初めにかけて彼らが展開した「ビルマ暦一三〇〇年の叛乱」と呼ばれる反英ゼネストは、表面上、バモオ内閣を総辞職に追い込み、あたかもビルマ統治法下の植民地内閣をひとつ崩壊させたかのような印象を与えたが、実際は下院におけるGCBA系議員同士の対立から生じた内閣不信任案の可決によるもので、ゼネストはバモオを追い込むために利用されたにすぎなかった。

しかし、タキン党からは、のちに抗日闘争やそれに続く対英独立交渉において指導的役割を果たすアウンサンをはじめ、独立後の初代首相ウー・ヌ（一九〇七〜九五）、一九六二年以降八八年まで政権を独占したネィウィン（一九一一〜二〇〇二）など、著名な人物が次々と輩出されたため、独立後のナショナル・ヒストリー（ビルマ政府による公式歴史叙述）のなかで、同党は常にビルマ・ナショナリズムの主流として記述されるようになった。

タキン・ナショナリズム

このようにGCBAの分裂・再編に抗議する形で登場したタキン党であるが、同党の思想的な特徴について紹介しておきたい。それはタキン・ナショナリズムと呼ぶことができるもので、ビルマのナショナリズム運動（特に反英独立運動）を考えるにあたって興味深い主張や歴史認識を含むものだった。

①ビルマ人こそビルマの主人（タキン）

第一の特徴は、同党の通称の元になった「タキン」の使用に見られる。これはビルマ語で「主人」を意味し、同党はこの「タキン」を党員各人の名前の前につけ、自らそれを名乗ることを義務づけた。たとえば、党創設者のバタウンはタキン・バタウン、のちにビルマ「独立の父」と崇《あが》められることになるアウンサンはタキン・アウンサンのように自ら名乗り、かつ呼び合ったのである。このことは滑稽さを伴い、実際に同時代のビルマ人には奇異に映った。しかし、彼らが「タキン」使用を実践した理由は、ビルマを支配する「主人」が英国人ではなくビルマ人であるという強烈な主張に裏付けられていた。その考えはビルマ民族のあいだに次第に受け入れられていくことになる。

この「タキン」使用の背景には、さらに党創設者タキン・バタウンの独特の解釈が含まれていた。英語が達者だった彼はドイツの哲学者ニーチェの作品の英訳を読み、その影響を受け、ニーチェの「超人」思想とこの「タキン」概念を重ね合わせようとした。タキン・バタウンは「超人」概念を換骨奪胎して、ビルマ人一人ひとりが「主人」となって自ら持つ能力を最大限に発揮する努力を行うことを通して、自国を支配する力を勝ち取ることができると考え、まずは党員にそれを実践させようとしたのである。

②ミャンマーではなく、バマー（ビルマ）

二つ目の特徴は政党名に「ミャンマー」ではなく「バマー（ビルマ）」を使用したことの意味に見ることができる。党の公式名称「ドバマー・アスィーアヨウン」の「ドバマー」は、「ド」（我らの）＋「バマー」（ビルマ、ビルマ人）という意味である。ビルマ語の「バマー」は「ミャンマー」の口語形であり、どちらもビルマに住む多数派のビルマ民族（ビルマ語を母語とし上座仏教を信仰するビルマ人）と彼らが住む国を指す呼称として用いられてきた。ビルマでは政党の名称に自国名をつける場合、口語の「バマー」ではなく文語の「ミャンマー」を使用するのが常であり、GCBAもそのビルマ語公式名称においては「ミャンマー」を使っていた。しかし、タキン党は意図的に口語「バマー」を自党の公式名称に採用したのである。

その理由は二つある。ひとつは「バマー」のほうが「ミャンマー」より「バ」という破裂音が入る分、力強く響くからという説明である。もうひとつは、狭義のビルマ民族だけでなくカレンやカチン、シャンなど、英領下のビルマに住むすべての土着民族を、ひとつのまとまった主体として意味づけ、反英運動に動員したいという考えから「バマー」を使用したという説明である。いずれも同党の公式歴史書や、初期の幹部党員の証言記録に登場する説明だが、後者は「バマー」という口語表現に、土着の非ビルマ系諸民族と多数派のビルマ民族を合わせたひとつの「ビルマ国民」としての意味を付与しようとした試みであり、彼らなりの国民概念の創造だったと解釈できる。ビルマ・ナショナリズム史において、「バマー」の使用をもって「ビルマ国民」という概念を明示しようとした史実があることは覚えておいてよいだろう。

しかし、「バマー」を「ビルマ国民」の意味で使おうとする考え方は、斬新《ざんしん》な発想だったとはいえ、ビルマ民族が多数を占める管区ビルマと非ビルマ系諸民族が多く居住する辺境地域との交流が制限されていたため、その目的を達成できる条件にはなかった。実際、タキン党の運動は仏教徒ビルマ民族を核とする管区ビルマ内でのナショナリズムにとどまった。

③我らのビルマ vs. 彼らのビルマ

三つ目の特徴は、タキン党がビルマ人を「我らのビルマ人（ドバマー）」と「彼らのビルマ人（トゥード・バマー）」に分けてとらえようとした点に見ることができる。「我らの」という言葉を用いる以上、「我ら」ではない「彼ら」が意識されていることが前提となる。タキン党は英国や英国人のみならず、同じビルマ人であっても植民地支配体制に協力している人々については、それを英国の側（彼らの側）につく「本物ではないビルマ人」と認識し打倒対象とした。あるべき真のビルマは、植民地支配体制にいっさい協力しないビルマ人だけが支配する「我らのビルマ」でなければならないと考えた彼らは、党の公式名称にも「我らのビルマ」を用いた。

同党が具体的に「彼らのビルマ人」とみなした人々はGCBA系の政治家たちだった。なぜなら、タキン党から見てGCBA系政治家が重視した植民地議会や内閣は、植民地支配体制を支える道具にしか映らなかったからである。タキン党は、GCBAが推し進めた交渉（バーゲニング）を手段とする英国からのドミニオン獲得という目標を中途半端だとして批判し、民衆の動員による植民地当局との直接対決を通じて完全独立（共和制国家の確立）を目指そうとした。

当然、ビルマ統治法体制は打倒対象とされ、植民地議会（下院）のビルマ人議員も閣僚ポストに就くことを拒絶し、総督がどの議員を首相に指名しようが内閣が成立しないように全員で抵抗すべきだと主張した。そのようにして植民地支配体制の機能麻痺《まひ》を目指したのである。そして、この主張に同意しない議員はすべて英国側に連なる「彼らの側のビルマ人」として非難の対象とされた。タキン党は一九三六年の総選挙の際、系列政党をつくって二八名の候補者を出し、三名が当選を果たしたが、下院に党員を送りこんだ理由は、議会のなかでこの閣僚ポスト拒絶運動を広げ、ビルマ統治法体制を内側から混乱に陥れようとすることにあった。

④団結の誇示

四つ目の特徴は、政党名に「協会」を意味する「アスィーアヨウン」という造語を用いた点に見られる。いまでこそ「アスィーアヨウン」はビルマ語の一般名詞として「団体」「協会」などの意味で使われているが（ただし使用頻度は少ない）、一九三〇年当時、「束ねて集める」というビルマ語の動詞を名詞化させてつくったこの造語は、新鮮な響きを有していた。この言葉の使用にはGCBAの分裂の連続に対するタキン党の抗議の姿勢が反映されており、彼らは強い団結を誇る新しいナショナリストたちの組織をつくる目的を持ってこの言葉を使用した。しかし、現実のタキン党は一九三八年八月に二つの派に分裂し、「アスィーアヨウン」に込めた思いは実現できなかった。

⑤社会主義思想のとりこみ

五つ目の特徴は、外来の社会主義思想を積極的に取り入れ、それをタキン党発足時以来のビルマ民族・ビルマ文化中心主義と融合させたことに見られる。ビルマでは一九二〇年代から英文・英訳の社会主義文献が流入していた。一九三〇年代には世界恐慌の影響がビルマにも深刻に及んできたこともあって、そうした恐慌を生みだす資本主義への懐疑心の高まりとともに、社会主義思想に関心を持つビルマ人中間層に属する若手インテリや学生、政治活動家、また中間層には含まれない労働者が増えはじめた。タキン党員たちも、マルクス主義をはじめフェビアン主義からナチスの民族社会主義までさまざまな種類の社会主義思想に関心を抱き、一九三七年にはそれらを結党時からのビルマ民族・ビルマ文化中心主義に溶け込ませて「コウミーン・コウチーン思想」という名で表現し、党憲章に党是として明記するに至っている。

「コウミーン・コウチーン思想」とは、英国を帝国主義国家と断定し、その帝国主義が資本主義から派生していることを強調したうえで、英国による支配体制を打倒するだけでなく、帝国主義を生みだす資本主義をも拒絶する社会主義国家ビルマの独立を目指すことを宣言したものである。ただし、タキン党はこれによって単なる社会主義政党に変化したわけではなく、その根本には常にビルマ民族・ビルマ文化中心主義が存在した。「コウミーン・コウチーン」という言葉も直訳では「我が王・我が種族」を意味し、それは「社会主義」「反帝国主義」の置き換え用語としてではなく、資本主義や帝国主義に対置するイメージをふんだんに含んだビルマ独特の情念を伴うナショナリズム用語として使用された。この社会主義思想のとりこみは、ビルマ人中間層を主体としたナショナリズム運動に左翼的な色彩を与え、独立後のビルマにも大きな影響を与えつづけた。

コラム8　ビルマ国歌の元歌に見られるウルトラ・ナショナリズム

タキン党が一九三〇年六月に結成されたとき、彼らは「我らのビルマの歌（ドバマーの歌）」を作詞作曲し、各地でコンサートを行って聴衆にビルマ・ナショナリズムを訴えた。娯楽が多様でなかった当時、人々はものめずらしさから小オーケストラ編成によるこの歌の演奏と党員らによる歌唱指導に集まった。この歌は独立後のビルマ国歌の元歌になったが、初期の歌詞内容にはビルマ民族中心主義に基づくウルトラ・ナショナリズムの色あいを見てとることができる。以下に日本語訳（抜粋）を示す（訳：根本敬）。

タガウン王国を建国されたアビラーザー
我らのビルマ民族はシャカ族の血をひくものゆえ
その誉《ほまれ》と力は不朽なり
タイやインドと戦いしとき
勝利を得た我らのビルマ民族
王宮の尖塔が薪《まき》のひときれと化すのは

この世のことわり
我らもまた同じ運命に出会いし
されど、もとは確かに我らの国
我らの、我らの国
……
世界のつづくかぎり、我らのビルマもともにあり
これぞ我らの国、これぞ我らの土地
……
東方より陽《ひ》いずるがごとく
我らの時代は確実に来る

最初に登場する「タガウン王国」とは、インドの釈迦族出身のアビラーザーという人物が、西暦紀元前八五〇年に上ビルマのタガウンに建国したとされるビルマ最古の王朝のことである。あくまでも伝説上の王朝にすぎず、実在したわけではない。仏教の始祖ガウタマ・シッダールタ（釈尊）が生まれる数百年もまえに、釈迦族が（現在のインドやネパールではなく）ビルマにいたと主張するに等しいこの伝説は、そのあとに続く「我らのビルマ民族はシャカ族の血をひくものゆえ」にも見られるとおり、荒唐無稽《こうとうむけい》もはなはだしい。しかし、ビルマ民族は仏教と自分たちをそれだけ強く結び付け、民族の誇りをここに求めようとしていることがわかる。

「タイやインドと戦いしとき、勝利を得た我らのビルマ民族」もまた、現在のタイ国民やインド国民が聞いたら怒り狂う歌詞であろう。歴史的に振り返った場合、隣国への侵略行為にほかならないにもかかわらず、こうした「勝利」を肯定的に描くのは、英国に統治されている屈辱感の心理的裏返しだといってよい。かつては自分たちこそが「支配する側の民族」だったことを誇示することによって、英国に劣等感を抱く必要がないことを訴えているのである。

つづく「王宮の尖塔が薪のひときれと化すのはこの世のことわり、我らもまた同じ運命に出会いし」は、日本人も共感しやすい仏教の無常観に基づく表現である。しかし、これは英国によって植民地化されてしまった歴史は単に逆らうことのできない運命にすぎず、この先、「我らの時代」が「東方より陽いずるがごとく」来るのもまた必然だとして運命的に考えている。なぜ植民地化されてしまったのかという「反省」につながる歌詞ではない。

こうしたウルトラ・ナショナリズムに彩られた歌も、独立後のビルマ国歌に採用されるときは毒抜きがなされ、ここに紹介した歌詞のうち「世界のつづくかぎり、我らのビルマもともにあり、これぞ我らの国、これぞ我らの土地」を除き、すべてがカットされた。元歌がビルマ民族用の内向きの歌詞としては価値を有しても、国際社会に生きる一国民国家の歌としては危険すぎると判断されたわけである。

だが、この危険すぎる歌のなかに、いまもこの国にときどき姿をあらわす排他的ナショナリズム意識、すなわち「ビルマを上座仏教・ビルマ語・ビルマ民族中心の国とみなし、そのほかをお飾りないしは外国由来のものとして軽視する」主張と重なるものが見出される。排他的ナショナリズムがタキン党のせいなのかどうかは証明し難いが、タキン党の運動が反英ナショナリズムの文脈ではプラスに作用した一方で、ビルマ民族中心主義の考え方に正統性を与えたことも確かであり、それがもたらした負の側面にも注目する必要があろう。

6　バモオ博士――はじめてのビルマ人首相

ビルマ最初の博士号取得者

話を一九三七年四月一日のビルマ統治法施行の日のことに戻そう。この日、ビルマ州は英領インド帝国から切り離され、単独の植民地「英領ビルマ」となった。このとき発足したのが、ビルマ統治法導入前年に実施された総選挙で下院議員に当選したバモオ博士を首相とする内閣だった。彼はGCBA系の政治家の一人であるが、その半生を簡潔に追いながら、首相になるまでの経緯、なって以降の困難を見てみることにしたい。それによってGCBA系政治家が多数を占めた統治法下の下院議会の様子と、彼らが英国との「抵抗と協力のはざま」に立って推し進めたバーゲニングを知ることができるからである。

バモオは一八九三年二月八日、下ビルマのデルタ地帯にあるマウービンに生まれている。父

バモオ博士．日本占領期に「国家元首」となったときの姿（1943年8月）．

親は一八八五年に英国に滅ぼされたビルマ王国（コンバウン朝）の宮廷で高官を務めた人物で、ビルマ語と英語に加え、モン語、タイ語、フランス語にも通じていた。母親はビルマ人とポルトガル人の血を引くユーラシアンで、裕福な家庭の出身だった。彼は多くのビルマ人がそうであるように上座仏教徒だったが、母方にポルトガルの血が入り、兄のバハンがキリスト教徒だったこともあり、本当はキリスト教徒なのではないかと疑われることもあった。

彼はラングーンに出ると、カトリック系ミッションが経営する高校を卒業し、当時、ビルマ州で唯一の高等教育機関だったラングーン・カレッジ（二年制）に進み、そこを卒業した。その後、インド本土のカルカッタ大学（四年制）に編入し、さらに英国に留学してケンブリッジ大学およびグレイズ・イン法学院をそれぞれ卒業、英国の法廷弁護士の資格をとった。続いてフランスのボルドー大学に進み、一九二四年、哲学博士号を取得、ビルマ人で最初の博士となっている。このとき三十一歳である。こうした輝かしい学歴は植民地ビルマではきわだっていたので、敬意をこめて彼をバモオ博士と呼ぶ人が多かった。一方で、あまりの高学歴ゆえに一般の人々とのあいだに溝ができる要因にもなった。

弁護士から政治家へ

ボルドーから戻ったバモオ博士はラングーンで弁護士を開業し、宝石商の娘キンママと結婚、ここでさらなる財力を得た。弁護士としての彼は、一九三〇年から三二年にかけて下ビルマ一帯を巻き込んだ農民大叛乱の際に、被告となった指導者サヤー・サンの弁護に立ち、愛国的弁護士として国内でその名を知られるようになった。名声を活用して一九三二年、植民地議会（立法参事会）の議員に選出され政治家になると、さっそくビルマ州知事によって両頭制下の教育担当大臣に指名された。彼はこのとき、インドからビルマを分離しようとする英国の方針に反対する「反分離派」に立って選挙を戦い当選した。しかし、立法参事会のビルマ人議席（総定数一〇三のうち五八）の過半数を「反分離派」が占めたにもかかわらず、英国による分離への動きは止めようがなかった。

一九三六年、翌年四月のビルマ統治法施行準備の一環として、二院制植民地議会の下院総選挙が実施された。バモオ博士はこの選挙に貧民ウンターヌ結社という穏健左翼政党を結成してビルマ中央部のヤメーディン南選挙区から出馬、比較的僅差《きんさ》で勝利し（バモオ博士九九八三票、次点者八三三〇票）、議席を獲得した。この選挙では、新たに施行されるビルマ統治法に対してどのように対応するかが争点となった。バモオ博士は同体制に消極的不支持の姿勢を示しながらも、入閣して実権を確保したうえで、自らの政党が提示した「貧民思想」に基づく五か年計画（貧民の税の軽減、義務教育の実施、農民の負債の調停、耕作権の確保、低利融資の実施など）を実現させ、その過程で英国に対しビルマの自治権強化を求めていくことを訴えた。こうした方法が生ぬるいと批判した候補はタキン党関係者を含め少なくなかったが、彼はひるまなかった。

首相として

一九三七年四月、ビルマ統治法は施行され、英領インド帝国から分離された英領ビルマが発足した。下院議員となったバモオ博士は、コックレイン総督によって初代首相に指名され、史上初のビルマ人内閣を組織した。本来なら総選挙で比較第一党となった五派連合という政党が与党となって首相候補を出すはずだったが、党内対立のためにそれができず、第二党の党首である彼に首相職がまわってきた。

バモオ内閣は首相が率いる貧民ウンターヌ結社が少数与党だったため、他党の議員や英系ビルマ人議員を含む連立政権を運営せざるをえず、政権維持に苦しんだ。とりわけ議会内におけるビルマ人議員同士（おもにGCBA系政治家同士）の権力闘争に巻き込まれ、下院で何度も不信任決議案をつきつけられた。それでも農民の小作料軽減や、彼らを苦しめたタッターメイダー税（戸数割税）の廃止、ビルマ人が中心となる協同組合の結成・拡充につながる法案を提出し、一部の法制化は次の政権以降となったものの、穏健左翼の政治家としての実績を残すことができた。

しかし、内閣が発足してから一年四か月がたった一九三八年七月の終わりから、ビルマ国内の治安は急速に悪化する。仏教を批判した一イスラム教徒による本が、仏教僧侶らによって排斥の対象となり、その行動がヒンドゥー教徒も含むインド系移民全般に対するビルマ人仏教徒による集団暴行へと発展したためである。インド人側による抵抗も激しく、暴徒に対する警官隊による実弾射撃もなされたため、同年九月末までに二四〇人もの死者を出す事態となった（負傷者は九〇〇人以上）。

沈静化後も、タキン党が組織した上ビルマの油田地帯で働く労働者のストライキが激化し、十一月末にはラングーンに向けて彼らが長距離デモ行進を開始するに至り、それを各地で学生や青年活動家たちが側面支援したため治安は再び不安定となった。至る所で反英デモが生じ、十二月から翌一九三九年二月にかけてますますその動きは拡大した。タキン党はこれを「ビルマ暦一三〇〇年の叛乱」と呼んで人々をいっそう煽ろうとした。二月十日にはマンダレーでデモ隊の鎮圧に植民地軍まで動員され、僧侶を含む一四人を射殺、一九人を負傷させる事件まで起きた。この間、逮捕者も数百名にのぼった。

不信任の可決

一九三九年二月十六日、バモオ内閣は統治能力に問題があるとして、またもや野党から不信任決議案をつきつけられた。それまでの不信任決議案は、カレン民族やインド系、ヨーロッパ系議員の助けを借りて僅差で否決に追い込み、なんとか乗り切ってきた(たとえば反インド人暴動の嵐が吹き荒れた直後の一九三八年八月二十六日に提出された不信任案は、六六対六一のわずか五票差で否決されている)。しかし、今回はヨーロッパ系議員九人全員が不信任案賛成にまわり、インド系議員は全員が棄権、カレン民族の議員は一二人中五人が賛成、ビルマ人議員は八三人中五四人が賛成にまわるという致命的な状況のなか、七〇対三七の大差で不信任決議案は可決され、バモオ博士は首相の座から引きずりおろされた。

下野して一野党の党首となったバモオ博士は、一転して「反英の闘志」をむき出しにするようになった。彼はビルマ人議員の六五パーセントが自分の不信任に賛成したという事実よりも、わずか九人しかいないヨーロッパ系議員が不信任賛成にまわったことのほうを重大視し、英国への怒りを強めた。

バモオ博士にとって一番不愉快だったのは、不信任決議案の審議に際し、自分が党首を務める貧民ウンターヌ結社の穏健社会主義的な党是と、一九三六年総選挙のときに発言したビルマ統治法体制への批判に対し、ヨーロッパ系議員が攻撃を加えたことだった。バモオは党首が自党の基本思想を支持するのは当然であり、かつ選挙運動時にビルマ統治法を批判したことも事実であると認めつつ、連立内閣の首相になって以降はそうした主張を抑制してきたと反論したが効果はなかった。それまで何度も提出された不信任決議案ではヨーロッパ系議員は賛同にまわらず自分の内閣を支持してくれていただけに、ことここに至って、自分の政党の党是や一九三六年の選挙運動時の発言を理由に不信任賛成にまわった行為が、彼には許しがたい裏切りに映った。

反英独立運動の先頭へ

下野後七か月近くが過ぎた一九三九年九月、バモオ博士はかつて自分を首相の座から追い落とそうとしたタキン党からの誘いに応じ、彼らと組んで、新たな大衆反英組織「自由ブロック」を結成し、その議長に就任した。激しくバモオ政府打倒を叫び、それを実現させたタキン党が、その後バモオ博士と組もうとした理由は、彼らが煽った「ビルマ暦一三〇〇年の叛乱」が、実際には植民地支配体制に何らの打撃も与えることができなかったことを自覚したためであった。下野したバモオ博士が反英姿勢を強めたことを見たタキン党は、戦略を立て直すため、思い切って新組織のリーダーになるよう彼を誘ったのである。

自由ブロックの議長となったバモオ博士は、公の場で過激な反英演説を繰り返すようになった。ある大きな集会では「私が首相をやめさせられたのは、九人の英人議員が私を裏切ったからだ」と叫び、「首相在任中、彼らからタキン党を非合法化するように言われたが、私は断固断った」と語った。また、ビルマの一般民衆へのアピールを意識して、彼らが上座仏教とともに信仰する超能力者信仰（ウェイザー信仰）の文脈に沿った有名な「ボウボウアウン伝説」を活用した演説も行った。その伝説は次に示すようなストーリーから成る。

「ある日、超能力者のボウボウアウンがアマラプーラの王宮に招かれた。王は自分より力を持ついかなる者の存在をも憎み、ボウボウアウンに対しても自分の玉座を狙《ねら》う人物だと思って恐れを抱き、この日、彼を招いて殺そうと考えていた。そうした王の思いを知り尽くしていたボウボウアウンは、わざと王の前に出ると、丸い輪（ビルマ語の字母 wa と同じ）を壁に描き、王にそれを消すことはできないと言った。怒った王はその輪を消すが、その瞬間、王宮の別の場所に二つの輪が登場し、その二つを消すと今度は四つの輪があらわれ、それを消すと八つの輪が、というふうに倍々で輪が増えていき、王宮のあらゆる場所が丸い輪でいっぱいになってしまった。王はボウボウアウンの超能力に圧倒されて絶望し、王位と家族を捨てて世捨て人になった」

バモオ博士は、ビルマ人仏教徒であれば誰でも知っているこの超能力者の伝説を大衆に向けた演説のなかで引用した。そのときの彼の主張は、ビルマ人が力を合わせて英国に対し地道に抵抗を続ければ、ボウボウアウンの話に出てくる倍々ゲームで増える「不思議な輪」のような力を発揮して、支配者を圧倒することができる、英国を打倒することができるというものだった。あまりの高学歴と英国風エリートの雰囲気がついてまわるバモオ博士は、大衆からの支持が得られにくかっただけに、彼としてはボウボウアウンの話を活用しながら、そうした人々の心の奥深くに入り込もうとしたのである。

しかし、すでにヨーロッパで大戦が勃発していたなか、コックレイン総督自らが起草した緊急治安法であるビルマ防衛法を適用され、バモオ博士は煽動《せんどう》的な反英演説のために一九四〇年八月に逮捕され、僻地《へきち》のモウゴウッ監獄に投獄されてしまう。彼が再び自由を回復するのは日本軍がビルマに攻め込んできてからであった。

第4章

ビルマ人行政エリートの世界

1　インド高等文官（ICS）によるビルマ統治

英国がインドの植民地統治において、少数のエリート行政官であるインド高等文官（ICS）をその中枢に配置したことはよく知られている。高等文官とはキャリア公務員のことだが、英国のICSは単なるキャリア官僚ではなく、植民地インドにおけるスーパーエリート官僚だった。難易度のすこぶる高い競争試験を突破して合格し、厳しい訓練を受けたうえで採用された彼らは、賄賂《わいろ》を絶対に受け取らない公正無私の官僚としての誇りを持ち、土着社会もそのように受けとめていた。賄賂を活用した「魚心あれば水心」がいっさい通用しないため、地元の人々から恨まれることすらあった。何よりも高給が保証され退職後の年金も充実していたICSには、賄賂受け取りの動機が成り立ちにくかったといえる。

ICSの制度は、英国の東インド会社がインド統治のためにつくった公務担当誓約社員（C

CS）をもとにして、一八六一年から導入された。一八八六年以降、英領インド帝国の一州に組み入れられたビルマにもICSが配置され、管区ビルマ（一九三一年時点で七管区三七県八三郡）における行政の中核を担った。彼らは「ICSビルマ担当」として管区ビルマ内だけを動き、辺境地域やインド本土の他州への異動はなかった。彼らこそ、植民地ビルマにおける統治のキングピンだった。

「ICSビルマ担当」の総定数は当初一二〇人にすぎず、二十世紀に入って増やされたとはいえ、その総枠が一五〇人を超えることはなかった。彼らは各県に二つないしは三つある郡長のポストや、県知事、管区長官、ビルマ政庁の局長、さらにその上の要職をほぼ独占した。治安裁判所判事、高裁判事、関税徴税官、土地登記課税官、物品税徴税官、農村開発長官などの専門上級職に就くことも多かった。採用においては厳しい年齢制限があり、多科目にわたる筆記試験とヴァイヴァ・ヴォウスィ（viva voce）と呼ばれる高度な口頭試問が課せられた。選抜後は研修生として英国で一～二年の訓練を受け、その修了試験に合格してはじめて、インド省（インド担当大臣）によって正式採用された。インド本土では一八六三年に早くも第一号のインド人ICSが登場するが、ビルマ州において最初のビルマ人が採用されるのは一九二一年であった。それまでビルマのICSはすべて英国人によって占められていた。

ICSはスーパーエリート官僚だけあって、昇進のスピードが非常に早かった。二十代前半で選抜試験に合格し研修を経て正式採用されると、ビルマに赴任して三か月ほどの見習い期間を経て、すぐに郡長や県知事補佐に任命された（このポストにノンキャリアの州行政官クラスの公務員が就く場合、一五年以上かかった）。だいたい採用後五年目までに郡治安裁判所判事になるか、首都ラングーンのビルマ政庁（植民地政庁）に異動して各局の局次長クラスに就き、その後は一〇年目から一五年目にかけて県知事、県治安裁判所判事、専門上級職などを歴任した。一六年目から二〇年目にかけて重要県の知事、政庁各局の局長、より重要度の高い専門上級職、高等裁判所判事などに昇進した。二〇年目以降になると管区長官、政庁の重要局の局長を務め、ごく一部は官房長（局長のまとめ役で、通常は内務局長が兼任）、総督顧問、同秘書官、同相談役、英国ビルマ担当大臣相談役などにのぼり詰めた。総督交代期に数か月間だけ臨時代理総督に就くこともあった。

ＩＣＳの下はどうなっていたのだろうか。一般行政職の機構全体を見渡してみよう（表5参照）。ＩＣＳの下には、ビルマ政庁が採用して任用した州行政官（ＰＣＳ）が存在し、その下に下級行政官（ＳＣＳ）がいた。ＰＣＳは一九四〇年段階で二二一人が在職し（このときはすでに名称がＢＣＳ-Ⅱに変更されていた）、おもに郡役場・県庁の要職と政庁の準要職を占め、郡長を経て最後は県知事に昇進することもあった。植民地ビルマの一般行政職のなかで、中位上層から上位下層に位置した「準キャリア集団」だったとみなせる。このＰＣＳからは、公式には「指定役職保持者」と呼ばれる高等文官への特別昇進者も少数ながらあらわれた。能力が認められ、採用後一三年目から一六年目あたりにＩＣＳ選抜試験を受けずして高等文官相当職に引

名　称	1940年段階の在職者数（人）	おもな就任ポスト
インド高等文官（ICS） ＊1938年以降の採用からビルマ高等文官（BCS-Ⅰ）	150	総督顧問，官房長，局長，管区長官，県知事，郡長
州行政官（PCS） ＊1938年以降の採用から第二級ビルマ文官（BCS-Ⅱ）	221	県知事，郡長，政庁の準要職，県庁・郡役場の要職
下級行政官（SCS）	343	政庁・県庁・郡役場の準要職
クラーク（一般事務職）	数千	各役所での窓口業務，使い走りなど

表5　英領期ビルマの一般職公務員の種類とおもな就任ポスト

き上げられた彼らは、人事においてビルマ人高等文官と同等の扱いを受けた。しかし、ICSやBCS-Ⅰを名乗ることは許されなかった。

下級行政官SCSのほうは、一九四〇年段階で三四三人在職し、おもに県庁や郡役場の中堅職や市役所の要職を担っていた。彼らは「下級」とはいえ、実際には一般行政職全体のなかで中位に位置した集団だった。彼らの下に数千人にのぼるクラークと呼ばれる一般事務職員がいて、これらがいわゆる下級公務員層を形成していた。このほかに英領期のビルマでは全部で三一種類の専門職公務員が存在し、それらは鉄道、郵政、森林管理、測量、海運、教育、公衆衛生、辺境監督、考古学調査など多岐にわたった。

一九三七年四月にインド帝国からビルマ州が分離され英領ビルマが成立すると、ビルマのICSはビルマ高等文官（BCS-Ⅰ）にその名称を変える。

採用権者もインド省（インド担当大臣）からビルマ省（ビルマ担当大臣）に変更された。変更以前に採用された高等文官はそのままICSを名乗れたが、BCS－Iとして一九三八年から新たに採用された高等文官（一九三七年選抜試験合格組）は、同じスーパーエリート官僚とはいえ、ICSを名乗ることが許されなかった。この変更に準じ、ビルマ政庁が採用権者だったPCSも第二級ビルマ文官（BCS－II）に名称が変更された。

2　ビルマ人ICSの誕生と増加

ビルマ人ICS第一号

ICSへのビルマ人の採用が始まるのは、第一次世界大戦が終わって三年後の一九二一年からである。ただし、正確にはビルマ州出身者の採用が開始されたというべきである。なぜなら、性別（男性）・年齢・学歴（大卒）などの条件さえ満たせば、ビルマ人のほか、ビルマ州在住の英系ビルマ人や州内で生まれ育ったインド人や中国人、英人も採用対象に含まれることになったからである。

しかし、実際はビルマ州出身の合格者はわずかな数の英系ビルマ人とインド人を除けば、ビルマ人がその大半を占めた。採用されたビルマ人のなかには、ビルマ民族と名前のうえでは区別のつきにくいアラカン民族や、ビルマ名を使用したカレン民族およびモン民族が含まれていたので、ここではビルマ人高等文官の定義をとりあえず「英系ビルマ人とインド系を除くビルマ名を有するICSおよびBCS‐Iの総体」としておきたい。

ビルマ人ICSの第一号はティントゥッという人物だった。彼は第一次世界大戦終了の翌年にあたる一九一九年にロンドンで実施されたICS選抜試験に合格し、二年間の研修を経て一九二一年に採用されている。

この男の学歴と職歴はビルマ人ICS第一号にふさわしく、当時のビルマではバモオ博士と双璧《そうへき》を成していた。異なるのは博士号を持っていなかった点だけである。一八九五年、下ビルマのペグーで生まれたティントゥッは、州行政官（PCS）として県知事まで務めあげた裕福な父を持ち、ラングーンのキリスト教系小中学校を経て、官立高校とラングーン・カレッジをそれぞれ卒業後、英国に留学してダルウィッチ・カレッジに学び、つづいてケンブリッジ大学クィーンズ・カレッジを一九一七年に優等で卒業、さらにダブリン大学で二つ目の学士号を得た後、カンタベリー大学から修士号を、ミドル・テンプル法学院から英国の法廷弁護士資格をそれぞれ授与されている。目を見張るような華やかな学歴である。その後、インド軍（植民地軍）士官学校に進学、少尉として任官した経験も有する。一九二一年にICS採用後は、郡長・県知事を経て、森林局長、財政局長、ラングーン大学総長、首相特別補佐官など、ビルマ政庁の要職を歴任した。

ビルマ政庁のスタッフたち（1937年）.

選抜方法の特徴と変化

ティントゥッのあと、一九四七年までに四三人のビルマ人が採用されており、そのうち一二人は一九三八年以降に採用されたBCS‐Iである。日本軍侵入一年前にあたる一九四一年一月段階で、ビルマ人高等文官はPCSからの特別昇進者一四人を含め計四九人を数え、ビルマにおける全高等文官の三二・八パーセントを占めていた。戦後の一九四六年、その数字はさらに四二・七パーセントにまで上がる。

全四三人のビルマ人ICSとBCS‐Iのうち、一九二八年までに実施された採用試験に合格した一四人は、一人の例外を除いて、インド政庁によって独自に設置された選抜委員会が実施するインド会場での試験を受けている。例外の一人は一九二三年に採用されたチョオミンで、彼だけは一九二二年にインド省が実施するロンドン会場でのICS試験を、英国人やインド人らと一緒に受験して難関を突破している。インド政庁における独自の選抜とは、ビルマ州出身の受験生だけを対象としたもので、ロンドン会場と違って筆記試験を免除され、口頭試問だけで合否が判定された。そのかわり、出願時に卒業ないしは卒業見込の大学の学長推薦状の提出が義務づけられた。英国としてはビルマ州出身者の採用を開始するにあたって、ロンドンで本国の受験生と同じ基準で選抜することは酷であると考え、このような学長推薦と口頭試問だけによる別枠試験を設定したのである。

ただ、インド省は高等文官の資質として、本人が郡長や県知事に赴任した際に部下や地元民とのコミュニケーションを順調に維持し、彼らを率いるリーダーシップが発揮できることをとても重視したので、受験生の選抜時における口頭試問をとりわけ重んじていた（この方針はのちに筆記試験を復活させたあとも続いた）。インド会場での受験生は三人の面接官から専門的な内容を含むさまざまな質問を数十分間にわたって浴びせられ、筆記試験が免除されていたとはいえ、けっして楽に合格することはできなかった。

この後、一九二〇年に開学した四年制の総合大学であるラングーン大学から毎年一定数の卒業生が出るようになると、インド省はビルマ州出身者の選抜制度を改め、一九二九年からインド政庁による別枠の独自選抜を廃止、会場はインドのままだが内容はロンドン会場とほぼ同じ科目に基づく筆記試験と口頭試問を実施した。筆記試験は基本的に五科目程度から成る共通科目（英語、英文エッセイ、ビルマ語、一般知識、基礎科学など）と、多いときで六五科目から五〜九科目を選んで受験する選択科目によって構成された。選択科目のほうは、ビルマ文学、インド史一期・二期、近代ヨーロッパ史、英国史一期・二期、英文学一期・二期、数学、幾何学、化学（初級・上級）、物理（初級・上級）、天文学、統計学、政治機構論、政治理論など、専門的に細かく科目が用意され、受験生が大学で学んだ専門知識を活かせるよう工夫されていた。

一九三七年以降はICSからBCS－Iに変更になったことを受けて、今度はインドではなく、ラングーンに会場を移して選抜試験を実施するようになった。ここでも多科目にわたる難易度の高い筆記試験と、高度な口頭試問の実施にかわりはなかった。また、この年から合格後の英国における研修も二年から一年に短縮された。

ちなみに、英国人も別枠でBCS－Iに採用されており、彼らは毎年ロンドンで実施された英国統一高等文官試験において、国内高等文官（HCS）・北アイルランド高等文官（NICS）・ICS・BCS－Iの四つのなかから希望順位をつけて受験し、試験成績と照らし合わせて選抜されていた（ただし一九四〇年と四一年は統一試験での選抜はなく、BCS－Iは単独の推薦選抜が行われた）。

ビルマ人ICSの出自と学歴

次に、ICSやBCS－Iとして採用された計四三人のビルマ人高等文官の出自と学歴を見てみよう。まずは出生年に見られる特徴である。最年長が一八九五年生まれで（ビルマ人ICS第一号ティントゥッ）、彼を含め一九〇〇年以前に生まれた者は四人しかいない。つづいて一九〇一年から一九一〇年の生まれは二四人、一九一一年以降生まれは一五人おり、最年少は一九一九年生まれとなっている。この生年分布をビルマ人政治エリート（ナショナリスト）と比較すると、第3章でとりあげたバモオ博士（一八九三年生まれ）らと同じ世代はごく少数に限られ、大半はタキン党を支えたメンバーたち（多くが一九〇一～一五年生まれ）と同世代だったということがわかる。

一方、出生地の分布を見ると、判明した三〇人のうち下ビルマ出身者が二一人と多く、うち第一次英緬戦争後に英領化された地域の出身者が六人おり、残り一五人は第二次英緬戦争後に英領化された地域の出身者である。植民地化が第三次英緬戦争（一八八五年）以後となったため王朝時代の雰囲気を後々まで残した上ビルマ出身者は九人と少ない。これもタキン党幹部たちの出生地と似た傾向にある。

父親の職業を見ると、判明している一七人のうち、公務員が九人と過半数を超えており、その内訳はPCSとSCSが合わせて六人、高等文官待遇への特別昇進者が二人、郵政専門職が一人となっている。このほかは商業従事者三人、弁護士二人、地主、精米工場経営者、キリスト教系学校の校長がそれぞれ一人で、すべてビルマ人中間層に特徴的な職業ばかりである。

学歴上の特徴はどうだろうか。出身高校が判明している二八人のうち、キリスト教ミッション・スクールを主とする英語教授学校出身者が一一人、官立を主とする英語・ビルマ語併用学校出身者が一六人、ビルマ人ナショナリストたちが運営した国民学校（ビルマ語教授学校）出身者が一人となっている。ビルマ人高等文官が必ずしも英語教授学校出身者に偏っておらず、アウンサンが卒業したようなビルマ語教授学校卒業生までいたという事実は注目に値しよう。出身大学については全四三人の情報がわかっている。ラングーン大学卒業生が三七人と圧倒的で、オクスフォード大学とカルカッタ大学卒業生がそれぞれ三人ずつ、そしてケンブリッジ大学卒業生が二人いる（一人で二つの大学を卒業した者を含む）。出身大学から見ると、ビルマ人高等文官が学歴面においてビルマ人中間層の最エリート層だったことは歴然としている。この点が、同じビルマ人中間層出身でも大学中退者が多かったＧＣＢＡ系やタキン党系の政治家と異なっていた。

「行政の現地化」推進に伴う英国側の悩み

英国がＩＣＳの採用においてビルマ州出身者を増やしていく姿勢をとった背景には、一九二〇年代半ばから始まった「行政の現地化」ともいうべきインド省の考え方が反映していた。英国は一九二四年、インド高等文官問題を担当する王立委員会の答申を受け、一五年後の一九三九年までに全インド規模でＩＣＳのメンバー構成を英国人五〇パーセント、インド人（ビルマ人を含む）五〇パーセントにすることを目標に掲げた。こうした方針は、英国が第一次世界大戦以後、インドの将来のドミニオン化を想定せざるをえなくなり、そのため時間をかけながらも行政機構に現地エリートを多く迎え入れて行政経験を積ませ、そうした「行政の現地化」を通じて徐々に独り立ちさせようとする考えに支えられていた。

しかし、一九三七年四月にビルマ統治法を施行してビルマをインドから分離することが英国で本決まりになると、インド省は悩むことになる。直轄植民地としてインドから切り離されるビルマにおいて、「全インド規模で一九三九年までに五〇パーセントの現地化」という目標をどのように再定義すればよいか、判断に苦しんだのである。インド省が悩んだ最大の理由は、ビルマ人のICS受験者の成績が、最上級レベルの合格者層は問題なく優秀だったものの、その下のレベルとの成績格差が大きいことだった。もし「五〇パーセント現地化」の目標を早期に達成させようとすると、ビルマ人の合格者を増やすことになるため、結果的に低い得点層から合格者を出さざるをえなくなり、高等文官の質の低下につながるとして躊躇《ちゅうちょ》したのである。

インド省から分離したビルマ省はこの問題について、一九三九年に入って「ビルマの国益にとって重要なことは、全インド規模で五〇パーセントの現地化という数字にとらわれることなく、採用する高等文官の水準を維持することである」旨の報告を英下院で行い、ビルマ人の採用は引き続き増やす方向で努力するものの、実際には慎重に進めていくことを確認している。

コラム９　インド高等文官（ＩＣＳ）をめぐる「深くて暗い河」

インド高等文官（ＩＣＳ）は、英国が誇る植民地のスーパーエリート官僚として、人種や民族を問わず平等のルールで処遇されていた。しかし、現実にはビルマ人ICSと英人ICSのあいだに「深くて暗い河」が流れていた。植民地という制約から生じる昇進差別と、仕事以外での交流の稀薄さである。

ビルマ人の場合、たとえ高等文官であっても、国防機密を扱うビルマ政庁国防局に配属されることはありえなかった。国防と外交に関する権限が、英領インド帝国の一州にすぎなかった両頭制下（一九二三〜三七）においてはインド総督に、その後のビルマ統治法体制下においてはビルマ総督に、それぞれ直属していたからである。また、国防局とともに重要な行政権限を有した内務局の局長にもビルマ人高等文官が就くことはなかった。同局が国内治安問題を扱う部局であるのみならず、政庁を代表する筆頭部局だったからである（ただし、国防局・内務局ともに、独立がほぼ決まりかけた一九四七年以降はビルマ人高等文官も配属されるようになる）。ここまでは、はっきりと「見える深い河」だったといえる。見えにくい「深くて暗い河」はここから先である。

ビルマ人と英人とのあいだには、社会的接触においても明確な区別があった。英人ICSは「ペグー・クラブ」という名の社交クラブに属したが、ビルマ人ICSはそこへの出入りを許されなかった。英人ICSは選抜試験合格後に英国で行われる訓練の期間中、指導教官から「同じICSとしてビルマに赴任しても、君たちは英国人としての誇りを持ってビルマ人ICSと接触し、彼らの模範となるよう常に努力しなければならない」と教育されていた。そのため、社交クラブという勤務を離れた準プライベートな場においてまで、ビルマ人ICSと一緒に過ごしたいとは思わなかったのだろう。両者の仕事を超えた密な交流はほとんどなく、ビルマ人ICSのほうは「オリエント・クラブ」という別の社交クラブをつくって彼らだけの交流を深めた。

人事異動においては、英人ＩＣＳたちのなかにビルマ認識をめぐって「保守強硬派」「中立派」「親ビルマ派」の三つの「派」があり、ビルマ・ナショナリズムに冷たく英国の権威や国益を最優先する少数の「保守強硬派」が人事権を行使した。そのため、彼らに気に入られたビルマ人ＩＣＳは昇進や異動において有利な扱いを受けたが、気に入られなかった者は、たとえば県知事で赴任する場合、遠方の非重要県や、強盗団が頻繁に出没する治安維持の大変な県に異動させられるなどした。

一方、同じ英人ＩＣＳのあいだやビルマ人ＩＣＳのあいだでも、「深くて暗い河」はあったらしい。英人ＩＣＳのなかには、少数とはいえ、ビルマ・ナショナリズムに理解を示した「親ビルマ派」がいたが、彼らは人事異動において、名目上は昇進でも実質的には閑職ポストへ異動させられたり、首都ラングーンの政庁勤務からはずれて地方の県知事まわりが続く異動を経験させられたりした。ビルマ人ＩＣＳの場合、英国に対する認識や思いが採用された年代によって微妙に異なっていた。学長推薦と口頭試問だけで採用された一九二八年までの合格者は、それ以降の筆記試験を課された組と比較して親英の傾向が強く、一方、一九二九年以降の合格者はビルマ・ナショナリズムへの共感を示す傾向が見られたという。そのため、この「世代間」の断絶がときに彼らビルマ人ＩＣＳ間の連帯にヒビを入れたようである。

3　ビルマ人高等文官と政治家との関係

ビルマ人高等文官の出自がビルマ人中間層であったことはすでに述べたとおりである。それは第3章でとりあげたGCBAやタキン党に代表されるナショナリズム運動と深く関わったビルマ人政治家たちと共通していた。両者は一見、まったく別の世界へ進んだ人々のように映る。そうした解釈は間違いではない。しかし、両者のあいだに交流があったこともまた事実である。

GCBA系政治家の場合、とりわけビルマ統治法の導入以後に閣僚になった者（バモオ博士、ウー・プ、ウー・ソオら）は、外交と防衛および貨幣政策を除くさまざまな行政部門において、首相や大臣として高等文官の上に立って指揮し、指示を出したり行政上の補佐やアドヴァイスを求めたりすることになった。必然的に、英人のみならずビルマ人のICSやBCS－Iと接する機会が増え、相互の交流は深まることになった。選挙区の有権者に自分の権力を見せびらかすために、必要以上に高等文官を使役した大臣の例もあるが、GCBA系の政治家は、ほぼ共通して高等文官を必要不可欠な存在とみなし、軽視や敵視することはなかった。またビルマ人の高等文官も彼らに忠実に仕えた。

一方、タキン党の場合、ビルマ統治法体制を拒絶し、議員らに大臣ポストを拒否するよう働きかけるなど、下院議会に対して内と外から揺さぶりをかけつづけ、議会を機能不全に陥らせようとしていたので、高等文官とのあいだにGCBA系政治家のような接点は成立しなかった。しかし、かといって高等文官を対英協力者として敵視した跡も見られない。逆に、興味深い二つの事例を紹介したい。

ひとつは、一九三〇年代初頭のラングーン大学における学生自治活動の指導層が、その後、高等文官とタキン党活動家に分かれていった事例である。ラングーン大学では一九二〇年の開学直後、歴史に残る学生ストライキ（ラングーン大学第一次学生ストライキ）が展開されたが、それを指導したラングーン大学学生同盟はそのあと解散してしまった。一九三一年になって学生同盟を再建する動きが生じ、その際、オクスフォード大学やケンブリッジ大学の学生同盟をモデルに、同盟の新憲章作成に精力的に取り組んだのが四人の学生ニュン、チョオテイン、バセイン、オウンであった。このうち、バセインを除く三人が卒業後にICSの世界に進んだ一方、バセインはラングーン大学を中退してタキン党に入党し、専従党員として同党の幹部となり、さらに一九三八年から同党バセイン派を率いるに至った。彼はICS採用試験を受験した三人を当初「裏切り者」と罵ったが、その後も四人の交流は問題なく続いたという。

この場合、注意しなければならないのは、この時期のラングーン大学の一般学生らが、一九二〇年のストライキの熱が去って久しく、政治的な問題に深く関わろうとする意思が弱かったことである。もともと優秀な官僚のタマゴを植民地で育てることが設立の目的のひとつだったラングーン大学では、学生たちのあいだで高等文官や州行政官を目指そうとする者が多く、バセイン以外の三人はそうした学生だったといえる。バセインのほうが「例外」だったのである。ただ、その例外のバセインが、その後も親しく三人と交流しつづけたという点は興味深い。

もうひとつの興味深い事例は、タキン党系の主要活動家でありながら、高等文官試験（この場合はBCS－I）を二回も受験した者がいたというエピソードである。その人物はチョオニェインといい、一九三六年のラングーン大学第二次学生ストライキの指導層の一人で、その後は党員にはならないまま、支援者としてタキン党の活動に深く関わり、日本占領期では地下組織の人民革命党の指導者となり、独立後は与党パサパラ（反ファシスト人民自由連盟）の書記長にまで就任している。彼は一九三八年と三九年の二回にわたってBCS－Iの採用試験を受験し、ロンドンに残されている記録によれば、一回目は受験者三七人中二三位、二回目は同三九人中一一位で、いずれも不合格となっている。

タキン党が植民地支配体制を支えるビルマ人を「彼らの側（英国側）のビルマ人」として非難し打倒対象としていたことを考えると、チョオニェインの高等文官試験受験はタキン党系活動家の行動として矛盾している。しかし、彼の受験はタキン党員によく知られていたにもかかわらず、非難されたり疑問視されたりすることはなかった。タキン党側に、党に理解のあるビルマ人が官僚機構の中枢に入ることの政治的利点が計算されていた可能性がある。また、将来ビルマが独立したときの国家運営において、自分たちが高等文官を活用できるという期待があったのではないかとも想像される。

最後に、ビルマ人高等文官がビルマ・ナショナリズムをどのようにとらえていたかを考えるにあたって、注目すべき事例を紹介しておきたい。BCS－Iの選抜試験に合格して研修を終えたばかりのビルマ人高等文官が、同僚の英人高等文官に対し反英的な発言を行ったという事例である。一九四〇年のBCS－I選抜試験に合格したバニェイン（ラングーン大学卒業生）は、すでに第二次世界大戦がヨーロッパで始まっていたため、英国ではなくオーストラリアのシドニーに行って研修を受け、修了試験に合格、日本軍がすでにビルマ侵攻作戦を開始している一九四二年初頭に正規採用となった。

彼は、同じくシドニーで研修を受け正規採用となった英人BCS－IのE・N・ラーモアと同じ船に乗り、ビルマへ赴任することになったが、船の上で二人は激しい言い争いをする。バニェインは西洋の生活様式が東洋に入ることによってさまざまな病原菌がもたらされたと（かなり乱暴に）主張し、ほかにも英国に対する嫌悪をあからさまに表明した。ラーモアは、そのことを英国に住む恋人に宛てた手紙に書き綴《つづ》った。戦時中だったため、英国の情報部MI5が途中で開封して検閲を行い、それによってこの件がロンドンのビルマ省に伝わり、新人のビルマ人高等文官による「反英発言」として知られるところとなった。バニェインは処分されることはなかったが、ビルマ人高等文官のなかに英国に親しみを持っていなかった人物がいた事例としてとても興味深い。

第5章

日本軍の侵入と占領

1　緊迫する国際状況

援蔣ルートの開通

東アジアでは一九三七年七月七日の盧溝橋《ろこうきょう》事件によって日中戦争（日支事変）が始まり、日本軍の大陸侵攻がいっそう本格化した。中国国民政府（蔣介石《しょうかいせき》政府）は首都を南京《ナンキン》から武漢《ぶかん》を経て内陸の重慶《じゅうけい》に移し、徹底抗戦を続けた。これに対し、英米は中国国民政府に対する支援を行うため、英領ビルマと中国が陸続きであることを活用し、ラングーンからマンダレーを経てビルマ北部のラーショウまで鉄道を使い、そこから雲南の昆明《こんめい》を通って重慶に至る道路を開通させ、トラックによる物資輸送を開始した（一九三九年一月）。このルートは蔣介石を支援しているという意味から日本では「援蔣《えんしょう》ルート」と呼ばれた。日本軍は戦争遂行上不利になるこの物資輸送路を閉鎖に追い込もうとした。その際、英国との外交交渉のほか、輸送路への空

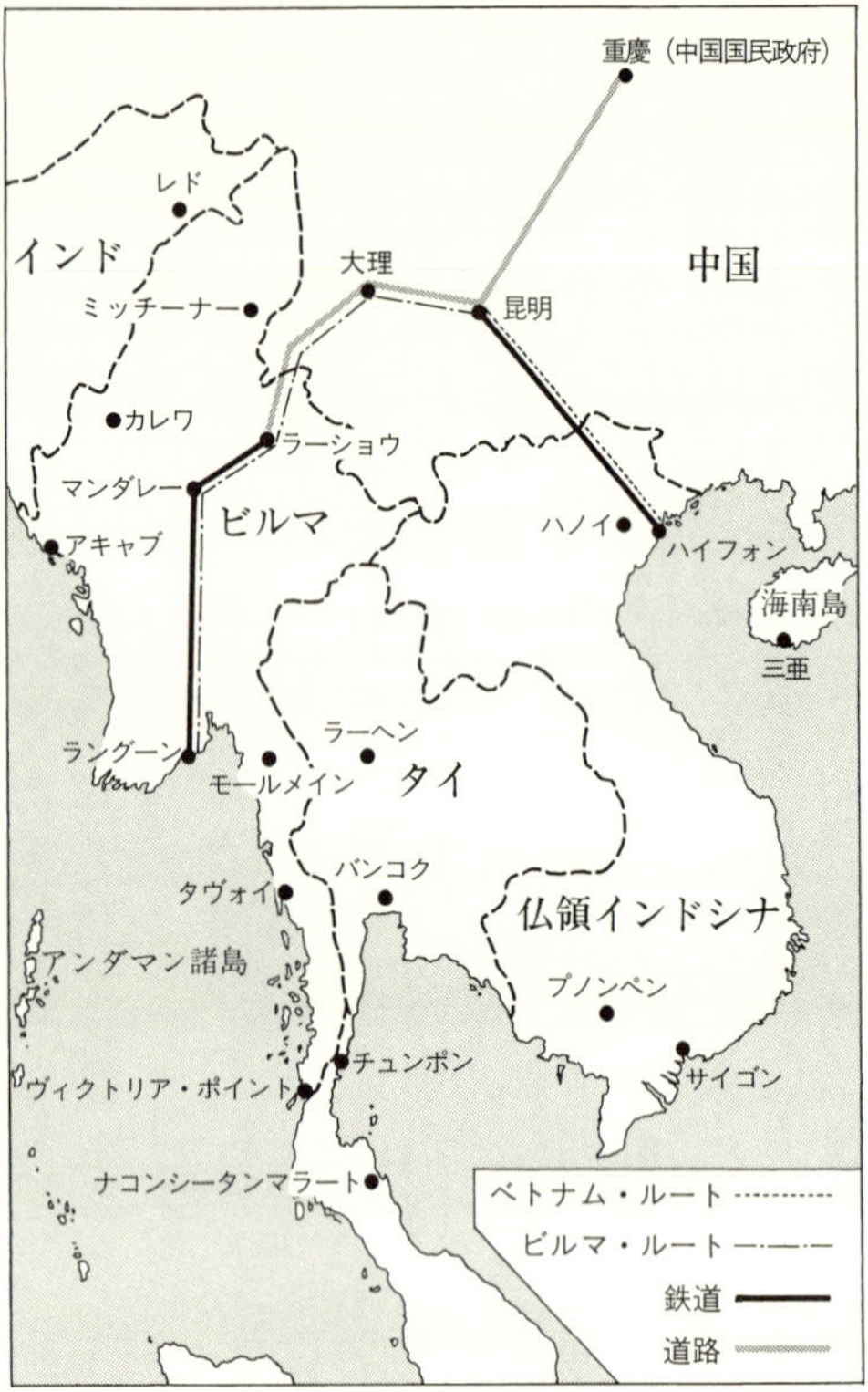

援蔣ルート（1940年ごろ）.
出所：Naw, 2001, p.xvi を基に作成.

爆も行ったが効果はなく、ビルマ人ナショナリストたちを利用して英国の植民地支配体制を揺るがす謀略を考えるようになった。

英側の防衛体制

英領ビルマのほうは、日本軍の侵攻の可能性を日中戦争が本格化する直前の一九三七年六月後半段階から想定していた。翌一九三八年一月になると、日本軍がタイの首都バンコクを根拠地にして、船舶や航空機で約六〇〇キロ離れたラングーン港および近辺の石油精製施設を攻撃するという小規模攻撃を前提にした防衛体制をとりはじめる。これは日本軍による戦術的な攻撃を予想したものにすぎず、四年後に実際に来襲した日本軍の戦略的総攻撃という現実からはまったくはずれたものだった。その後、一九四〇年後半になると、日本軍による大規模攻撃の可能性を真剣に考えるようになり、首都と石油関連施設の本格的な防衛体勢を講ずる計画をたて実施にうつす。しかし、間に合うことなく日本軍の侵攻を迎えることになった。このとき、英空軍（ＲＡＦ）の極東軍司令官は日本軍のラングーン空襲を予想し、中心部のシュエダゴン・パゴダがランドマークになることを恐れ、この黄金に輝く高さ一〇〇メートルの仏塔をマットやその他の材料で覆い隠す提案をまじめに行っている。もちろんこれは実行されなかったが、ビルマ文化やビルマ・ナショナリズムに対する無理解が英国の軍人にもあったことがうかがえる。

反英運動の再編と対外接触

一九三〇年代末期のビルマでは、第3章で述べたとおり、タキン党が戦略の建て直しを図る一環として、首相職から追われたバモオ博士を誘い、一九三九年九月、自由ブロックという新たな大衆反英組織を結成、議長にはバモオ博士が、書記長にはアウンサンがそれぞれ就任した。この背景にはヨーロッパにおける大戦の勃発があった。これを重大な歴史の転機と認識したアウンサンらは、反英闘争の進展とビルマにおける植民地支配体制に打撃を与えようとして、インドで国民会議派が使用した「英国の危機はインドの好機」というスローガンをビルマにあてはめ、「英国の危機はビルマの好機」を合言葉に立ち上がった。集会やデモを通じ、自由ブロックは英国植民地支配体制の不当性と、英国への戦争協力拒否を強く訴えた。

しかし、ビルマ政府のウー・プ内閣がコックレイン総督と組んでビルマ防衛法を適用し、自由ブロック関係者を二〇〇〇人以上逮捕して投獄したため、運動は挫折《ざせつ》し、アウンサン自身も逮捕状を出され危機に直面した。武装闘争を模索するようになっていたタキン党のメンバーたちは、自由ブロックによる公然闘争の影で、海外からの支援、特に武器支援の可能性を探っていた。彼らは中国国民党、中国共産党、そしてインド国民会議派と接触したが、当然のことながら、いずれからも色よい返事はもらえなかった。アウンサンはやむをえず、タキン党幹部たちの同意を得たうえで、中国共産党とあらためて接触すべく一九四〇年八月にビルマから貨客船で密出国し、中国のアモイへ向かった。

しかし、アモイにおける中国共産党との接触は失敗し、逆に市内にある日本租界（日本が行政権と警察権を有した地区）において日本軍憲兵に逮捕され、強制的に東京へ連行された。この背後には日本陸軍参謀本部の第二部八課（謀略担当）に属していた鈴木敬司《すずきけいじ》大佐による画策があった。前述の援蔣ルートを閉ざす目的でビルマ工作に手をつけていた鈴木大佐は、一九四〇年六月、身分を隠して読売新聞記者南益世《みなみますよ》と名乗ってビルマに入り、自由ブロック関係者やそのほかの政治家と接触し、アウンサンともう一人のタキン党員が密出国したことを知り、先回りしてアモイの日本租界の憲兵隊に連絡、彼ら両名を拘束して東京に連行するように指示を出していたのである。

2　南機関の謀略活動

鈴木敬司大佐とアウンサン

一九四〇年十一月十二日、東京に連れて来られたアウンサンら二人は、ビルマから先に戻っていた鈴木大佐に羽田飛行場で出迎えられ、その後、ひと月以上かけて日本軍に協力するよう説得を受けた。ビルマにいたときから中国戦線における日本軍の侵略的行動について報道や本を通じて知っていたアウンサンは、日本軍と組むことに躊躇したが、たとえ断ってもほかに選択肢がないため、最後は鈴木の提案に同意した。鈴木大佐はその後、参謀本部が「学生あがり風のみすぼらしい様相」だとしてアウンサンに関心を示さないなかを執拗《しつよう》に説き伏せ、海軍と共同で一九四一年二月一日に南機関という大本営直属のビルマ謀略機関を設置することに成功し、自ら機関長に就任した（海軍はその後手を引き、開戦後の同機関は陸軍の南方軍総司令部下に入る)。南機関の目的はビルマにおけるナショナリストたちの反英闘争を日本軍が支援し、親日政権を樹立させ、重慶につながる援蔣ルートを閉鎖することにあった。

南機関はアウンサンを一度ビルマに送り返し、彼の取り計らいで計三〇人のビルマ人青年を同年三月から四か月間にわたって密出国させた。そのうえで海軍が一九三九年二月以来占領していた海南島《かいなんとう》の三亜《さんあ》に集め、通常二年かけて行う軍事訓練を三か月ほどの短期で施した。青年たちはすべてタキン党と親タキン党の全ビルマ学生同盟出身者だった。彼らにしてみれば、英国による植民地支配体制を倒す念願の武器と軍が手に入る段階に至ったわけである。非常に厳しい軍事訓練を耐え抜いた彼らは祖国への進軍のときを待った(彼らはのちにビルマで「三〇人の志士」と呼ばれることになる)。

しかし、一九四一年十二月八日未明に、日本軍のマレー半島コタバル上陸とそれに続くハワイ真珠湾奇襲によって日本が英米両国と戦闘状態に入り、東南アジア全域の支配を目指すアジア・太平洋戦争が始まると、謀略でビルマに介入する必要性は薄れてしまい、日本軍は直接ビルマに侵攻する作戦を企図するようになった。

ビルマ独立義勇軍(BIA)の結成

鈴木大佐は、参謀本部の許可なく独断で日本軍がビルマ独立の支援を行う旨アウンサンらに約束していた手前、南機関による謀略を中止するわけにはいかなかった。そこで彼はサイゴン

（現ホーチミン）に設置された南方軍総司令部と同軍下の第一五軍の許可をとり、海南島で訓練した三〇人（実際は一人病死のため二九人）を中心にビルマ独立義勇軍（ＢＩＡ）を結成することにした。南方軍と第一五軍に対してはあくまでも日本軍を補助する現地の義勇軍という説明をし、ＢＩＡのビルマ人将兵に対してはビルマ独立を達成するためのビルマ人の軍隊という相矛盾する説明を行った。したがって、名称も日本語では「ビルマ独立義勇軍」というように「義勇」の二文字が入ったが、ビルマ語では「ビルマ独立軍（バマー・ルッラッイェー・タッマドー）」、英語では「Burma Independence Army（ＢＩＡ）」となり、「義勇」を意味する単語は含まれず、正規の軍であるかのような名称を用いた。

ＢＩＡは同年十二月二十八日にタイのバンコクで同国在住のビルマ人も含めて発足した。小火器と軍服は日本軍から支給された。日本軍とは異なる独自の階級が採用され、鈴木大佐はＢＩＡの最高司令官として南益世大将を名乗った。アウンサンはビルマ人メンバーのなかではトップとなる少将の地位を与えられ司令部に配属されたが、ＢＩＡは鈴木を中心とする南機関の日本人幹部たちがビルマ人メンバーを指導する形をとった。

翌年一月に入るとＢＩＡはビルマに向けて進軍を開始し、すでに前年十二月末から侵攻作戦を始めていた日本軍二個師団（第三三、五五師団）と別個のルートを複数に分かれて進んだ。通過する各地で民衆に対するビルマ独立に向けた情宣活動を行った。一連の民衆工作ではビルマの人々が親しんでいた予言（ダバウン）を活用した。その代表的なものは次のような表現から成る。

湖にヒンダーが舞い降りる
ヒンダーは狩人に撃たれる
狩人は傘棒に打たれる
傘棒は稲妻に砕かれる

この予言では、「湖」（ビルマ語でイン）がインワに都を有したビルマ民族の王朝（インワ朝、一三六四〜一五五五）を意味し、そこに舞い降りる「ヒンダー」（ツクシガモの一種）はモン人が大切にした伝統的国鳥のことなので、彼らがつくったハンターワディ王国として受けとめられた。そのヒンダーを撃つ「狩人」はビルマ語でモウッソウといい、コンバウン朝（最後のビルマ王国）を興したアラウンパヤー王の出生地シュエボウの別名モウッソウボウを思い起こさせるので、同王朝を指すものと理解された。その「狩人」を打つ「傘棒」は占星術の解釈によって英国とみなされた。したがって、ここまでは十四世紀以降のビルマの王朝興亡史と植民地化の歴史と重なる。問題は最後の「傘棒（英国）」を砕く「稲妻」をどう解釈するかである。

これが誰なのか、ビルマの人々は特に関心を抱いていた。「稲妻」はビルマ語でモウヂョウというが、ＢＩＡの中核メンバーはこのことを効果的に利用することを思いついた。彼らはＢ

ＩＡの最高司令官である鈴木敬司大佐にビルマ名「ボウ・モウヂョウ（稲妻将軍）」を与え、「傘棒（英国）」を砕く「稲妻」は鈴木が率いるＢＩＡであると民衆に宣伝したのである。効果はてきめんだったといわれ、ＢＩＡはカレン民族やムスリムが住む地域を除き、多くの人々から歓迎された。

ビルマ侵攻作戦

アウンサンとしては、日本軍との協力に基づくものとはいえ、ビルマ人の軍隊を手に入れ、それを率いて自国に入り、英国と戦って独立を樹立することは意味のあることだった。しかし、鈴木大佐によるＢＩＡの性格付けが矛盾していたため、ビルマ侵攻後しばらくすると、ＢＩＡと日本軍とのあいだに埋めがたい溝が生まれ、アウンサンらは日本軍の戦争目的に対する疑念を抱くようになった。このきっかけになったのが南部ビルマの都市モールメイン（モーラミャイン）で起きた事件である。ＢＩＡが同市に入城した際、先に占領していた日本軍第五五師団によって独立宣言をはじめとするあらゆる政治活動を禁止され、新たな募兵すら妨害されたため、ＢＩＡは不満を強めた。その後、ＢＩＡは日本軍に少し遅れてラングーンに入ったが、ここでも独立宣言を行うことを日本軍は許さなかった（ただし観兵式の挙行は認められ、三月二十五日に四五〇〇人が市内中心部を行進している）。すでに東京では帝国議会（第七九議会）の施政方針演説で東条英機《とうじょうひでき》首相がフィリピンとビルマを将来独立させる考えを示していたが（一九四二年一月二十二日)、現地の日本軍はそれに呼応する姿勢を有していなかった。

日本軍との軋轢《あつれき》は深まり、ＢＩＡのなかでは日本軍と戦うべきだと主張する者も出てきた。しかし、日本軍が万単位の兵力と英印軍やビルマ植民地軍を上回る戦力(とりわけ優勢な航空戦力)を有してビルマを席捲《せっけん》しつつある現在、経験も武器も極端に乏しいＢＩＡが愛国心だけをよりどころに日本軍と戦っても勝利への展望はないことを、アウンサンは十分に理解していた。また、鈴木大佐をはじめとする日本人の南機関員に対する深い恩を感じていたこともあり、ＢＩＡと日本軍との板ばさみに悩む彼らをこれ以上苦しませたくないという感情もあった。こうした経緯を経て、彼は日本と組むことのリスクの大きさを自覚しながら、日本に対する「抵抗と協力のはざま」に立って慎重に行動することになる。

ＢＩＡは苦渋の決断の末、一九四二年三月から開始された「北伐戦《ほくばつせん》」と呼ばれる日本軍四個師団によるビルマ中央部へ向けた英軍駆逐作戦に側面から参加する。開戦当初、日本軍はラングーン攻略以後のビルマの早期全面制圧を考えていなかったが、シンガポール攻略戦が思いのほか早く終わったので(一九四二年二月十五日)、二個師団をビルマ戦線に増派できることになり、この「北伐戦」が実施されることになった。日本軍は撤退する英印軍と植民地ビルマ軍を破竹の勢いで追った。アウンサンにとって「北伐戦」へのＢＩＡ参加は、自軍の将兵に少しでも多くの戦闘経験を積ませるという前向きの意味があった。このとき、ＢＩＡの兵員規模は一万人を優に超えていた(二万人超という説もある)。不十分な武器と訓練の不足からけっして強い軍隊とはいえなかったが、それでも下ビルマで生じたシュエダウンの戦闘（一九四二年三月二十九日）では、南機関の平山中尉（BIA内では大佐）率いる部隊が、将兵の半数に達する犠牲者を出しながらも英軍の戦車部隊相手に善戦し、戦車一〇両を破壊するなど戦果をあげている。

この「北伐戦」のあいだ、国内各地のタキン党員は、BIAメンバーとともにビルマ政庁関係者や植民地軍が撤退したあとに生じた権力の空白を利用して、管区ビルマ全三七県のうち一七県で独自のビルマ人行政組織を結成した。そこでは英人官僚らが残した財産の略奪や、植民地支配体制に協力した地元民に対する仕返しなど無法な行動も多くなされたが、「自分たちの行政府」をまがりなりにもつくろうとした努力の跡はうかがえる。しかし、一九四二年六月に日本軍がビルマ全土に軍政を布告すると、こうした「地方行政府」はすべて解散させられた。南機関も廃止となり、鈴木大佐も日本へ異動となった。このときBIAは鈴木大佐に丁重な感謝状を手渡しているが（コラム10参照）、アウンサンらビルマ人ナショナリストの日本軍に対する疑念はいっそう強まった。

コラム10　ビルマ独立義勇軍（BIA）から鈴木敬司大佐への感謝状

南機関長の鈴木敬司大佐（BIAのボウ・モウヂョウ、稲妻将軍）がビルマを離れ、日本に帰国するとき、アウンサンらＢＩＡ一同は、風格のある文語体のビルマ語で書かれた丁重な感謝状を銀の額縁に入れて手渡している。少し長くなるが、その全文を日本語に翻訳し紹介したい（訳：根本敬）。

［ビルマ国　ビルマ独立軍が祝意を込めて刻む讃辞］

我々ビルマ民族は過去二五〇〇年にわたり、タガウン、タイェーキッタヤー（シュリクセトラ）、ピンヤ、インワ、ザガイン、アマラプーラ、タウングー、マンダレーなどの王都において、シャカ族の末裔として初代のマハータマダ王のとき以来、偉大な諸王のもとで繁栄し、文化の誉れ高い独立した民族として、世界の歴史においてその名を轟《とどろ》かせてきました。

ところが、我がビルマの運命は時代の激変に十分に適応できず、一〇〇年ほど前に八〇〇〇マイルも離れた西欧の民である英国人による侵入を受け、我々は奴隷化され、さまざまな抑圧のもと、我がビルマの文化や教育、経済、宗教は発展を抑え込まれ、踏みつぶされてしまいました。

悪の権化である英国人は、我がビルマのみならずアジア全域に勢力を拡大し、各地の財産や地下資源などをことごとく奪い去り、アジアに住む人々を愚民化しました。人々は頼るものもなく、暗黒の状態に貶《おとし》められてしまい、いったいいつになったらこうした状態から解放され正義が実現するのだろうか、そういうことすら考えることが難しい状況にまで追い詰められたのです。そのとき、アジア在住のすべての民の眼を見開かせてくれたのが、同じアジアの国、日本でした。三七年前、日本は軍事力の優勢なロシアと戦い勝利を収めました。アジアの人々は日本の勝利に勇気づけられ、アジアにも力を持った国が登場したことを認識したのであります。

その後、アジア諸民族の前衛として、日本人は自分たちの民族、経済、教育の強化と発展に力を注ぎ、国家主権と経済力を強め、植民地化されていたビルマ、マラヤ、フィリピンなどの国々から、支配者である英国や米国を武力で追放し、これら諸国に対し独立を与えて新しい時代を切り開くべく、必死の努力を行いました。我がビルマにおいても、独立と新時代の開拓を支援するために、ボウ・モウヂョウが南機関を設置し、ボウ・テイザ（アウンサン将軍）率いる青年勇士らの支えのもとでビルマ独立軍を結成、大日本帝国陸軍とともにビルマへ進軍して、敵である英軍と米中軍を粉砕するために戦い、彼ら外道に着替える時間すら与えず、七〇日間ほどで我が国から追い払うことに成功しました。この事実は世界中が知るところとなり、ビルマの独立闘争において歴史に残る成果となりました。

父たる者は、自分の愛する息子や娘に対し、彼らが間違ったことをしたときに注意を与え、正しい方向に導きます。それと同じように、ボウ・モウヂョウもビルマ独立軍の将兵に対し、深い誠意をもって指導し、守ってくださいました。このことをビルマ国民はいかなるときもけっして忘れることはありません。

このことに加え、ボウ・モウヂョウは、世界のなかで独立を確固たるものとするにはビルマ独立軍の設立だけでは不十分であり、近いうちにビルマ海軍もつくる必要があるとして、その準備も進めてくださいました。

このように、ビルマの国益のため全身全霊を込めて行動してくださったボウ・モウギョウが、このたび日本へ戻られることになりました。ビルマ独立軍の親であり、そして恩人でもあるボウ・モウギョウのことを、我々は常に思い出し、けっして忘れません。そして、ビルマ国のためにボウ・モウギョウが尽くしてくださったことは、この世界において不滅の名誉として残ることを確信しております。

日本へボウ・モウギョウが帰られたあとも、我々ビルマ民族のもてなしの心、忠誠心、勇気、日本軍への支援、そして両国の友好関係について、ボウ・モウギョウがここで見られたとおりのことを、天皇陛下をはじめ、陛下の臣下であられる東条首相ら日本の指導者たち、さらには日本の国民に語ってください。最後に、ビルマの独立を確固たるものとすべく、
(イ)ボウ・モウギョウが創設してくださったビルマ独立軍が現在より武器を充実させることができるよう努力します。
(ロ)ビルマ海軍についても、大小の軍艦をもったふさわしい形で創設できるようにいたします。
(ハ)さらに近い将来、ビルマ空軍も創設できる日が訪れるよう、我々として強く期待し、信じています。
ボウ・モウギョウがこれから先、富と名誉に恵まれ、危険に遭わず、おだやかに長生きされることを、我々ビルマ独立軍一同、強く祈ってやみません。我々がボウ・モウギョウを永

遠に忘れることがないように、ボウ・モウヂョウも我々ビルマ独立軍のことを常に覚えていてくださるよう、祝意を込めて刻んだ讃辞を、大将の威厳にふさわしく銀の額縁に入れ、忠誠の心をもって、ここにお渡し申し上げます。

——ビルマ独立軍、ビルマ国

この感謝状の文面から私たちは何を読みとることができるだろうか。アウンサンらビルマ独立義勇軍が鈴木大佐（稲妻将軍）に対し素直な感謝の気持ちを抱いていたことは指摘するまでもない。しかし、それとともに「ビルマ独立軍」という名称を用いていること、英国への敵意と自分たちが主体となって軍の強化発展に尽くすことを誓っていること、「独立を確固たるものとする」という表現を二回使用していること、「ビルマ国」という国名表記を最初と最後に示していることから、日本の属国としてのビルマではなく、どの国からも干渉されない主権国家としてのビルマ独立を強く決意していることを読みとるべきだろう。本状を単純な「日本（軍）への感謝状」と誤解してはならない。

3　日本軍政と「独立」付与

前述したように、日本軍はシンガポール攻略戦が予定より早く終わり、余裕の生じた師団をビルマに移動して増強し、援蔣ルートの完全遮断のみならず、石油資源等の確保を狙って上ビルマ方面へ侵攻、英印軍と植民地ビルマ軍を打ち破ってインドに撤退させ、一九四二年五月までにビルマ全土をほぼ制圧し、六月四日に軍政を布告した。このとき、撤退する英軍は日本軍による利用を妨げるため、発電所のほか石油タンクや石油精製工場を爆破し、上ビルマの油田地帯の原油生産に関わる施設も破壊した。また鉄道路線も各地で寸断されたため、日本軍は物資と兵員の輸送に大変苦しむことになった。

軍政下の中央行政府

日本軍の本格的侵攻が開始された一九四二年一月以降、ビルマ国内が騒然となってくると、同年六月、バモオ博士はキンママ夫人の助力によって僻地モウゴウッの刑務所からの脱出に成功する。ちょうど年長の経験豊かな反英政治家を探していた日本軍は、脱獄してきた彼を歓迎し、協力を要請した。日本軍から見て、自軍のビルマ侵攻を側面から支援したタキン党員たちはまだ若すぎ、反英姿勢は強くても、そのエネルギーがいつ反日に転じるかわからないという危惧があった。しかし、バモオ博士であればその心配はないと判断された。バモオ博士は日本軍の要請を受け入れ、その結果、彼は中央行政機関設立準備委員会委員長を経て、同年八月、中央行政府長官に就任した。中央行政府とは日本軍政の枠内に置かれたビルマ側の行政執行機関で、日本軍のにらみがきいていた。中央官庁をはじめ県庁や郡役場などの地方行政機関には英領期のビルマ人高等文官（ICS、BCS－I）や中級・下級公務員の大半が残り、日本軍も彼らの活用を認めたので、行政機構自体はそれほどの混乱には陥らなかった。

ただ、日本軍がにらみをきかせていたとはいえ、その日本軍とのあいだにビルマ・ナショナリズムの矜持《きょうじ》をめぐる興味深い事件が起きている。それは一九四三年一月から三月にかけて生じた上ビルマのメイッティーラ県における日本軍への費用負担をめぐる県庁の抗議であった。この県では駐屯する日本軍の基地に対し、県庁から下級公務員を手伝いとして無償で派遣させられ、さらに基地内の軍医たちに出すおやつ代まで負担させられていた。これに対し、県知事がラングーンの中央行政府にこのまま負担を続けるべきか否か打診したところ、戦時の特例としてこれまでの分の負担は認めざるをえないが、今後はとりやめるべきとの判断がくだされ、その旨の通知が届いた。県知事はこれに対し、自分が単独で日本軍にとりやめを伝えることは困難なので、中央行政府で直接処理してほしいと要望書を出した。その結果、一九四三年三月二十六日付で、中央行政府の内務省から全県知事宛に「日本軍の活動のために県庁が負担した分の費用については、日本軍が支払うものとする」との通達が出されるに至った。

この通達の実効性については不明で、そのことに関する記録は見当たらない。しかし、「独立」以前のできごとであるにもかかわらず、ビルマ側に政治的自尊心が強く存在したことがわかる。中央行政府が設置されていた期間においては、ビルマ側の各省庁に司政官という名の日本人顧問が配置され、行政にいちいち介入していた。行政府長官のバモオ博士は日本人顧問らの干渉を制度としては抑えることができないので、高野司政長官ら個人的に緊密な関係を築いた日本人へ問題が生じるたびに個別に相談し、日本軍政のメンツを傷つけない形で解決への努力をしたと自らの回想録に記している。この事件の解決の背後にもそうした「工夫」があったものと推察される。

与えられた「独立」

日本は一九四三年八月一日、開戦当初からの約束に従い、ビルマに「独立」を付与する（同年十月にはフィリピンにも）。このとき国家元首兼首相の地位を与えられたのが、すでに中央行政府長官を一年間務めていたバモオ博士だった。ビルマの軍政を担当した日本軍第一五軍（のちにビルマ方面軍に拡充）は、このときすでにバモオ博士が日本軍から見て扱いやすい政治家ではないことを見抜き、彼に次ぐ年長政治家だったタキン党員のタキン・ヌ（のちのウー・ヌ）を「独立」ビルマのトップに据えようと画策した。だが、バモオ博士は東条英機首相の全面的な信頼を得ていたため、それは成功しなかった。バモオ博士は組閣を行い、旧自由ブロックに連なる政治家を入閣させ、結果的にこれまで「野党」の経験しかなかったタキン党出身者にも統治経験を積む機会を与えることになった。彼の内閣でタキン・ヌが外相に、アウンサンが国防相にそれぞれ就任している。

「独立」ビルマは暫定憲法にあたる「ビルマ国家基本法」を与えられ、大東亜共栄圏内における「主権を有する完全なる独立国家」と規定された。日本をはじめ、ドイツ、イタリア、タイ、中華民国（汪兆銘《おうちょうめい》政権）、満洲国、クロアチア、スロヴァキア、ブルガリアおよびヴァティカンの一〇か国から国家承認を受け、スペイン、アルゼンチン、フランス領インドシナなどから祝福のメッセージを受領、スウェーデンでは好意的な報道がなされた。当時日本が属した枢軸側の国々から国家承認を受け、中立国の一部からも好意的な受けとめられ方をしたのである。

しかし、一方で、「独立」と同時に締結された「日本国緬甸《びるまこく》国軍事秘密協定」によって、ビルマは著しい主権の制限を受けた。バモオ政府閣僚の一部にしか知らされなかったこの秘密協定に基づき、日本軍は戦争が続く限りビルマ国内において行動の自由を有することが保障され、さらにビルマ国軍とビルマ警察に対する指揮権を持つことが認められた。このため、兵力二〇万を優に超える日本軍はそのまま「独立」ビルマに残り、ビルマの政治、経済、社会に大きな圧力を与えつづけた。

バモオ内閣の外相だったタキン・ヌは、戦後の回想録において、国家元首兼首相となったバモオ博士が「権威の支配者」ではあったものの、現実には「力の支配者」であった日本軍の強い圧力の下に置かれていたと記している。この記述は「独立」ビルマの性格を象徴的に表している。外務大臣の公用車は日本軍の憲兵隊の都合によって止められてしまい、一九四四年二月十五日にバモオ博士が暗殺されそうになった際はビルマ側に事件の捜査権が認められず、日本軍が捜査を独占し、容疑者(日本人)が捕えられても、その引渡しがビルマ政府に対して行われなかった。これでは「主権を有する完全なる独立国家」のメンツ丸つぶれである。

「親英的」エリートたちのバモオ政府合流

しかし、ここで注目したいことは、英国から「親英的」とみなされてきたビルマ人エリートの多くがバモオ政府に協力した事実である。「親英的」エリートとは、英領期の政治家や実業家、政府高官のうち、英国からとりわけ好意的に理解されてきた数少ないビルマ人のことである。そのなかにはナイト爵を授与されサーの称号を与えられた者もいる。バモオ博士を国家元首兼首相とする政府が発足すると、彼らの多くは国家元首の指名に基づく枢密院のメンバーとなってバモオ体制を支える側に立った。そこに強制の跡は見られない。枢密院とは議会が存在しない「独立」ビルマにあって、内閣に提出するための法案審議を担当する重要な機関である。その枢密院に、英国が信頼を置いていたビルマ人エリートが参加したのである。英国側はこの事実に驚き、彼らが日本軍の圧力だけでこのような行動をとったとは思えないと考えた。「なぜ信頼を置いていた彼らがファシスト日本に協力するのか」という疑問がそこにはあった。この背景には「反英的」人士なら「親日」、「親英的」人士なら「反日」というように、「あれかこれか」式の判断基準に基づいて植民地ナショナリストの姿勢を理解していた英国の姿が想像される。

「親英的」ビルマ人エリートが英国に親しみを抱いていたことは事実だが、それはけっして英国によるビルマの恒久統治を望んでいたことを意味しなかった。英国はそこを誤解していたといえる。彼ら「親英的」ビルマ人エリートは、一九二〇年代から始まった英国のビルマに対する段階的な自治付与路線に合わせながら、英国がビルマに持ち込んだ政治的・行政的様式としての議会制民主主義や近代官僚制に価値を見出し、その線に沿ったビルマの政治的自立を望んだ人々だった。バモオ博士も元来はその範囲内に位置づけられる「親英的」政治家だったといえる。ここでいう政治的自立とは、必ずしも共和制による完全独立ということではなく、第一義的には英領植民地から脱して、英連邦（ブリティッシュ・コモンウェルス）のドミニオン（英国王を国家元首とする主権国家）の地位を確立することを意味していた。

第2章で見たように、英国のチェンバレン内閣は一九三九年十一月、時期を明示しないまま、将来のビルマのドミニオン化を約束していた。しかし、「親英的」エリートたちは、英国の敗退によるビルマのドミニオンへの道の中断という現実と直面する。そのとき、彼らは戻ってくるかどうか定かでない英国への不安だらけの期待を抱きつづけるよりも、実際にビルマを支配している日本への「協力」を通じて新たなビルマの政治的自立を追い求め、そのことによって戦争の惨禍から自国民を救うこともできると考えた。そのため彼らはバモオ政府に加わったのである。バモオ政府はそのような心性を有したナショナリスト・エリートたちをひきつける磁場として機能したといえよう。

4 悪化する民衆の生活

占領が長引き、戦局も悪化し、「独立」の実態が不十分なものであることが判明すると、ビルマの人々の日本軍を見る目は厳しいものになっていった。とりわけ占領下における人々の生活状況が悪化したため、民衆が被る苦痛は増した。

ビルマの民衆は、何よりも一九四二年十月の雨季明けから開始された英軍（連合軍）による空襲に苦しんだ。英軍はインドに撤退を余儀なくされたあと、ビルマを奪還するため空軍力を増強し、対する日本軍は逆に制空権を失っていった。晴れ間の多い乾季に空襲が激化し、ビルマの主要都市や日本軍の基地のそばに住む人々は身の危険にさらされた。また、反日や英国への諜報《ちょうほう》行為を疑われた地元民に対する憲兵隊（日本陸軍の軍事警察）による拷問も、ビルマの人々を恐怖に陥れた。ビルマ語で「キンペイタイン」という発音で残ってしまったこの不名誉な日本語は、戦後も長く「残虐」「無慈悲」の代名詞のように人々のあいだで使われた。

日本軍の一部将兵によって行われたビルマ人に対する平手打ち（ビンタ）も、日本人の蛮行として嫌われた。平手打ちはビルマの人々にとって大変に屈辱的な行為で、言葉で意思疎通ができないといら立って平手打ちする日本軍将兵は、憎しみと軽蔑の対象となった。ビルマ侵攻作戦（いわゆる「北伐戦」）のころから発生した女性に対する日本兵のレイプも、ビルマ社会に大きな不安と嫌悪感を与えた。日本の戦争で問題にされることの多い「慰安婦」もビルマ戦線には存在した。日本軍のこの制度をビルマ国軍もまねたため、「慰安婦」にされ青春時代を台無しにされた女性は少なくなかったと思われる。ただ、韓国のように被害者による戦後のカミングアウトの事例が見られないため、なかなか問題として認識されない現実がある。

占領期において日ごとに悪化した経済もビルマ民衆の生活を圧迫した。海外市場とのつながりを失ったコメの輸出は、戦前の一〇分の一以下に激減し、作付面積と生産量も大幅に減った。これに加えて日本軍による家畜の徴発、労働者の徴用、インド下層民の退去による労働力不足、空襲による輸送施設の破壊や流通機構の崩壊が人々を苦しめた。天井知らずのインフレーションも進行し、卸売物価指数（企業間物価指数）は一九四二年前半期と一九四四年後半期とのあいだで八七倍にも跳ね上がった。インフレの最大原因はモノ不足だった。特に衣料品の絶対量が不足し、市場でも手に入らなくなったため、村人が恥を忍んで日本軍の基地に使い古しの褌《ふんどし》を分けてもらいにやってきた事例すら記録に残っている。

裸足で入るべきパゴダの境内に軍靴のままあがったり、人前で裸を見せることを極端に嫌うビルマ人の価値観を無視して、平気で彼らの前で全裸になって水浴びをしたことも日本軍への反感を生じさせた。なかには、僧院に入って僧侶らの前で裸になり水浴びをした事例すらある。これらは先述の平手打ちとともに、日本軍によるビルマ人に対する文化的恥辱行為として戦後も記憶されている。

このほか、戦争末期の一九四五年七月、日本軍が英軍とビルマ側抗日勢力に追われビルマ南部に撤退した際、モールメイン市から東五〇キロにあるインド系住民が多く住むカラゴン村で住民の虐殺事件がひきおこされている（カラゴン事件）。日本軍の敗色濃厚のなか、追い詰められた状況で第三三師団歩兵第二一五連隊（高崎歩兵連隊）第三大隊が起こしたこの事件では、英軍に情報を提供した疑いを持たれた村人ら六三七人（男性一七四人、女性一九六人、子供二六七人）が殺害された。カラゴン事件は戦後、一九四六年三月から四月にかけて、ラングーン市庁舎内に開設されたBC級戦争犯罪者（「通常の戦争犯罪」と「人道に対する罪」を犯した者）を裁く軍事法廷において審理がなされ、起訴された市川清義少佐以下一四人のうち四名が死刑判決を受けて処刑された。また六人に有期刑が言い渡されている。南京事件やシンガポールでの華僑殺害（大検証）などに比べ、語られることの少ない日本軍による虐殺事件であるが、けっして忘れてはならないだろう。

5　泰緬鉄道建設工事

タイからの陸上補給ルート

しかし、カラゴン事件を除けば、占領期においてビルマの人々が受けた最大の被害は、間違いなく泰緬《たいめん》鉄道建設工事への強制的な労働力動員だったといえる。日本軍はビルマへの物資と兵員の補給ルートについて当初は海上輸送を考えていたが、一九四二年六月はじめのミッドウェー海空戦における大敗で空母四隻と大量の航空機およびパイロットを失ってからは、ビルマ近海まで護衛艦や航空戦力を伴う海上輸送を展開する余力がなくなり、逆に連合軍の潜水艦による攻撃で日本の輸送船団が沈没させられる事態が増えることが予想された。そこで日本軍は海に代わる陸上補給ルートとして、日泰同盟条約を結んで進駐していたタイのノーンプラドゥクから、ビルマのタンビューザヤッをつなぐ全長四一五キロの泰緬鉄道建設を考えた。

一九四二年六月二十日に大本営が早々に建設を決定すると、同月二十八日にはさっそく建設が始まり、険しい山間のジャングルに路盤をつくりレールを敷設していく難工事が実施され、わずか一年四か月後の一九四三年十月二十五日には開通させている。世紀の鉄道工事として日本軍鉄道部隊はこれを誇りにしたが、実際は連合軍捕虜を含む一〇万人以上の多大な犠牲者を出したため、戦後、日本軍の捕虜虐待の最たる事例として日本と英国、オーストラリア、オラ

泰緬鉄道を行く汽車と貨車.

ンダとの戦後和解を困難にさせた。

日本軍からは第二鉄道監部のもと、鉄道第五連隊、同第九連隊、特設鉄道隊、材料廠《しょう》の計一万二五〇〇人が工事に関わった。しかし、ほとんど機械を使わず人力だけで行う過酷な建設工事がくり広げられた。現場で一番きつい肉体労働を担わされた人々は日本軍関係者ではなく、六万二〇〇〇人にのぼる連合軍の捕虜と、東南アジアで徴用された二〇万人を超える労務者だった。連合軍の捕虜はシンガポール攻略戦やジャワ攻略戦の過程で日本軍に捕えられた人々で、その内訳（概数）は英国人三万人、オーストラリア人一万三〇〇〇人、オランダ人一万八〇〇〇人、米国人七〇〇人、そして少数のニュージーランド人であった。東南アジアの労務者のほうは正確な動員記録がほとんど残されていないが、ビルマ人一〇万六〇〇〇人、タイ人三万人、マレー人・ジャワ人八万五〇〇〇人だったと推計されている。

多大な犠牲

工事現場は、道具、衣服、食事、衛生環境のすべてにおいて劣悪で、かつ日本兵や日本の植民地だった朝鮮半島から動員された監視員（コリアン・ガード）による威圧的・暴力的行為が頻繁に生じ、抵抗した捕虜に対しては憲兵隊による拷問も行われた。そのため連合軍捕虜だけで一万二〇〇〇人もの死亡者を出した。東南アジアの労務者に至っては、最小に見積もっても四万二〇〇〇人、最大に見積もると一二万五〇〇〇人が命を失っている。捕虜と労務者の総計で最小五万四〇〇〇人、最大一三万七〇〇〇人もの人々が泰緬鉄道建設工事の犠牲になったのである。これに比べ、日本側の犠牲者は一〇〇〇人程度にとどまっている。

ビルマではバモオ博士が中央行政府長官（一九四二年八月～四三年七月）のときから、日本軍の命令で労働力の供出を義務づけられ、やむをえず国内各村から指定した数の男子を労務者として日本軍に提供する割当制を導入した。この建設工事への従事者は「汗の兵隊」と呼ばれ、そこに動員されることは多くの場合「死への近道」を意味したので、人々を恐怖に陥れた。建設工事現場に移動する途中や工事中に脱走して村へ逃げ帰った運の良い者も少なくなかったが、結果的に一〇万人あまりが現場に送りこまれ、少なくとも三万人以上が命を失った。そのため戦後のビルマでは「枕木一本につき一人が死んだ」と語られるまでになった。

泰緬鉄道は完成後、二年半にわたりC56型蒸気機関車を使った物資と兵員の輸送が行われた。しかし、けっして効率の良い輸送ルートではなかった。もともとカーブが多く、木造橋の強度も弱かったので、スピードは出せなかった。そのうえ、乾季の昼間は敵機による鉄道への機銃掃射や爆撃がしつこく行われたため、昼間は茂みのあるところに汽車を止めておくしかなく、夜間だけ走り、それも自転車並みの時速一〇キロから一五キロ程度でのろのろ運転するしかなかった。タイのノーンプラドゥクからビルマのタンビューザヤッまで四一五キロを七昼夜かけて走るのが普通だった。

戦後の風景

戦後はレールが撤去され、いまでも鉄道として運用されている区間はタイ国内のノーンプラドゥクからナムトクまでである（直通列車の始発駅はトンブリーにあるバンコク西駅）。途中、一九五七年に公開された映画『戦場にかける橋』で有名になったカンチャナブリーの鉄橋（クワイ河鉄橋）があり、そこは観光地として知られ、その橋のあたりだけを往復する黄色い観光列車も走っている（二〇〇八年時点）。付近には泰緬鉄道の歴史をたどれる泰緬鉄道博物館があり、また犠牲者の墓や記念碑も見られる。特に英国がつくり管理している連合軍の戦争墓地は手入れの行きとどいた美しい芝生に整然と多くの墓碑が並んでおり、鉄道建設工事の悲惨さを思い起こさせる。

ビルマ側の起点だったタンビューザヤッにも、過酷な鉄道工事風景を思わせるビルマ人労務者の石膏《せっこう》像が、当時使われた蒸気機関車と一緒に飾られている場所がある。こちらは観光名所とはなっておらず、訪問者もまばらである。泰緬鉄道全線を復活させて観光鉄道にしようとする案はビルマ側にもタイ側にもあるが、費用やその後のコストパフォーマンスの問題からなかなか具体化しそうにない。一方、カンチャナブリーを中心とする泰緬鉄道関係遺物と風景をユネスコの世界遺産にするべきだという主張もある。犠牲者のことを考えると、歴史和解の実現のためにも世界遺産化は意味のあることだろう。

6　抗日武装蜂起

蜂起に至る経緯

一九四四年以降、ビルマ奪還のため攻勢を強めた連合軍との戦闘で、日本軍は劣勢を強いられるようになる。特に同年三月から七月まで展開されたインパール作戦の失敗が決定的だった。インド攻略を視野に入れたこの作戦は、東北インドのインパールにある英軍航空基地の奪取を目的にした大規模なものだったが、日本軍に航空戦力が決定的に欠け、食糧補給を無視した歩兵中心の山越え攻撃だったため、すぐに反撃に遭い、雨季に入った後は動けなくなり、三万人

パサパラ（反ファシスト人民自由連盟〔AFPFL〕）の旗.

を超える餓死者と病死者を出して撤退するはめに陥った。

バモオ政府の国防大臣だったアウンサンは、一九四四年八月、ひそかに地下抗日組織を結成し、武装抗日への準備を開始した。この背景にはこれ以上劣勢な日本軍と協力を続けても、現在の中途半端な「独立」をより良い方向へ改善させる可能性はなくなったという政治的判断が働いていた。もはや日本軍に対する「抵抗と協力のはざま」に立ってバーゲニングを行う意味がなくなったと判断したのである。

地下組織は合法勢力のビルマ国軍と地下組織のビルマ共産党および人民革命党という、それぞれタキン党系ナショナリズムの流れを汲《く》む三つの組織が中核となった。タキン党出身で国軍を率いていたアウンサンが議長となり、同党から生まれ出た共産党のタキン・ソウとタキン・タントゥンらが最高幹部に名を連ねた。名称は変化しながらも最終的に「反ファシスト人民自由連盟」（英語略称ＡＦＰＦＬ）に落ち着き、ビルマ語略称ではパサパラと呼ばれた。蜂起準備過程においてはビルマ共産党が連合軍（英側）との秘密裏の連絡にあたった。また農民に対する抗日教育にも同党は貢献した。英側は戦前のタキン党系の人々から成るビルマ国軍やパサパラを信用していなかったため、武器援助に厳しい条件を課し、アウンサンらの抗日蜂起を公認することを渋った。そのためパサパラは最終的に英側から公認を受けることなく、自力で蜂起することを決断した（この点に関する彼らの判断の難しさは相当なものだった）。

武装蜂起の実態

一九四五年三月二十七日、抗日武装蜂起はビルマ側の自力蜂起として開始された。日本軍はこの蜂起によって、昼間は英軍の攻撃に苦しみ、夜間はゲリラ攻撃をしかけてくるパサパラ（実質的にはビルマ国軍のゲリラ部隊）に悩まされることになった。同年六月末からは英軍とビルマ国軍の共闘が正式に決まり、アウンサンらの軍は「愛国ビルマ軍PBF」の名称で英軍と共同で日本軍と戦った。日本軍の敗戦が確定する八月中旬までの約四か月間半のあいだに、国軍将兵九二二〇人、農民ゲリラ約二〇〇〇人が抗日蜂起に動員され、推定で最小一〇〇〇人前後、最大四七〇〇人程度の日本軍将兵をパサパラは倒した。ビルマ側の犠牲者は三二〇人ほどにとどまっている。

ちなみに、日本軍（ビルマ方面軍）はパサパラの蜂起を事前に予知できなかった。ビルマ方面軍の下でビルマ国軍の教育と監視にあたったビルマ国軍軍事顧問部は、蜂起の直前にその動向を察して調査を行ったが、ビルマ国軍側の事前準備があまりに周到だったため証拠をつかむことができず、事前にアウンサンらの作戦計画を察知することができなかったのである。興味深いことに、実際に蜂起が開始されると、軍事顧問部はビルマ国軍が日本軍ではなくバモオ博士に対して不満を抱いたために前線から「逃亡」したのだとみなし、アウンサンらはけっして反日ではないと認識していた。軍事顧問部はバモオ博士に替えてビルマの王室を復活させれば国軍は戻ってくると考え、そのような意見具申を方面軍司令部に行ったが、方面軍はそれを拒絶している。

前述のように、抗日蜂起の規模は大きかったとはいえず、地域的にも限られていた。しかし、アウンサンらは日本軍に対し武装蜂起した事実を政治的に活用できる環境を手にした。ビルマに復帰した英国に対し、自分たちが対日協力をしたのはファシズムを支持したからではなく、ビルマの独立だけを考えたからであり、自分たちは真性のナショナリストなので、最後は武器を取ってファシスト（日本軍）と命がけで戦ったと主張した。彼らはまた、パサパラがビルマのあらゆる階層を代表する政治勢力であることも主張した。現にパサパラには一九四五年五月までに六つの政治団体と三つの非政治団体、および三つの少数民族団体が加わっていた。英軍のマウントバッテン提督（東南アジア軍総司令部SEAC最高司令官）がパサパラの抗日武装蜂起に対する感謝の意を公式に表明し、ビルマ人ナショナリストたちの行動（対日協力から抗日へ転じたこと）に理解を示したこともあり、アウンサンたちはその後の英国との独立交渉に自信を持った。

公式史観の陰で

抗日蜂起は独立後のビルマの公式史観（ナショナル・ヒストリー）のなかで国民が一致団結しファシズムと戦った愛国的事例として高く評価され、実際の戦果以上の数字が示されることも多かった。しかし、現実にはネガティヴな一面も見られた。蜂起に参加したビルマ国軍の一情報将校によるリアルタイムの記録には、抗日ゲリラ戦が展開された農村部で、農民が日本軍を恐れてビルマ国軍に協力しなかったり、そもそもビルマ軍と日本軍の見分けがつかなかったり、タキン党が宣伝した「我らのビルマの歌（ドバマーの歌）」も聴いたことがないなどの状態にあったことが、本人の嘆きとともに書き残されている。

また、蜂起前の農民に対する抗日教育の実施についても、その実態を彷彿させる興味深い記録が残っている。ある若いビルマ人コミュニストが講師となって、下ビルマのピュー市郊外の一僧院で日本軍に見つからないよう極秘の「抗日講座」を行ったときのことである。彼がマルクスのフォイエルバッハ批判をとりあげた際に、ドイツ人哲学者「フォイエルバッハ」の英語発音「フューワーバック」を板書もせずビルマ語化した「ピューワーベッ」と何度も発音したため、参加した一農民が「地元ピュー市出身のワーベッ氏」と勘違いし、「マルクスに批判されるような偉大な思想家が地元から出ていたとは感激です」という反応を示して講師にショックを与えたという笑い話のようなエピソードが紹介されている。

こうした僧院を活用した極秘の「抗日講座」は、ビルマ共産党の地下活動の重要な一部だったが、参加者は農民のみならず僧侶も含め講師が用いる独特のマルクス主義用語に困惑したようである。コミュニストたちが上座仏教の経典語であるパーリ語の術語を借用してマルクス主義の専門語（止揚、疎外、搾取など）を訳したため、僧侶らは仏教用語の文脈でそれらを理解してしまい、講義後に小学校の先生よろしくノートのチェックをした講師たちがそのことを知って呆気《あっけ》にとられたという記録も残されている。

ビルマ・ナショナリズムの文脈に立てば、これらのネガティヴな事例を歴史叙述に加えることはおよそ歓迎されないだろう。しかし、抗日闘争の実態を知る一側面として、ここで紹介したような農村での反応があったことも知っておいたほうがよい。

コラム11　抗日蜂起の宣言文

ビルマ国軍・ビルマ共産党・ビルマ人民革命党の三者がひそかに結成した「ファシスト撲滅人民解放組織」（その後の「反ファシスト人民自由連盟」。ビルマ語略称パサパラ、英語略称AFPFL）は、一九四五年三月二十七日に一斉抗日蜂起した際、ビルマ国内に住む人々に向けて蜂起の宣言文にあたる「独立宣言」を発表した（ビルマ語）。そこには日本軍に対する彼らの認識に加え、いかなる独立国家をつくろうとしたかが簡潔に表現されている。日本軍を「ファシスト」と規定し、ファシズムには与《くみ》しない強い意志が表明されていることも印象的である。以下に日本語訳を示す（訳：根本敬）。

ビルマ国軍は諸々《もろもろ》の人民組織とともに「ファシスト撲滅人民解放組織」という名称でビルマ人民を代表し、本日をもってファシスト日本に対し叛乱を開始した。

我々は今日まで、独立闘争を長期にわたりさまざまな方法で展開してきたが、その最終段階において、ファシスト日本によって示された独立の約束に気持ちが揺れるなか、独立獲得への希求から英国との闘いに加わった。その結果、国中が一丸となってビルマ独立義勇軍に協力し、独立闘争へ参加した。しかし、日本のファシストどもはビルマに居座り、傀儡《かいらい》のビルマ政府をつくり（訳注：一九四三年八月に発足したバモオ政府のこと）、ビルマに住む多くの人々を搾取した。彼らは独立という言葉を見せびらかし、我々の人権とあらゆる豊富な資源を戦争目的のために取り上げた。

……

我々はファシスト日本と彼らがつくった傀儡政府に対し叛乱するが、それはファシストどもの敵である英軍のスパイや第五列（訳注：敵への内通者）になるということではない。自由と人権を最大限もたらしてくれる世界の民主主義陣営（ソ連、英国、米国、中国）を支持するということを意味するにほかならない。よってビルマ国軍は、ビルマ人民を代表し、独立闘争の前衛として、また、人民による諸組織すべての革命的活動における武装的核心として、ともに前進しながら、「日本ファシスト撲滅人民解放政府」の名称で、ファシスト日本に対し、本日より宣戦布告をする。

我々が今回結成した「ファシスト撲滅人民解放政府」とは、国軍だけが指導する政府ではない。ファシスト日本を追放するときにあって、ビルマ人の諸組織すべてが共闘し、国軍がその最前線に立って叛乱を成功させたあと、人民の多数派代表から成る人民議会に基づいて自由な政府をつくることを目標としている。我らビルマ人民の代表から成るこの政府は、①人民の平和、②食糧、および③衣服の確保、④人権と自由（公正な所有権）の確立などに責任を負い、問題を解決していく。

したがって、ファシスト日本を追放し、人民解放政府をつくり、多くの人民がこれまで苦しめられてきた①強制労働、②胡麻《ごま》および③綿花の略取、④飛行場建設のための強制疎開、⑤牛および⑥荷車の徴発、などを早急にやめさせなければならない。

……

ファシストどもの戦争勝利を美辞麗句で宣伝していた傀儡思想は、本日以降、姿を消す。我々は人民の平和を必ず実現させる。独立政府をつくりあげるこの闘いに、人民自らが人民の力によって参加しなければならない。

ファシスト日本を追放せよ。

ビルマ独立人民政府をつくりあげよ。

ファシスト撲滅人民解放組織

スローガン：ファシスト日本、さっさと出て行け

強制労働・物資徴発・苦役、もうさせないぞ、自由だぞ
独立闘争、我らの責務
人民政府をうちたてよう
革命を成功させよう

7　ビルマ史のなかの日本占領期をどう見るか

日本軍は結局、ビルマ戦線に三年半にわたって三二万人を超える将兵を送りこんだが、そのうち日本に無事戻れた者は約一三万人にすぎなかった。およそ一九万人の将兵が戦死、病死、餓死、ないしは行方不明者として犠牲になった。戦場としてのビルマは日本軍将兵に多大な犠牲を強いたところだった。

一方、ビルマの歴史を通して見た場合、わずか三年半とはいえ、日本占領期はビルマにおけるナショナリズム運動の主体の変動をもたらした。戦前のＧＣＢＡ系政治エリートを中心とする運動から、タキン党系政治エリートを中心とする運動へと大きく変わったのである。ビルマ統治法体制下の下院や内閣で活躍したＧＣＢＡ系エリートの多くは、占領期に引退を余儀なくされ、戦後は例外的にしか復帰することがなかった。さらにいえば、これはナショナリズム運

動を担ったビルマ人中間層出身エリートたちのあいだで、想定外の急速な世代交代が生じたことを意味していた。換言すれば、日本軍によるビルマ占領は、本来の日本の意図と無関係にビルマ人政治エリートの世代交代を劇的に促すことになったといえる。

同時に、この三年半のビルマ側ナショナリストの対応を「抵抗と協力のはざま」としてとらえることもできる。それは「力で倒すことが容易ではない強大な相手に対し、協力姿勢を基盤に接し、相手側の信頼を獲得しながら自己主張や抵抗のスペースを徐々に拡大していく」姿勢のことである。これは戦前の英領期において植民地議会（両頭制期の立法参事会とビルマ統治法期の下院）でGCBA系政治家がとった対応と同じである（タキン党はそうした「はざま」を拒絶し、英国に対する抵抗姿勢を貫いた）。日本占領期にはバモオ博士が率いた中央行政府や「独立」政府に連なったナショナリストたちが、まさにこの姿勢を取りつづけた。例外は一貫して抗日姿勢を貫いたビルマ共産党に連なった人々と、一九四四年八月以降に地下抗日活動へ関わるようになったアウンサン国防大臣である。アウンサンらビルマ国軍系（すなわちタキン党系）のナショナリストたちは、日本軍がインパール作戦に大敗し明らかな劣勢に立つと、もはや「抵抗と協力のはざま」に立つことの政治的意味が消失したと判断し、「はざま」から脱して「抵抗」に転じていく（パサパラの結成と抗日武装蜂起）。しかし、彼らも当初は「はざま」に立つことに意味を見出していたことはまちがいない。

こうしたビルマにおけるナショナリスト・エリートらによる「抵抗と協力のはざま」という

立ち位置は、同じく大戦中に日本が中途半端な「独立」を与えたフィリピンのラウレル政権の姿勢にもあてはまる。また、「独立」を与えられることのなかった旧オランダ領東インド（インドネシア）のスカルノやハッタらの日本軍に対する接し方にも共通点を見出すことができる。ただ、フィリピンでは対日協力政府を認めない抗日勢力が一貫して存在し、日本軍を非常に悩ませたので、その点がビルマとは異なった。またインドネシアは「独立」が与えられなかったので、ナショナリストたちは「抵抗と協力のはざま」に立っていたとはいえ、「協力」のほうにより傾いた面があったといえるかもしれない。

コラム12　バモオ博士の戦後

「独立」ビルマの国家元首だったバモオ博士は、英軍が迫ってくるなか、一九四五年四月に家族らとともにラングーンを中古バスで脱出し、英軍の執拗な攻撃を避けながら南部ビルマのムドンへ避難した。日本のビルマ方面軍はバモオ政府に飛行機を提供してくれなかった。日本軍は協力してくれたビルマ人の政府を見捨てたのである。日本政府によるポツダム宣言受諾後、彼のことを不憫《ふびん》に思った駐ビルマ日本国大使の石射猪太郎《いしいいたろう》は、極秘に準備を進めてバモオ博士を日本に亡命させる。泰緬鉄道でバンコクへ移動した博士は、そこから飛行機でサイゴン、台湾経由で東京に向かい、八月二十三日深夜に立川《たちかわ》飛行場に到着し、暗闇のなかを車で参謀本部に向かった。連合国軍最高司令官マッカーサー将軍が厚木《あつぎ》飛行場に到着する七日前のことだった。

バモオ博士はその後、重光葵《しげみつまもる》外務大臣と会って挨拶《あいさつ》をし、外務省職員の保護のもとで超満員の汽車に乗って東京から新潟県に向かい、石打《いしうち》（現南魚沼市《みなみうおぬま》）にある薬照寺《やくしょうじ》という寺院に八月二十七日から約五か月間にわたり匿《かくま》われた。その際、事実を知る少数の関係者を除き、まわりには「戦争のため言語障害に陥った満洲の大学教授」という説明がなされたり、「東亜毅男《あずまあきお》」博士という日本名がつけられたりした。バモオ博士は地元の人々に親切にされ、それなりに楽しいこともあったようだが、冬になると二メートル以上の積雪に囲まれる雪国の寺院における隠遁《いんとん》生活は彼に明るい展望を持たせることがなかった。彼は「逃亡」をあきらめ、一九四六年一月十六日に薬照寺を出ると、翌十七日に東京の連合国最高司令官総司令部（GHQ）に自首した。

GHQでは英軍のフィッゲス中佐がバモオ博士の尋問を担当した。その際、バモオ博士は日本への亡命が自分の意思によるものではなく、あくまでも日本側の意向に基づいて実行されたと語り、日本が自分の弱い立場につけこみ、再び政治的に利用しようとしたと説明した。日本の真の目的は、亡命先の新潟県石打一帯でひそかに結成されていた二つの地下組織が、満洲で新たな政治運動を展開しようとして、アジアで名の知られた自分を利用するためだったと断言し、何人かの陸軍関係者の名を示しながらその概要なるものを述べた。また、陸軍と外務省による自分の保護をめぐる対立もあったと語っている。その後、GHQによるバモオの居所捜索が始まると、外務省が自分を佐渡島に避難させようとし、吉田茂《よしだしげる》外相と外務次官の了承に基づき外務省の秘密資金から出された二〇万円の現金が手渡されたが、バモオ博士はそれを固く断りGHQへ自首し

た と説明した。

バモオ博士のこうした「語り」はどうみても荒唐無稽なものである。自分が対日協力の廉《かど》で英国によって国家反逆罪で起訴されることを免れようとして、あえて英国に気に入られるために日本をことさら悪く描こうとしてついた「小さな嘘《うそ》」だと考えられる。実際、この「語り」に関してはバモオ博士の自信たっぷりの戦後の回想録（『ビルマの夜明け』）にはいっさい登場しない。フィッゲス中佐による尋問での受け答えは記憶から消したいひとコマだったのではないかと推測される。バモオ博士は結局、英国政府がビルマの対日協力者に対し一律に寛容政策をとることを決定したため、国家反逆罪で起訴されることを免れ、恩赦に基づきビルマに戻った。

独立後、ウー・ヌ政府はパサパラを与党とし、戦前・戦中のタキン党系のナショナリスト・エリートを核とする体制をつくりあげたため、そこで強調された自国の独立闘争史は、一九三〇年代のタキン党の活動と、「三〇人志士」の活動に始まるビルマ独立義勇軍の対英戦争、そしてアウンサンの指導による抗日闘争ならびに戦後の対英独立交渉を中心とするものだった。戦時中のバモオ政府については中立的な評価が与えられたものの、バモオ博士個人については独立運動史の脇役に追いやった。

バモオ博士は一九五〇年代に二回総選挙に出馬して政界復帰を試みたが、いずれも与党パサパラの候補に敗れ実現しなかった。それどころか、一九六二年、軍人で元「三〇人志士」の一人であるネィウィン大将がクーデターでウー・ヌ政府を倒して政権をとり、国軍主導のビルマ式社会主義体制を推進すると、バモオ博士の立場は悪化した。娘婿が反ネィウィン闘争をタイ―ビルマ国境地帯で展開したため、バモオ博士も政治犯として裁判抜きで投獄されてしまった。高齢のため釈放されたが一九七七年に八十四歳で死去した。

戦後の日本政府は、ビルマ国内の政情分析を行う際、バモオ博士を野党側の有力情報提供者とみなし、一九六〇年代半ばまで在ラングーン日本大使館員が彼の自宅を不定期に訪ねて政治情勢に関する意見聴取を行っている（謝金も支払われた）。一九六一年十月に彼が日本を私的に再訪した際は、外務省がメディアにいっさい知られないよう極秘に九〇〇米ドル（当時の円換算で三二万四〇〇〇円）の滞在費を支出している。独立後の選挙で落選し議席を有さないバモオ博士を、日本政府がけっしてないがしろにしなかった背景には、彼がアウンサンと異なり、最後まで武装抗日に転じることなく、ラングーン陥落が近づいた際にビルマ方面軍に見捨てられても「協力者」の立場を貫いたことに対する、彼ら（特に外務省）の「申し訳なさ」が作用していたように思われる。

第6章

独立への最短距離

——対英独立交渉

1　英国の対ビルマ政策の変化

『ビルマ白書』

一九四五年五月にラングーンを取り戻し、日本軍（ビルマ方面軍）を南のモールメイン方面に追いやった英国は、その後、第一四軍に軍政を施行させた。八月中旬の日本の無条件降伏を経て（正式の調印は九月初旬）、同年十月にはドーマン＝スミス総督率いるビルマ政庁がインドのシムラから戻り民政が復活する（ちなみに「ドーマン＝スミス」はこれが名字で、フルネームは「レジナルド・ドーマン＝スミス」という）。このとき英国政府はすでに『ビルマ白書』を発表し、戦後ビルマ政策の基本方針を示していた（一九四五年五月公表）。『白書』では日本占領期に大きな損害を受けた社会・経済の建て直しが最優先され、そのため初めの三年間は総督による直接統治を実施し、そのあと戦前のビルマ統治法体制を復活させ、そのうえで英連邦内のドミニオン化に向けた準備を進めていくという漸進的な道筋が示されていた。

この『白書』制定までには紆余曲折があった。ビルマ政庁は日本軍の侵攻によって一九四二年五月から六月にかけてビルマから脱出し、インド西北部のシムラに移った。シムラはインド政庁が暑季にデリーを離れて執務を行う高原の涼しい町だった。そこにビルマを追い出された政庁が「間借り」にやってきたのである。ビルマ脱出時にICS、BCS-Iをはじめすべてのビルマ人公務員に公務停止命令が出されたので、シムラに同行したビルマ人官僚は総督の信頼が厚かったティントゥッ（ICS）ら極少数で、スタッフのほとんどは英人と英系ビルマ人、そしてインド人だった。当初は英国政府によって解散も検討されるほど存在感の薄い政府だったが、ドーマン＝スミス総督の努力によって、一九四二年八月以後は戦後のビルマ復興政策の検討と調整を推し進める母体としての役割を担うことになった。

三年三か月にわたったビルマ政庁の「シムラ生活」において、一番の課題だったのは英国復帰後のビルマの扱いについて基本方針を確定することだった。英国は一九三九年十一月に「ビルマにおける統治改革の核心は将来のドミニオン付与にある」という基本方針を示していたが、その準備にどのくらいの期間をあてるのがよいのかをめぐって、シムラのビルマ政庁は議論をまとめるのに苦労した。

英国では戦時中の国家的危機のもとで、保守党のチャーチルが首相として強力なリーダーシップを発揮していた（内閣には労働党も連立で参加）。彼は英帝国の崩壊を絶対に認めない頑固なナショナリストだった。したがって、植民地ビルマについても、日本軍による占領という最悪の事態に至った以上、「将来におけるドミニオン付与」という基本方針について、破棄はできないまでも、付与までのスピードを大幅に落とさざるをえないという判断に傾いた。そのスピードの落とし方をめぐって議論が難航した。一緒にビルマを脱出したインド人や英系ビルマ人の諸団体が復帰後の自分たちの地位や損害回復をめぐってさまざまな要求をつきつけてきたこともあり、その調整にも時間がかかった。

シムラのビルマ政庁は英国政府と協議を重ね、ビルマ復帰後、総督による七年間の直接統治を実施し、戦争で破壊された社会インフラの回復に専念する基本方針を定めた。この判断に至る前、英国政府はもっと長い期間にわたる直接統治を考えていたが、ビルマへの強い思い入れを抱いていたドーマン＝スミス総督（コラム13参照）が強く七年を主張し、それが決定するに至った。しかし、その後、ビルマ国内における抗日活動の情報が入ってくるにおよんで、さらなる妥協を示し、最終段階で総督による直接統治は七年から三年に短縮された。

こうした経緯の末に発表された『ビルマ白書』だったが、日本占領期において不十分ながらも「独立」を経験し「閣僚経験者」まで有していたアウンサン率いるパサパラにとって、その中身はきわめて後ろ向きに映り、何の魅力もなかった。共通の敵である日本軍を倒す抗日蜂起が終了するまでは英軍との協力体制を維持したものの、英軍による軍政を経て一九四五年十月に民政が復活すると、それ以後は『ビルマ白書』に全面反対の意思表示を行い、英国からの即時独立を求めて反『白書』路線をとるようになった。

一方でこの間、英軍はセイロン(現スリランカ)のキャンディでアウンサンらパサパラ幹部と交渉し、ビルマ国軍(愛国ビルマ軍PBF)将兵の約二分の一を植民地ビルマ軍(戦前から存在する英領ビルマの正規軍)に吸収し、同軍を再編成する協定を結んでいる(一九四五年九月七日、キャンディ協定)。これにより、一万二〇〇〇人規模の正規ビルマ軍(植民軍)が再編され、そのうち五二〇〇名を旧PBF出身者が構成することになった。旧PBFから正規ビルマ軍に入った者は、彼らだけから構成される三個大隊(第三・四・五ビルマ・ライフル隊、別称「ブリフ」)をつくることになった。この協定はどう見てもPBFに不利で、アウンサンが求めていた両軍の統合の理想とは違う内容となったが、彼としては連合軍の東南アジア軍総司令部(SEAC)の最高司令官マウントバッテンとの友好関係を重視し、この段階では英軍に対し協調的な姿勢を示した。ただ、英軍がアウンサンに植民地ビルマ軍の副司令官級ポストを提示したことに対しては拒絶し、軍服を脱いでパサパラ議長職に専念することを表明した。アウンサンはこれを機に軍人から政治家に転じ、ビルマ独立の実現に向けた活動に専念することになる。

ビルマ国軍の植民地軍への統合は、抗日蜂起の武力的中核がパサパラから脱退したことを意味した。しかし、パサパラはそれで弱体化したわけではなく、少数民族団体を含む国内のさまざまな団体をメンバーに加えていくことによって組織の拡大を目指した。そうすることによってビルマで最大の政治勢力であることを英国に示し、非暴力に基づく独立交渉を有利に導こうと試みた。それは同時にさまざまな利益代表を取り込むことを意味したので、パサパラの団結を乱すリスクを負うことにもなった。しかし、抗日闘争以降、国民的人気を急速に高めたアウンサンがその支持を活用して内部の調停役を務めた。

対日協力者への寛容政策

英国政府はさらに、戦時中の対日協力者に対する寛容政策をとることも決めた。当初はバモオ博士を筆頭にアウンサンらも逮捕する方向で検討を進めていたが、マウントバッテンSEAC最高司令官の強い意向もあって、捕えた場合でもバモオ博士のように恩赦で解放し、アウンサンの逮捕も途中であきらめるようになった。これに関しては、英国が自国の植民地を守れず人々を日本軍の支配下で苦しめることになった責任があるのに、それを無視して日本軍に協力したナショナリストを処罰するのは一方的だという思いがビルマ側に強く存在し、英国政府がそれに反論できなかったことも影響している。完全独立を目指すパサパラにとって、対日協力者への寛容政策はとても有利に作用した。

寛容政策の基本的方向性を示したのは、軍人マウントバッテンによる初期の判断だった。彼は一九四五年五月に英軍がラングーンを取り戻し、民政を復活させるまで短期に軍政を実施するにあたって、それを担当する英第一四軍に対し次のような方針を示した（同年六月二日付）。

①現在および過去を問わず、いかなる者も自分が表明する政治的意見のゆえに苦しめられることがあってはならない。たとえそれが反英的意見だったとしても差別してはならない。

②日本軍の脅威を前にして、武器もなく、組織化もされていなかった誠実なビルマ人ナショナリストたちが、政治的に動揺し、とりわけ独立の約束のために日本に協力したとしても、ほとんど驚くに値しない。

③いまこそ英国が日本と違うことを見せつける好機である。ビルマの将来は日本ではなく英国と協力することによって達成されるということを理解しはじめたビルマ人ナショナリストたちに対し、我々が誠実にビルマ人を助ける意思を有していることを示すべきである。

④ビルマ国軍とパサパラは、英国が彼らを支援することが明確になる前に蜂起している。彼らが英国のためではなく、彼ら自身のために立ち上がったにすぎないとみなすにしても、それはきわめて当然のことだといえる。なぜなら、自分たちのため以外に戦争努力をする国民がいるとは考えにくいからである。

⑤英軍による軍政下においては、政治上の理由による犠牲者を出してはならない。そのような犠牲者が出ているという憶測が流布されることがあってもならない。

このような方針を示したことからわかるように、マウントバッテンは英国への忠誠心を持つ愛国的軍人であると同時に際立ってリベラルな思考を有する人物だった。ビルマ・ナショナリズムに対する彼の好意的な見方は、アウンサンをはじめとするビルマ人ナショナリストを喜ばせた。マウントバッテンは自分のほうがドーマン＝スミス総督や英国政府よりアウンサンらの思いを理解しているという自負があり、シムラからビルマ政庁がビルマに戻り民政を復活させる時期をできるかぎり遅らせ、自分のコントロールがきく軍政の期間の延長を試みたくらいだった。アウンサンはマウントバッテンの「善意」をそのときは誤解し、ビルマ政庁の早い復帰を強く迫りマウントバッテンにその要求を飲ませているが、のちにビルマ政庁の後ろ向きの対応に苦慮したアウンサンは、マウントバッテンの「善意」に反対したことを後悔することになる。

ちなみに、独立後のビルマ政府もマウントバッテンへの感謝の念を抱きつづけ、彼が一九七九年八月にアイルランド共和軍（ＩＲＡ）のテロで爆殺されたときは、政府自ら三日間の喪に服し官公庁を休みにしている。旧植民地による元宗主国側の人間に対する対応としてはきわめて異例といってよい（日本の鈴木敬司大佐が一九六七年九月に死去したときには、このような対応は見られなかった）。

コラム13　ビルマに同情したアイルランド出身の総督

戦時中、インド西北部のシムラでビルマ政庁を率いたドーマン＝スミス総督と、デリーにある連合軍の東南アジア軍総司令部（ＳＥＡＣ）最高司令官だったマウントバッテンの二人は、常に連絡を密にとりあっていた。日本軍に奪われてしまったビルマを取り戻すのは軍の仕事だが、取り戻した後の復興はビルマ政庁の仕事であり、両者は意思疎通をしっかりしておく必要があったからだ。一九四四年三月、ドーマン＝スミス総督はマウントバッテン司令官から今後のビルマに関する総督個人としての見解を問われ、それに対する長く丁寧な返信を送っている（同年三月十日付）。そこには総督のビルマに対する個人的思いが書かれてあり、ここに紹介することにしたい。総督は次のように書きはじめる。

私はビルマ人が好きです。彼らは愛嬌のある素朴な人々で、私の出身地、南アイルランドの人々に似ています。彼らはアイルランド人のようにロマンティックで、過去の王たちの栄光や軍の威力など、小さい時から自分の国の歴史上の栄光を聞かされながら育ちます。……アイルランドに数々の妖精《ようせい》たちがいるように、ビルマにはナッ神たちがいます。……彼ら（ビルマ人）は残酷さを持ち合わせてはいますが、ふだんは天性ともいえる不思議な親切心を有し、礼儀正しく、客人に対しやさしく振る舞います。

ここまでは自分の任地とそこに住む人々に対する愛情を自らの出身地であるアイルランドとつなげて表現しているだけで、特に興味深いとはいえないかもしれない。しかし、これにつづく次の表現には驚かされる。

ビルマ人の英国に対する忠誠心には問題があります。しかし、私は彼らが我々に忠誠心を抱く必然性があるのだろうかと、いつも自問しないではいられません。我々が彼らを征服し、彼らの国王を追放し、彼らの国旗を引きずりおろしてユニオン・ジャック（英国旗）を掲揚したのは真実なのです。そしてそれはほんの六〇年前の話なのです。私は常に、こうした一連の行為がビルマ人に英国への忠誠心を自動的に抱かせることにつながるはずはないと思ってきました。彼らは事実上、一度たりとも我々の支配を受け入れたことはないのです。そしてそれはアイルランドが英国の支配を拒絶してきたことと同じなのです。ビルマの場合もアイルランドの場合も人々は服従せざるをえませんでしたが、けっして情熱的で行動的なナショナリストであることをやめたわけではありませんでした。

さらに次のように書いている。

私たちは長年にわたってビルマ人が植民地軍に入ることを積極的に抑制してきました。しかしながら、彼らが一度熱狂的になったらいかに勇気のある人々であるかということを疑ったことは一度たりともありません。彼らはその勇気を下ビルマ農民大叛乱で一八か月にもわたって我々に示しました。彼らは日本軍侵入時に我々に協力しませんでしたが、問題は我々が彼らにそのような行動を起こさせる熱狂を持たせることに明白に失敗したことにあります。

これらを読むと、英国のビルマ復帰後の政策を準備する立場にあった総督の見解にしては、非常にビルマ人に対して同情的だといえる。そしてその同情は総督がアイルランド人の血をひいているからこそ、抱くことができたのだろうとこの文から推察することができる。アイルランドが英国の支配から抜け出すのにいかに苦労したかを知るドーマン＝スミスにとって、ビルマ人が本質的に同じ敵意を英国に対して抱くことが自然に理解できたのだろう。ドーマン＝スミス総督のビルマ復帰後の姿勢は、まわりが大反対するアウンサン逮捕を強行しようと企てるなど情緒不安定な面を見せる。それは英国の国益や誇りを守らなければならない総督としての公的立場と、自分が抱くビルマ人への同情心とのあいだの心の揺れ動きがもたらしたものだったのかもしれない。

英国の姿勢が変わる

パサパラ議長に専念することになったアウンサンは、抗日闘争期とは異なり、非暴力に基づく交渉を手段に、英国からの独立獲得を目指すようになる。このことについて娘のアウンサンスーチーは、父がこの段階で非暴力を選んだのは「ビルマの将来のために、軍事的な手段より政治的な手段を通じて民主的な国家をつくりあげたほうがずっと良いことを理解した」からだと説明している。彼女によれば、父が戦前、その若さと未熟さから判断を誤って日本軍と組んだのはやむをえない事情もあったとはいえ、多くの国民を苦しませることになり、その反省に基づき、戦後は国民を傷つけることのない非暴力の手段に転じたのだと解釈されている。

①外的環境の幸運

アウンサンにとって幸運だったのは、四つの外的要因がビルマ独立推進の追い風になったことである。ひとつは英国が帝国主義的性格を残していたとはいえ独裁国家ではなく民主国家だったこと、二つ目は一九四五年七月の英国の総選挙で労働党が勝利し、その結果成立したアトリー内閣が、パサパラの中心を担ったタキン党系ナショナリストが抱く社会民主主義的なイデオロギーに共感しやすい立場にあったこと、三つ目は冷戦が急速に広がるなか、独立問題をこじらせることによってビルマで共産主義が広がらないよう英国がパサパラに対し妥協的姿勢をとらざるをえなくなったこと、そして四つ目は、たとえ英国がビルマの独立運動を武力で抑圧したくても、そのとき動員せざるをえないインド植民地軍がインド独立問題の激化で動かせない現実にあったことである。こうした外的要因がアウンサン率いるビルマの対英独立交渉に有利に作用し、彼が暴力闘争を再び採用しなくても済むようにさせたといえる。

しかし、こうした幸運があったとはいえ、実質二年あまりの短期間にアウンサンはいくつもの壁と直面した。パサパラが即時完全独立を主張したため、ドーマン＝スミス総督とアウンサンとの関係は一九四五年末から四六年前半にかけて最悪の状況に至り、総督の諮問機関である行政参事会にパサパラからの参加者ゼロという事態が継続した。総督は一九四五年十月にインドのシムラからラングーンに戻ると、戦時中の数少ないシムラ同行組のビルマ人政治家（GCBA系二名）とビルマ人高等文官（ティントゥッら三名）を優遇した。彼はけっしてパサパラを無視したわけではなかったが、戦前のタキン党のイメージを払拭《ふっしょく》できず、パサパラが総督に対して強く求めた「ビルマを代表する唯一最大の政党としての扱い」を拒否した。本国のアトリー内閣も、当初はこうした総督の対応にストップをかけなかった。

②アウンサン逮捕問題

総督はアウンサン逮捕を考えるまでに至った。しかし、これについては英国政府がビルマの対日協力者に対する寛容政策の採用を決めていたため、総督はアウンサンを逮捕するために「対日協力」以外の罪をみつけだす必要があった。

ドーマン＝スミス総督はある事件に注目する。それは日本軍とBIAがビルマに侵攻した際のできごとで、一九四二年二月にアウンサンが属したBIA本隊が南部ビルマのタトン県パウン郡テービューゴン村というムスリムが多く住む村を通った際、そこの村長を村人の要望に従って即席の軍事裁判にかけ、アウンサンの責任のもとで銃殺に処した事件だった。総督はこれを超法規的処刑としてとらえ、政治的理由ではない悪質な一般刑事事件とみなし、アウンサン逮捕の理由に用いようとした。しかし、戦時中に他でいくつも発生した非人道的行為や事件を横において、本事件だけをとりあげアウンサン一人を逮捕することは公平ではないとみなしたアトリー首相の判断と、軍部や警察によるアウンサンを逮捕した場合に生じ得るビルマ国内の混乱の警告もあって、総督は最終的に逮捕をあきらめざるをえなくなった。

③総督とアウンサンとの和解

アウンサン逮捕問題にほぼ決着がついた直後の一九四六年五月二十三日、二人は劇的な和解をする。その日の夜、アウンサンはパサパラとビルマ政庁との関係の修復を模索すべく、一人で総督官邸を訪問し、ドーマン＝スミス総督と一対一で話し込んだ。アウンサンはこのとき、まだ自身の逮捕問題がどのような最終決着をみるか知らされていなかった。総督のほうは、シムラからビルマに復帰以降、本国ビルマ省側の消極的姿勢を無視して戦前の元首相ウー・ソオ（ビルマ統治法下の第三代首相）を利用し、アウンサンとパサパラへの対決姿勢を強めてきた。しかし、逆にウー・ソオが総督に持ちかけるさまざまな情報や提案に翻弄《ほんろう》されることになり、そのたびに一貫性に欠ける長文の公電を本国に送ったため、アトリー首相から総督としての能力に疑念を抱かれ、同年五月七日、総督を解任する決定を下されていた。その決定が本人に伝えられるのは翌月中旬のことであり、アウンサンが訪問してきた夜はまだ知らされていなかったが、総督自身はビルマの政治情勢への対応に疲れきった状況にあり、アメーバ赤痢のために健康も害していた。

総督に対しアウンサンは、自分がパサパラ内の諸勢力の調整と団結の維持に疲れと不安を感じていることを正直に話した。そのうえで、タキン党入党以来の自分の歩みを語り、一時期ビルマ共産党に属していたこともつつみ隠さずしゃべった。自身の逮捕問題に関する質問や探りを入れることはいっさいせず、政治的取引を持ち出すこともなかった。こうしたアウンサンの誠実で素直な態度に感銘を受けたドーマン゠スミスは、自分が総督というビルマにおける最高責任者の立場にあるにもかかわらず、警察やビルマ政庁の役人を十分に管理できないでいる悩みを漏らし、立場は違うがともにトップに立つ者として似た悩みを共有していることをアウンサンに告白する。

総督は翌日、前夜のアウンサンとの会談の一部始終を説明した公電を本国ビルマ省に送り、そのなかで次のような一文を記している。

私は彼（アウンサン）の誠実さに心打たれたことを認めないわけにはいかない。彼は隠し事をせずに何でも話してくれた。私は彼と何人かの彼の仲間（注：パサパラ幹部のなかの穏健社会主義者）が私たちのほうに加わってくれたら、我々のいかなる困難も解決されるであろうと確信するに至った。……私が理解した限り、アウンサンは全力を尽くして平和的解決のために努力をしており、それは賞賛に値する。

一時はアウンサンの逮捕を強く主張した人物が、このように劇的な形で相手の誠実さと努力を認める態度に転じたことは、英国政府にもアウンサンの人物評価を良い方向へ向かわせる効果を有した。実際、一九四六年五月から六月を境に、英国の対ビルマ姿勢は変化しはじめる。

ドーマン＝スミスは六月に健康管理休暇を利用して英国に帰国するが、アトリー首相はそのときをもって彼を総督から解任する。ナイト臨時代理総督を経て後任のヒューバート・ランス新総督が同年八月末に着任すると、彼は機能不全に陥っていた行政参事会メンバーの大幅入れ替えに着手し、本国政府の同意を得たうえで、同年九月、アウンサンを含むパサパラのメンバーを定数九名のうち六名受け入れ、アウンサンには行政参事会議長代行と国防担当という二つの重要ポストを兼任で割り当てた。このとき以降、英国のパサパラに対する姿勢は明確に変化した。英国はパサパラ指導層内の穏健社会主義者たちへ権力を移譲する姿勢を示すようになる。これは同時にパサパラ内の共産党勢力を排除する判断でもあった。

アウンサン＝アトリー協定

その後、英国の譲歩姿勢が急速に強まり、一九四七年一月にはアウンサンを代表とする行政参事会メンバーの一部がロンドンを公式訪問し、アトリー内閣と直接の話し合いを進め、アウンサン＝アトリー協定を締結するに至る。アトリー首相は来英したアウンサンに対し「遠いところをお疲れでしょう」とねぎらい、それに対しアウンサンは「ビルマ語には〈会いたければ近く、会いたくなければ遠い〉ということわざがあります。私は首相閣下にお会いしたくてビ

ロンドンを公式訪問したアウンサン（右）とアトリー（1947年1月）．

ルマから来たのですから、英国が遠いとは思いませんでした」と流暢《りゅうちょう》な英語で返礼した。これを聞いたアトリー首相は感銘を受け、アウンサンにとても良い印象を抱いたと、のちに回想録で語っている。

ビルマ側代表団とアトリー首相ら英国政府との話し合いは九回行われ、最終合意に基づき双方は協定に調印した。協定は一般的にはアウンサン＝アトリー協定と呼ばれ、正式名称は「英国政府とビルマ行政参事会代表団とのあいだで持たれた会談において得られた結論」といった。そこでは一年以内のビルマの完全独立ないしはドミニオン化、辺境地域（管区ビルマ外）に住む少数民族の意思確認、制憲議会議員を選ぶ総選挙の実施と、それに基づく新憲法制定作業の推進などが認められた。同協定はまた、現在の行政参事会を英連邦ドミニオン各国の内閣と同等に扱うことも認め、それによりアウンサンはドミニオンの首相と同じ扱いを受けることになった。

この協定の締結によって、ビルマが最終的に共和制による独立を選ぶのか、それとも英国王が国家元首を兼ねるドミニオンによる主権獲得を選ぶのかについては、アウンサンの側に一年間の猶予をもってボールが投げられた。アトリー首相はビルマがドミニオンとなってブリティッシュ・コモンウェルス（英連邦）に残ってくれる可能性を信じていたが、アウンサン側は共和制による独立を強く望んでいたので、それはありえないことだった。いまでこそ、「ブリティッシュ」をはずした「コモンウェルス」に呼称を変えた旧英連邦には共和制の国々が多数加盟しているが（シンガポールなど）、当時は英連邦に入るにはドミニオンになるしか方法はなかった（これが変わったのは、一九五〇年一月にインドがドミニオンから共和制に転じながらもコモンウェルスに残ることが認められてからである）。

2　一年以内の独立を目指して

パンロン協定

帰国後、アウンサンは休む暇もなくアウンサン＝アトリー協定の具現化に走り回る。まずは管区ビルマ外のシャン州にあるパンロン（ビルマ語発音ではピンロン）という小さな町に行き、そこで辺境地域在住の主要民族であるシャン、カチン、チンの各少数民族代表と政治交渉を行った。

少数民族代表とはいっても、英国の植民地統治下で自治権を認められてきた海千山千の藩王たちが大半である。まだ三十二歳直前で貫禄《かんろく》不足のビルマ民族の政治指導者が、年長の藩王らと交渉を行うという状況だったので、アウンサンを「ビルマ人の若造」としか思わない代表も初めはいた。しかし、カチン民族の有力藩王の説得もあって、辺境地域を含む英領ビルマ全域の一括独立を目指す方向で合意が形成され、二月十二日にアウンサンを含む二三人の代表者全員が協定に調印した。これをパンロン協定と呼ぶ。調印した三民族は、独立後のビルマ連邦に加盟し、国防権と外交権は連邦政府に託すものの、内政においては一定の自治権が保障されることで納得した。

ただ、パンロン協定は問題の多い協定だった。おもな欠点は二つある。ひとつは、アウンサン＝アトリー協定に基づき、交渉の範囲を辺境地域の代表だけに限定したのでやむをえなかったとはいえ、会議に参加した少数民族がシャン、カチン、チンに限定されたことである。辺境地域に含まれていたが歴史的経緯から独立国の扱いを受け英国がほとんど接触していなかったカレンニー藩王国（土侯国）の代表と、管区ビルマにその多くが住むカレン民族はオブザーバーとして参加したにとどまり、そのほかの管区ビルマ内の主要少数民族であるモンとアラカンの出席もなかった。多民族国家として独立させる基本路線のなかで、主要民族を事実上四つ排除したパンロン協定は、その意味で不完全だったといえる。英国政府はしかし、この協定によって管区ビルマと辺境地域がひとつの連邦のもとで独立することを認めた。したがって、同協定は宗主国のお墨付きを得ることになった。

もうひとつの欠点は、代表団の多数を藩王が占め、その代表性に著しい偏りが見られたことである。英国による間接統治下で藩王中心の支配体制が維持されてきたが、シャン州では戦後すぐの段階でシャン州青年連盟をはじめ民主的改革を求める新しい集団が育ち、藩王による伝統的支配への批判を強めていた。しかし、それらの人々の意向は汲み取られることなく、パンロン協定ではそれまで同様、独立後の藩王たちの権限を擁護することが謳われたのである。これが独立後のビルマ政府とのあいだに不協和音を起こす大きな要因のひとつとなる。

パンロン協定調印後、独立後の憲法が審議され制定されるに至るが、その際、カレン民族が主張したカレン州が当初は設置されず、一方でシャン州とカレンニー州については独立後一〇年目以降の連邦からの分離権を認める条項が加えられるという、少数民族間の扱いにおける不平等が生じた。これはパンロン協定が内包した問題の延長線上に起きたものだったといえる。

しかし、少数民族問題についていろいろな問題を先送りしながら、アウンサンらがビルマ独立への見切り発車をせざるをえなかったのは、やむをえない面があった。かつてタキン党は狭義のビルマ民族だけの独立運動になることを避けるため、文語の「ミャンマー」に代えて口語の「バマー（ビルマ）」を国名として用い、その名称に管区ビルマばかりでなく辺境地域に住む非ビルマ系諸民族を加えた「ビルマ国民」としての意味を付加しようとした。この発想はとても斬新なものだったが、管区ビルマと辺境地域が行政区分として完全に分けられ、相互交流が制限されていた植民地体制下にあっては、現実のナショナリズム運動にその考えを活かすことはできなかった。運動は管区ビルマ内のビルマ民族を中心としたものにとどまり、非ビルマ系諸民族のことはほとんど考慮されなかった。ビルマ人ナショナリストたちがやっと彼らと交流して自由に英国からの独立を論じることができるようになったのは、実にアウンサン＝アトリー協定で両方の地域の交流制限が完全に解かれてからだった。

英国もまた、アウンサン＝アトリー協定調印後は、共和制であれドミニオンであれ、アウンサンを中心とするパサパラへの権力移譲を速やかに進めたい意向が強かったので、民族問題については先送りの姿勢をとった。植民地支配のコストを抑えるために始めた管区ビルマと辺境地域の分断統治だったが、英国は主権移譲という一番重要なときになっても、そのことがもたらした問題の大きさと複雑さを十分には認識していなかった。

一九四七年総選挙

パンロン協定につづくアウンサンの大きな仕事は、独立国家ビルマの憲法を制定する制憲議会議員を選ぶ総選挙で勝利することであった。この選挙は制憲議会のみならず、独立後の最初の議会を構成する議員を選ぶものでもあった。一九四七年四月九日に実施された総選挙では、パサパラが一般選挙区において定数一八二のうち一七六議席を獲得する圧勝を飾り（残り六議席はビルマ共産党が獲得）、アウンサンのリーダーシップを国内外に証明することに成功した。

この選挙の特徴は、英国がアウンサンとパサパラの勝利を期待し、彼らの強引な選挙運動を実質的に黙認したことにある。パサパラは選挙での圧勝を目指し、事前にビルマ共産党と紳士協定を結んで無意味な対立を選挙戦で行わないことを取り決め、同時に無所属候補者たちに対する強引ともいえる立候補取り下げ工作を展開した。その結果、ビルマ共産党は自分たちが有利に選挙戦を展開できる選挙区にのみ候補者を出し（一四選挙区二二人）、一方、一般選挙区全九一のうち実に八六の選挙区で計一一九人もの無所属候補が選挙公示日までに立候補を断念させられた。これにより半数近い四五選挙区が無投票となり、九〇名のパサパラ候補が自動的に当選した。投票が行われた四六選挙区でも平均投票率は四六・七パーセントにとどまった（戦前最後の一九三六年総選挙では五三パーセント）。

英側は、パサパラによる無所属立候補予定者に対する公示前の取り下げ工作を非難したりやめさせたりしておらず、ランス総督による本国ビルマ省への公電を見ても、この件について意外なほど傍観者的態度をとっている。この段階ではアウンサン率いるパサパラの圧勝が英国にとって実現させなければならないシナリオであったことがわかる。なぜなら、本国の下院議会で与党労働党が過半数を握っていたとはいえ、野党保守党にチャーチルをはじめビルマ独立絶対反対を唱える議員が少なくなかったからである。アトリー内閣としては、彼らを説き伏せるためにも、アウンサンを指導者とするパサパラが国内有権者の圧倒的支持を受けていることを議会に示す必要があった。

新憲法の構想――アウンサンが夢見たビルマ

晴れて与党となったパサパラは、翌五月下旬から憲法制定準備作業に入り、アウンサンが同月二十日に示した基本理念をもとに、ドミニオンではない共和制に基づく完全独立、主要少数民族に配慮した連邦制、議会制民主主義、人権の尊重などを軸とした憲法草案をつくった。

アウンサンは自分が示した基本理念において「最大多数の最大幸福」の実現を強調した。これはもともと英国の哲学者ベンサム（一七四八～一八三二）が使った言葉である。アウンサンは演説のなかで彼の名前を一回も出さずに、あたかも自分がつくりだした表現であるかのように使用したが、その意味するところはベンサムの功利主義とは当然異なった。彼はこの言葉を通じて「真の民主主義」を独立後のビルマに実現することの必要性を訴えたのである。

「真の民主主義」とは何か。それは当時のナショナリストたちのあいだで強い影響力を有していた社会主義や共産主義のイデオロギーよりも上位に位置し、アウンサンにとってもっとも大切な概念だった。具体的には「国民の同意に基づく共和制国家」において「最大多数が最大権力を行使する」体制を意味し、経済システムはこの体制を有効に維持できるものがその時々の状況に応じて採用されるべきだとされた。

その結果、経済に関しては究極的に社会主義を目指すものの、中間段階として資本主義の存続を認めるべきだと主張した。一九三〇年代にビルマで反英ナショナリズム運動に参加した人々にとって、資本主義は植民地支配と一心同体の帝国主義を生みだす危険な経済システムとして理解され、独立後は社会主義経済を採用すべきであるという考え方が強かった。しかし、アウンサンはビルマの現実を直視し、独立後も英国の援助を受けつづけるためにも、資本主義を存続させながら段階的に国民の同意を得て社会主義を目指すという柔軟なシナリオを考えた。具体的には資本主義セクター（私有セクター）と社会主義セクター（国有セクター）の共存を認めた。ただちに社会主義を実現すべきだとする勇ましい声が多かったなか、彼は現実的な路線を選択したといえる。

アウンサンは同時に「最大多数の最大幸福」実現のために、少数民族の権利擁護を訴えた。時代の制約からレーニンやスターリンの民族概念に依拠する理解に基づいてはいたが、連邦制を採用し、「国民的共同体」をつくりあげている民族（具体的にはシャン民族とカレンニー民族）には制限つきで連邦からの分離権を付与すること、またそこまでには至らない「民族的少数派」についても、平等を旨とする相互関係を尊重することを強調した。そこには英国による統治と日本軍の占領によって苦しんだビルマに住むすべての人々に対する「平等のまなざし」があったといえる。

一方、国防については、それが主権国家の義務であり、民兵や私兵団はファシズムを生む温床となるので、そうした存在はいっさい認められないとした。これは国軍（政府軍）だけが国防の責任を担う考え方の強調であり、軍が政治に関与することを想定したものではない。

彼の構想を元にパサパラは憲法草案をまとめていく。その際、英国に留学しケンブリッジ大学などで法学を学んだ経験を持つビルマ人の司法界重鎮や高等文官（ICS）らが、具体的な法文づくりや技術的な問題の解決に全面的に協力した。しかし、アウンサンが描いた「独立ビルマの夢」は、実現することなくすべて挫折する。詳細は第7章と第8章で述べることになるが、「資本主義を存続させながら段階的に国民の同意を得て社会主義を目指す」という柔軟なシナリオは独立後一四年あまりで頓挫し、かわって軍主導の「ビルマ式社会主義」という極端な国有企業中心の計画経済が導入されてしまう。それも二六年を経て失敗に終わり、一九八八年の民主化運動を招くことになる。連邦制に基づく少数民族の権利擁護の考えも、実態はビルマ民族を中心とする国民統合へと化し、その結果、少数民族の不満が反政府武装闘争となって顕在化し国家を混乱に陥れた。国軍と少数民族武装勢力（民兵）およびビルマ共産党軍との内戦が激化し、結局それを通じて国軍が国家権力を長期に独占するようになった。このように「最大多数の最大幸福」を基本理念とする「真の民主主義」は実現されることなく、アウンサンの「独立ビルマの夢」は封印されたままビルマは歩みつづけることになる。

一九四七年六月十日、いよいよ制憲議会（総定数二五五）において一般選挙区（定数一八二）選出のパサパラ所属議員一七六名が与党となり審議が開始された。審議が開始されてから一週間後の十七日には、六つの委員会にわけて詳細な審議を行うための委員を選出し、そのまま七月二十四日まで休会に入った。しかし、その間に取り返しのつかない悲劇がアウンサンたちを襲う。

3　アウンサン暗殺

暗殺の実態

一九四七年七月十九日の土曜日、雨季の曇り空の下、ラングーンのビルマ政庁の建物の西側二階にあるアウンサンの執務室では、午前十時三十分から行政参事会（閣議）が開かれることになっていた。アウンサン＝アトリー協定調印後は、ランス総督が行政参事会に出席することはほとんどなくなり、この日も行政参事会議長代行（首相級）のアウンサンが会議の進行役を務める予定となっていた。定刻になり、彼が開会を宣言しようとすると、交通通信局長のオウンマウン（ビルマ人高等文官）が部屋に入ってきて、公用のためその日の閣議を欠席する担当大臣にかわって最初に報告をさせてほしい旨、許可を求めた。

その直後だった。階段をかけのぼる激しい足音とともに、守衛の少年の大声が響き、いくつかあったドアのうちひとつだけ鍵がかけられていなかった扉が蹴《け》り開けられ、四人の男が乱入してきた。彼らは「逃げるな！」「立ち上がるな！」と叫んで閣僚たちに銃をつきつけた。それを見たアウンサンは咄嗟《とっさ》に立ち上がろうとしたが、「撃て！」の声とともにたちまち銃撃され、その場で即死した。

検死結果によると、アウンサンは一三発撃たれ、うち六発が完全命中弾で、胸部貫通の一発と後頭部に撃ち込まれた一発が致命傷となった。残り七発も頭部や胸、大腿部《だいたい》、手などをかすっていた。ほかの出席者も犠牲になり、行政参事会メンバー（閣僚）計七名のほか、会議の冒頭で入室した交通通信局長、そして守衛の少年も撃ち殺された。わずか三〇秒ほどのできごとだった。男たちはすぐに現場を去って姿を消した。

ラングーン市内は大騒ぎになり、ショックを受けたランス総督は、ただちに行政参事会のメンバーではなかったパサパラの副議長ウー・ヌをアウンサンの後任（行政参事会議長代行）に任じ、犯人逮捕と徹底した真相究明を要請した。ウー・ヌは警察に全力で捜査するよう命令し、その結果、数日のうちにウー・ソオ、タキン・バセイン、バモオ博士をはじめとする反パサパラ系の政治家と関係者一三〇〇人余が逮捕・拘束された。この段階では見込み捜査による手当たりしだいの逮捕だったが、ウー・ソオの自宅敷地内から大量の武器と弾薬がみつかり、また彼の部下で暗殺当日に現場の下見を行ったバニュンが司法取引に応じて事件への関与を詳細に自白したため、当局はウー・ソオとその部下たちによる犯行と断定した。タキン・バセインやバモオ博士にも共犯の疑いをかけたが、証拠不十分のため釈放した。

アウンサンの暗殺は、優秀な閣僚たちの犠牲とともに、ビルマ政界の大損失となり、その後の国内政治に暗い影を落とすことになった。彼は事前にビルマ警察の副長官から武器庫にあった軽機関銃六〇丁が不明になっていることを知らされ、閣議が行われる政庁の建物の警備強化を打診されていたが、「ビルマ国民の愛が自分を守ってくれている」と述べ、特別な防御措置をとらせなかった。それだけに、その死は純粋な愛国的犠牲として人々に受けとめられた。

暗殺命令者ウー・ソオとは

事件はバニュンによる自白と数々の状況証拠からウー・ソオによって仕組まれたものであることが判明したが、彼がなぜ、どのように大量の武器を入手したのか、また暗殺の動機が何だったのか、彼の背後にどのような人物や勢力がいたのかなどの問題が残された。

①植民地ナショナリストとしての歩み

ウー・ソオは、一九〇〇年に裕福な地主の息子としてビルマのターヤーワディ県オウッポーという町に生まれている。学歴は中学中退（七年生中退）で終わっているが、英語力はそれなりにあり、その使用に不自由はなかった。その後、当時の有名なビルマ字紙『トゥーリヤ』の編集者となり、自分の資力を生かして同新聞社の株式を徐々に取得しながら編集主幹までのぼり詰め、最後は実質的な経営者にまでなる。この間、日本に強い関心を抱き、一九三五年には船で日本を訪問して二か月ほど滞在し、帰国後に『日本案内』という本まで出版している（コラム14参照）。

若いころから政治活動に関心を抱いたウー・ソオは、一九二〇年代の終わりに選挙を経て植民地議会に入り、当時の議会内で主流を形成していたGCBA系政党の議員として活動する。しかし、一九三八年初頭には自分で別個にミョウチッ（愛国）党を結成して党首となり、独自の行動をとるようになった。編集主幹兼経営者として自分が操ることのできる『トゥーリヤ』新聞を活用しながら、政治力をいっそう蓄え、一九三九年二月にはバモオ内閣を倒すべく、ほかの議員を糾合して不信任案を下院議会で可決させた。そして次のウー・プ内閣に農林大臣として初入閣する。しかし、一年七か月後の一九四〇年九月には、閣僚だったにもかかわらず同内閣の不信任案に賛成票を投じ、ウー・プ首相を裏切る。ウー・プ内閣倒閣後は、コックレイン総督によって三代目のビルマ人首相に指名され、念願の英領ビルマの首相に就いた。学歴不足を資力でカバーしながら猛スピードで権力の階段を登ってきた人物だといえよう。

②英国訪問

首相になったウー・ソオは、ヨーロッパで始まった戦争（第二次世界大戦）が激化するなか、植民地のビルマをドミニオンの地位に引き上げるための交渉を英国と直接行おうと決意する。既述のように、英国政府は植民地のインドとビルマからできる限り多くの戦争協力を引き出そうとして、一九三九年十一月、両国を将来ドミニオンにすることを約束していた。しかし、その実現時期についてはあいまいなままだったので、ウー・ソオはそこに目をつけ、英国の戦争にビルマが全面的に協力するから、そのかわり一刻も早くビルマをドミニオンに引き上げてもら取引をしようと考えたのである。

彼は一九四一年九月、首都ロンドンを公式訪問する。英国は彼を歓迎したが、慇懃無礼《いんぎんぶれい》な対応に終始した。チャーチル首相をはじめ、インド・ビルマ担当大臣のエイマリー、大蔵大臣のウッド、外務大臣のイーデンや内務大臣のモリソンら大物政治家たちと会うことはできたが、すべて英国側のペースで話し合いが進められ、ウー・ソオにとって肝心のビルマの早期ドミニオン化の話題はとりあげられることなく、避けられてしまった。この件で成果を挙げられなかったウー・ソオは、英国を発つとすぐにはビルマに戻らず、大西洋を渡って米国に向かい、ルーズヴェルト大統領やハル国務長官ら錚々《そうそう》たる実力者と会い、ドミニオン問題について英国政府を説得してほしいと依頼した。しかし、対英関係を大切にしていた米国政府はウー・ソオの申し入れをまったく受け付けず、ここでも慇懃無礼な対応をされた。

このあと、ウー・ソオは英連邦のドミニオンであるカナダを訪問し、同国政府の協力を仰ぐが、ここでも無視されてしまう。それでも彼はあきらめず、今度は太平洋を渡ってシンガポール経由でオーストラリアとニュージーランド（いずれもドミニオン）に行き、両国政府から英国を説得してもらおうと考える。しかし、ウー・ソオがサンフランシスコから乗った大型飛行艇（水面で離発着する大型ボートのような飛行機）が給油のためハワイのホノルルに着いたのは、米国時間一九四一年十二月七日午後だった。それは偶然とはいえ、日本海軍の機動部隊がオアフ島の真珠湾を奇襲した直後で、飛行艇はホノルルで飛行打ち切りとなり、ウー・ソオはそこで足止めをくらってしまう。彼はホノルルで日本軍の奇襲成功と米国太平洋艦隊の大損害を目の当たりにして、ある重大な決心をする。

③暗号解読の不運

数日後、米国本土に戻る飛行艇に席を確保したウー・ソオは、サンフランシスコに着くと鉄道に乗り換え、大陸を東に横断してニューヨークに行き、そこから飛行機に乗って大西洋を渡り、同年十二月二十九日、中立国ポルトガルの首都リスボンに着いた。ポルトガルには連合国と枢軸国両陣営の大使館が存在しスパイもたくさん活動していた。

年末年始の五日間、リスボンに滞在したウー・ソオは、そこで大それたことをやらかす。英国の敵国となった日本の公使館（大使館に準ずる公館）に駆け込み、一転してビルマが日本に協力することを申し出て、日本の支援に基づく「自由ビルマ政府」を設立したいと訴えたのである。ウー・ソオは日本軍が東南アジアに全面侵攻してビルマにも押し寄せることを確実視し、このまま英国とつきあっていては将来の自分の政治的地位が危なくなると判断、日本との秘密の接触を試みたのだった。いうまでもなく、これは宗主国に対する決定的な背信行為である。

ただ、ウー・ソオにとって不運なことが生じる。リスボンの日本公使館がこの件について問い合わせの暗号電報を東京の外務省宛に打ったが、それがすべて米国海軍に傍受され、数日のうちに解読されてしまったのである。米政府は英国のチャーチル首相に緊急警告電報を打ち、ウー・ソオの裏切りを伝えた。事実を知った英政府は激怒し、ビルマへの帰国途上にあったウー・ソオをパレスティナのティベリアスで飛行機から降ろして拘束し、取り調べを開始した（一九四二年一月十二日）。すでにビルマでは日本軍とアウンサン率いるBIAによる侵攻が始まり、英印軍や植民地軍とのあいだで戦闘が開始されていた。

英国官憲による尋問でウー・ソオは日本公使館との接触を認めたが、それは日本に住むビルマ人留学生を日本政府が宗主国の英国臣民とみなして捕まえたりすることのないよう申し入れに行っただけだと語り、接触の目的については英国の嫌疑を全面否認した。英国は悩んだ末、裁判をせず超法規的処置によって彼を極秘のうちにアフリカの英領ウガンダに抑留することを決めた。裁判をしてしまうと、米国が解読した日本の外務省の暗号電報を証拠として提示せざるをえず、そうすると日本側に米英が日本の暗号を解読していることが伝わってしまい、すでに行われている日本との戦争が不利になってしまうからである。

こうしてウー・ソオは同年一月十九日に首相職から解任され、四月から英領ウガンダのボンボという町に無期限で軟禁されることになった。ビルマが将来英連邦のドミニオンになった際には、初代首相という栄誉ある地位に就けたかもしれないウー・ソオだったが、暗号解読という想定外のできごとのためにビルマ政治の表舞台から転落し、アフリカの奥地に自由を束縛されることになったわけである。

④戦後の暗闇

戦後、ウー・ソオは英国政府の対日協力者に対する寛容政策に基づき、ウガンダでの軟禁生活から解放され、一九四六年一月二十九日、四年四か月ぶりにビルマに帰国する。しかし、ビルマの政治の潮は戦前のそれとは大きく変わっており、政界復帰は難しい状況にあった。すでにウー・ソオの時代は終わっており、彼がかつて相手にもしなかった十五歳年下のアウンサンがビルマ独立運動の先頭に立って英国との交渉を進めていた。ウー・ソオは戦前に首相だったときから交流のあったドーマン＝スミス総督に接近し、総督が当初パサパラやアウンサンに敵意を有していたことを利用して、反パサパラ・反アウンサンの立場を強調し、総督に取り入ろうとした。

しかし、前述したように、一九四六年の六月には総督とアウンサンが劇的な和解をし、ウー・ソオのやり方は奏功しなかった。その後、ドーマン＝スミス総督も解任されてしまい、後任のランス新総督はウー・ソオに冷たく接した。英国の方針がアウンサンらパサパラ内の穏健派に権力を移譲することに急速に変化していくなか、ウー・ソオは行政参事会のメンバーにこそ入れてもらえたが、英国から見た彼はもはや「過去の人」であり、一九四七年二月には辞任させられた（後任にはビルマ人ムスリムのアブドゥール・ラザクが就任）。

ウー・ソオは焦り、ついにアウンサン暗殺という最悪の決断へと至る。一九四七年一月に締結されたアウンサン＝アトリー協定で英国政府がビルマの一年以内の独立を認め、アウンサンを中心とするパサパラに権力を移譲する路線が固まったにもかかわらず、当時、そのことを好まない英国の軍人や行政官、ビジネス界の人たちがいた。ビルマ人のなかにもアウンサンに反撥する人々がいた。そのような状況下、ウー・ソオは反アウンサンの思いを持つ英国の軍人からひそかに武器を売ってもらい、自分が率いるミョウチッ党の部下に命令して、一九四七年七月十九日の朝、行政参事会を襲撃させたのである。

捕えられたあとすぐに起訴された彼は特別裁判にかけられる。スピード審理を経て下された判決では、「ウー・ソオは行政参事会のメンバーを全員殺害すれば、英国は次に自分をアウンサンの後任に抜擢するだろうと考え暗殺を実行した」と認定され、死刑を宣告された。控訴審でも判決はくつがえらず、恩赦もなく、独立後四か月目の一九四八年五月、四十八歳で死刑台に消えていった。

しかし、武器を売った人間以外にウー・ソオに入れ知恵をしてアウンサン暗殺を煽った可能性がある英国人の存在が指摘されている（英国文化協会ラングーン代表のビングレー）。また、一九四一年の海南島での訓練以来、年下のアウンサンがリーダーシップをとることに不快感を覚えていたとされるビルマ国軍のネィウィンが、上手にウー・ソオの反アウンサン感情を強め、暗殺に導いたとする説もある。ネィウィンは軍人として独立後のビルマで権力を強め、一九六二年にはクーデターを起こし、一九八八年八月に全土的民主化運動が起きるまでビルマの国家指導者として君臨した人物である（第8章で詳述）。ウー・ソオがアウンサン暗殺を決意した本当の理由は、今日に至るまでよくわかっていない。暗殺事件の真相はいまだ闇のなかにある。

コラム14　暗殺者ウー・ソオの日本観

アウンサン暗殺の命令を下したウー・ソオは、戦前の日本を訪問している。両頭制下の立法参事会議員だった一九三五年のことである。そのときの記録は自著『日本案内』（ビルマ語）という本にまとめられ、自分が経営するトゥーリヤ新聞社から発行された。同書のなかで彼は日本に対する大きな期待を述べている。その部分を三つに分けて抜粋してみよう（訳：根本敬）。

〈1〉英語に頼らず自国語だけで近代化を進めることができた日本への羨望《せんぼう》

ここ日本では英語は用をなさず価値を有さない。英語ができなければならないという必要性もない。すべての業務は日本語で十分に行われている。だからこそ、日本はこのように発展したのだといえる。（英語に頼らざるをえない我々から見て）うらやましい限りである。

〈2〉日本が急速に発展できた理由についての彼の理解

日本は五五年くらい前まで（一八八〇年くらいまで）、ビルマと同じような農業国であり、工業はほとんど存在しなかった。その後、農業では国家が発展しないことを認識し、工業を導入するため青年らを海外に留学させて技術を学ばせ、彼らが日本に帰国後、会得した知識と技術を日本語に翻訳し、ほかの日本の青年らに教えた。そのため習うほうは容易に習得できたのである。

〈3〉一九三五年六月下旬、海軍横須賀鎮守府を表敬訪問したときのスピーチから

私たちは日本を訪問して以来、大企業経営者をはじめ、市長や県知事、そして今日は海軍の高級将校の皆様ともお会いすることができ、とてもうれしく思っております。……私たちビルマ人は、自分たちの王を奪われ、異なる人種の支配下に置かれ、肩身を狭くして過ごしている存在です。にもかかわらず、このような私たちを厚遇し歓迎してくださったことに、心から感謝申し上げます。

ビルマ、フィリピン、インド、満洲国、日本など、東方の世界に住む兄弟たちがいろいろいるなかで、偉大なる兄である日本の力がさまざまに発揮され、世界のなかでひけをとらない存在になっていることを、私たち弟は喜び、かつ誇りに思っております。……

日本を訪問したときのウー・ソオ（1935年）．

満洲国について、日本が国際連盟による非難決議に不満を表明し脱退したとき、偉大な兄である日本が道をふみはずしてしまったのではないかと私たちは心配し

ました。しかし、日本に続いてドイツが脱退し、今日の朝刊によればイタリアも脱退の方向であることが報じられています。こうした国際政治の流れを見る限り、日本のとった選択は正しい道であったとはっきりいえます。日本人とビルマ人は同じ仏教徒で東方の世界に住む者同士です。仲良くすることは容易であり、伝統や慣習や文化も似ているところがあります。ビルマ人と日本人はお互いのより良き発展のために、いかなることでも努力すべきです。両国の国益に関わる事態のために、もし私たちが日本に来る必要が生じれば、たとえ五〇〇〇マイル離れていても、また船が手配できなくても、泳いでやってくるほどの覚悟が私にはあります。

いずれも、英領植民地下で苦闘するビルマ人ナショナリストとしての彼の思いが強く反映されている。特に海軍横須賀鎮守府を表敬訪問した際のスピーチで、日本を「偉大なる兄」として称え、満洲事変以降の日本の国際連盟脱退を評価し、日本とビルマの深い関係を示唆しながら、ビルマ人として日本に最大限協力する決意が述べられている箇所は印象的である。海軍の高級将校らを前にしたスピーチなので、いくぶん迎合が見られ、その点は割り引く必要があるが、一九三〇年代半ばにあって、ビルマ人ナショナリストのなかにこうした日本への強い期待感があったことは、当時の時代の雰囲気を強く感じさせる。

4　アウンサンの跡を継いだウー・ヌ

アウンサン暗殺後、行政参事会議長代行のポストを引き継いだウー・ヌは、タキン党出身者で、ラングーン大学第二次学生ストライキのころからアウンサンと親密な交流があった。日本占領期はバモオ内閣に外相として加わり、抗日闘争には関わらなかったが、戦後パサパラに入り副議長に就いていた。穏健な社会主義者で熱心な仏教徒としても知られた人物である。ランス総督の信頼も厚く、アウンサン暗殺後の大混乱を無難におさめながら、英国との信頼関係を大切にして、淡々と独立準備を進めた。

彼はまず憲法制定審議を再開し、一九四七年九月二十四日、パサパラが作成した憲法草案に基づく憲法を議会で可決させた。続いて十月には英国へ飛び、翌年一月の共和制国家としての独立を認めた協定に調印した。この前後においてウー・ヌは、共和制国家として独立したうえで英連邦（ブリティッシュ・コモンウェルス）に入ることができないものか、水面下で英側に打診している。これは暗殺されたアウンサンが生前ひそかに考えていたことでもあった。ドミニオンを選ぶことは論外だったが、英国との安定した関係を維持し財政や国防の支援を受けるためには、共和制国家として英連邦に加盟することを認めてもらいたいという希望があった。アウンサンもウー・ヌもこのことを公にできなかったのは、前年十一月にパサパラから除名されたビルマ共産党に攻撃材料を与えたくなかったからである。共産党は共和制による独立に加え、英国の経済利権の全面排除、重要産業の国有化、そして徹底した土地改革の実施を主張していたため、同党にとってビルマがいかなる国家形態であれ英連邦に加わる選択肢はありえなかった。

英国はしかし、この件に関し「英連邦に加盟する国々の同意が必要となるので、英国だけでは決められない」という消極的な返答を繰り返した。結局、ウー・ヌは英連邦加盟への道をあきらめざるをえなかった。英国の経済利権を残すことについても妥協し、独立後の国有化は、当面、河川運航などの重要産業の一部についてのみ合意がなされた。

この間、ウー・ヌはカレン民族同盟（KNU）が求めるカレン州設置の問題と、パサパラとの溝を深めるビルマ共産党との関係修復問題を先送りせざるをえなかった。ビルマは見切り発車の独立へと一直線に進んだ。

同年十一月五日、英国の下院（庶民院）では第二読会《どっかい》において六時間二五分の審議を経てビルマ独立法案が可決された（賛成二八八、反対一一四）。読会制度とは英国議会が採用している審議の進め方で（米国の連邦議会や戦前の日本の帝国議会でも採用）、第一、第二、第三読会と段階を分けて審議を進め、第二ないしは第三読会で多数決を採る制度のことである。このときチャーチルら保守党の一部議員は強硬な反対意見を述べたが敗北している。その後、上院（貴族院）でも問題なく可決され、一九四八年一月四日のビルマ独立が確定した。

エピソードとして興味深いのは、独立の日が当初一月六日に予定されていたにもかかわらず、ウー・ヌらがビルマの占星術師の託宣に従って二日早い一月四日（午前四時二十分）に変更することを望んだため、アトリー内閣がそれを認めたという事実である。独立当日、ラングーンの市庁舎の前では早朝にユニオン・ジャックがゆっくりとおろされ、かわって新生独立国家ビルマの旗が掲げられた。こうしてビルマは連邦制の共和国家「ビルマ連邦」として独立し、一八八六年以来失っていた主権を回復した。その日のうちにランス総督はラングーンを発《た》ち英国へ向かった。しかし、占星術師の託宣に従ってまで独立の日時にこだわった甲斐《かい》もなく、その後のビルマは波瀾万丈《はらんばんじょう》の道を歩むことになる。

5　独立の外側に追いやられた人々

国際法が前提とする「国民国家」として独立した以上、建前上は「国民」が先に存在し、その「国民」が「国家」を形成したはずである。しかし、実際に第二次世界大戦後の多くの独立国家で見られた現象は逆だった。宗主国から合法的に譲り受けたものであれ、独立戦争や革命で強引に勝ちとったものであれ、「国家」が先に成立し、「国民」の形成はそのあとに続く場合がほとんどだった。ビルマもそうした国のひとつである。

本章では最後に、独立の過程で外側に追いやられ、そのために独立後の国民形成過程から排除されたり、その過程に関わることを自ら拒否せざるをえなかったりしたさまざまな人々や集団のうち、コミュニスト（特にビルマ共産党）とカレン人（特にカレン民族同盟）、そして英系ビルマ人についてとりあげ、独立後のビルマにたちこめた暗雲の背景を示すことにしたい。

コミュニスト

まずはビルマ共産党に連なった人々である。同党はビルマ民族を中心とした政治集団なので、独立後の「国民」形成をめぐる話とは直接関係しないように映るが、共産主義というイデオロギーをビルマ・ナショナリズムより優先させたため、「国民」形成を促す政府側（体制側）から排斥されたビルマ民族の集団として特徴づけることができる。

一九三九年八月にタキン党の党内党のような形で誕生した同党は、ほんの一時期アウンサンも書記長として関わった歴史を持つ。日本占領期には一貫して抗日姿勢を貫き、ひそかにインドに党員を送って英軍と接触し、ビルマ国内の抗日の動きを伝える一方、英軍の動向をアウンサンらに伝える重要なリエゾン役を担った。国内では農民らに対する極秘の抗日教育も実施し、一九四四年八月のパサパラ結成時にはビルマ国軍とともにその中心に位置した。

日本軍敗退後は、インド共産党経由で入ってきたブラウダーイズム（米国共産党書記長ブラウダーが戦時中に主張した資本主義と社会主義の平和共存を可能とみなす考え方）の受け入れをめぐって混乱に陥り、指導部内の対立が激化する。一九四六年二月には分裂してしまい、少数派が赤旗共産党の名前で別個に行動するようになる（指導者タキン・ソウ）。主流派のほうはパサパラ内に残りアウンサンと共闘したが、インド共産党がソ連共産党の影響下で革命路線に転じると、ビルマ共産党もそれに従ったため、英国との交渉による平和裏の独立を追求したパサパラと対立するようになり、一九四六年十一月には除名されるに至る。これを機に、対英独立交渉から完全にはずされた共産党は、翌一九四七年四月の制憲議会議員選挙に参加はしたものの、パサパラとの再連携は実現せず、孤立を深めた。

この間、主流派共産党の書記長を務めたタキン・タントゥン（一九一一～六八）は、日本占領期にバモオ政府に閣僚として加わった人物であり、一貫して抗日を貫いたビルマ共産党のなかでは例外的存在だった。一九四四年八月に結成されたパサパラでは書記長と対外連絡担当を兼任し、一九四五年四月以降は抗日武装蜂起を推し進めるパサパラと英軍との共同歩調が実現したことから対英協調路線を歩んだ。しかし、両者の対立が本格化する同年十月以降は反『ビルマ白書』に路線を転じた。一九四六年一月にはパサパラ書記長に再選されるが、既述のようにパサパラと英国との関係が好転するなか共産党は逆に革命路線を強めたため、パサパラ内での彼の立場は悪化し、ついに書記長を辞任する（同年七月）。ただし、彼の妻がアウンサンの妻と姉妹だったため、その関係を活かしアウンサンとの接触を通じてパサパラとの関係修復を模索した。しかし、アウンサンは暗殺されてしまった。その後の独立交渉において共産党の出番はまったくなくなり、かつてパサパラの中心を担った彼らの誇りは傷ついた。独立後は英国の経済利権の廃止と地主制度の廃止による土地解放を主張し、武装闘争へと突入していく。以後、一九八九年に最終的な敗北を喫するまで中央政府に対する非合法闘争の道を歩むことになった。

カレン民族

一方、独立後のビルマの「国民」形成においてもっとも大きな問題となったのはカレン民族をめぐる扱いである。第3章1節で触れたように、スゴー・カレン語を用いる人々のなかで十九世紀以降キリスト教を受容した人々を中核に「我々カレン」というアイデンティティが形成され、早くも一八八一年にはカレン民族協会（KNA）が結成されるに至った。しかし、ポオ・カレン語を用いる人々や、比率的には多数を占めた仏教徒カレン（ポオにもスゴーにもいた）がすべてひとつになった「カレン民族」意識が形成されるのには時間を要した。

日本軍がビルマ侵攻作戦を展開していた一九四二年五月、デルタ地帯のミャウンミャという町でビルマ民族とカレン民族のあいだで暴動が発生するが、最近の優れた歴史研究では、この事件が言語や宗教を超えた「我々カレン」意識をつくりあげるきっかけになったとみなされている［池田、二〇一二］。進出してきたビルマ独立義勇軍（BIA）がタキン・ナショナリズムに基づいてデルタ在住のビルマ民族を煽り、キリスト教徒と仏教徒のカレン人コミュニティの両方を「植民地政庁に協力的なカレン人」とみなして襲撃したこの事件は、カレン側の両コミュニティによる激しい抵抗も含め、ミャウンミャ事件として知られる。カレン側では、このときはじめてキリスト教徒と仏教徒双方のコミュニティが「共通のカレン」として共有できる民族的体験を経ることで、ビルマ民族と対峙《たいじ》する傾向を強めていくことになった。

ビルマ独立義勇軍（のちのビルマ国軍）を率いたアウンサンと、中央行政府長官となったバモオ博士も、この事件の傷跡を修復することに苦労している。アウンサンは一九四四年以降、デルタ地帯の仏教徒カレンの一部をビルマ国軍に入隊させ、翌四五年三月末からの抗日闘争にも動員したが、その規模は数百人にとどまった。一方、山岳地帯に住むキリスト教徒カレン（多くがスゴー・カレン）は、日本軍によるビルマ占領が始まって以降、同地に残った英軍将校シーグリムらの指導によって一部が武装化され日本軍と戦っている。この動きとデルタのカレン人たちとは無関係だったが、戦後、両者は交流を深めていく。

ただ、カレンがひとつの「カレン民族」として共通の要求をまとめ、それをパサパラや英国政府に示すことに成功したわけではない。スゴー・カレンのキリスト教徒（バプティスト）を中心に一九四七年二月に結成されたカレン民族同盟（ＫＮＵ）は、パサパラが想定した独立ビルマの領域において、その東部に広大なカレン州の設置を求めた。一方で、同じスゴー・カレンのキリスト教徒が結成したカレン青年機構（ＫＹＯ）は、アウンサン率いるパサパラとの協調を基軸に、ビルマ民族との混住を前提にして、そのなかでカレン民族の権利を擁護しようとする姿勢を示した。一九四七年四月の憲法制定議会議員選挙でも、親パサパラのＫＹＯはカレン人選挙区（全一二）に候補者を出したが、ＫＮＵは選挙そのものをボイコットしている。
カレン側が一枚岩になれず、また英国政府も内部に親カレンの人間を多く有しながらアウンサン（彼が暗殺されたあとはウー・ヌ）率いるパサパラへの権力移譲を優先したため、カレン州問題は先送りされることになった。一九四八年一月四日に独立したビルマ連邦にカレン州は設置されず、のち一九五一年に設置されても時すでに遅く、その間にＫＮＵと中央政府のあいだでは内戦が発生していた。広大なカレン州を要求したＫＮＵは、すでに独立半年前の一九四七年七月にカレン民族防衛機構（ＫＮＤＯ）という武装勢力を結成し、自分たちの要求を無視したビルマ連邦の独立のあり方を認めなかった。その結果、中央政府や国軍との関係は悪化し、一九四九年一月に両者は衝突、以後ＫＮＤＯによる反政府武装闘争が展開されることになる。ここまで至ると、カレンの民族意識は「反ビルマ」意識によって強化されることになり、ビルマ政府が推し進める「国民形成」の流れに合流することは至難となった。

英系ビルマ人

英系ビルマ人（アングロ・バーミーズないしはアングロ・バーマン）とは、その名のとおり英人の血が入った混血のビルマ人のことを指すが、一九三五年以降、法律上の定義では「インドもしくはビルマに生まれ、父方の系譜にヨーロッパ系の血が含まれている者」とされた。すなわち、過去のある段階で英語を母語として用いるようになったヨーロッパ系の人間が、父方の系譜のなかに一人でも存在すれば「英系」と判断されたのである。おおもとがフランス系であれ、ドイツ系であれ、ギリシャ系であれ、ポルトガル系であれ、そのほか何系であれ、ヨーロッパの範疇《はんちゅう》に含まれる民族の血であれば問題とされなかった。また、母方の系譜は無視された。よって現実の「英系」と法律上の「英系」にはズレがあったことは否めない。

彼らは英語を母語とし、ビルマ語は少ししか使えない場合が多かった。宗教的にはほぼ全員がキリスト教徒だった。英領期の複合社会のなかにあっては中間層に位置し、それなりの社会経済的な影響力を有していた。しかし、法的定義に基づく「英系」ビルマ人の人口は、日本軍侵入直前の一九四一年段階でも二万人を少し上回る程度しか存在せず、植民地のなかのウルトラ・マイノリティだった。宗主国と土着の両方の血をひいたがゆえに、英人からは「ヨーロッパ人になろうとしているビルマ人」と見下され、ビルマ人ナショナリストたちからは関心が宗主国にばかり向いている「向こう側の人」としてネガティヴに認識された。英系ビルマ人自身は「ヨーロッパの生活水準を相続しながら東洋の賃金水準に甘んじなければならない人々」と自らを認識していたが、これには彼らが心理的同一感を抱く英人と、距離を置きたい仏教徒ビルマ民族とのはざまにあって、日々の生活においてさまざまな妥協を強いられ、英人のようには経済的に豊かになれない現実への不満が反映されていた。ただ、英系ビルマ人は植民地議会（ビルマ統治法下の下院）に二議席を別枠で与えられ、政治上の保護を受ける形になっていた。

日本軍が侵攻を開始すると、約半数にあたる一万人はインド各地へ避難した。ビルマ国内に残った一万人は日本軍によって敵性民族とみなされ、地域によって差はあったものの、厳しい監視のもとに置かれた。ひとつの村に閉じ込められたり、高校の校舎の中で集団生活をさせられたりした事例もある。反日を疑われた英系ビルマ人が憲兵隊の拷問に遭うという事例もあった。インドに避難した人々は英系ビルマ人の政治団体をつくり、シムラのビルマ政庁に戦後の英系ビルマ人の保護強化を申し入れた。しかし、ビルマ政庁はビルマを将来ドミニオンにする方針を前提に復興計画の調整を進めていたため、その申し入れを拒否し、英系ビルマ人に「ビルマ国民」になるよう促した。

その結果、一九四四年一月二十八日から二月四日にかけて、ビルマ政庁支援のもと、シムラで英系ビルマ人の将来について話し合う公式会議が開催され、そこで「英系ビルマ人は自分たちをビルマの国民として認識する」という宣言を出し、将来のビルマにおいて自分たちが多数派のビルマ人社会のなかに混ざって生きていく決意を示した。

ところが、戦後になってビルマへ戻った英系ビルマ人は、日本占領期にビルマ国内に残った仲間たちが日本軍だけでなくビルマ民族からもさまざまな嫌がらせを受け、苦難の日々を送らされたことを知る。一方で、英国とパサパラとの交渉が急速に進み、前提としていたドミニオン付与が英系ビルマ人にとっては想定外の共和制による独立容認に変わり、かつ新生ビルマ政府を担うパサパラが、かつて英系ビルマ人に批判的な言動を繰り返した戦前のタキン党系ナショナリストを中心とする面々から構成されていたため、彼らは自分たちの将来に強い不安を感じるようになった。一九四七年四月の制憲議会議員選挙で四議席の民族別議席定数を与えられたものの、パサパラが圧倒する議会で彼らの不安が注視される機会はなかった。憲法審議において「ビルマの国民として生きる」という姿勢は建前上維持したが、現実にはビルマ脱出を考える人々が増えた。

英系ビルマ人に対し英国政府は自国パスポートを発行したので、独立の前後から英国、オーストラリア、ニュージーランドなどへ移住する者が続出した。制憲議会議員選挙のときに別枠で与えられた四議席も、独立後の第一回総選挙以降は廃止され、人口調査における「英系ビルマ人」の分類枠も一九七〇年代を最後に姿を消した。英語が母語である彼らにとって、ビルマ語が国語になった独立後、社会生活で不利な立場に立たされることになり、名前もビルマ風に改めさせられる事例が続出したため、戦前のような生活を国内で維持することは困難となった。「ビルマ国民」に吸収されることを嫌った彼らの祖国からの「脱出」は、その後も長期に続くことになる。

第7章

独立後の現実

――ウー・ヌ首相の時代

1　一九四七年憲法体制とウー・ヌ政府の混乱

一国の独立の物語は、障害の多い大恋愛の成就物語と似ていなくもない。バラ色の独立（結婚）が最終ゴールとして描かれるが、その後にどの国（夫婦）も例外なく直面するさまざまな困難について語られることは稀である。しかし、いうまでもなく大切なのは独立後（結婚後）の国（夫婦）の歩みである。

一九四八年一月四日に共和制の主権国家として英国から独立したビルマは、正式国名をビルマ連邦（The Union of Burma）と呼んだ。国家元首として初代大統領にシャン州ニャウンシュエ藩王のサオ・シュエタイッ（一八九六〜一九六二）が就任したが、彼の役割は象徴的なものに限られ、実権は責任内閣制に基づいて議会で指名される首相が有した。初代首相には与党パサパラの議長だった当時四十歳のウー・ヌが就任した。立法府は国民院（下院）と民族院（上院）の二院から成り、下院議員には一九四七年四月の選挙で選ばれた制憲議会議員がそのまま横滑りした。その構成は戦前の植民地議会（下院）議員との連続性をほとんど有さず、タキン党出身者が中心を成す与党パサパラが総議席の七割近くを占めた。ウー・ヌ首相も元タキン党員だった。ビルマ連邦は対外的に中立を宣言し、冷戦下の東西どちらの陣営にも加わらない非同盟の外交政策をとった。

内乱の勃発

ウー・ヌ首相は、議会をはじめさまざまな場所で「社会主義国家」（ないしは「左翼国家」）の建設を宣言した。それは議会制民主主義に基づき、有権者の同意を得ながら段階的に経済面での社会主義化を目指す国づくりを意味した。社会主義への志向は彼が戦前に属したタキン党の思想的影響を反映したものだった。ビルマ・ナショナリズムを推進したビルマ人中間層のうち、特に一九〇一年以降に生まれた世代に支えられたタキン党は、帝国主義を生みだした資本主義ではなく、社会主義こそ自国の近代化と富の公平な分配を同時に実現させる理想的なシステムとして理解していた。ウー・ヌもその流れを汲んでいた。

ただし、独立時の憲法（一九四七年憲法）は、社会民主主義的色彩の強いものではあったが、条文のなかに「社会主義」という用語は一つも使われていなかった。この憲法は、複数政党制に基づく議会制民主主義を維持する限り、資本主義体制でも社会主義体制でも活用できる「中立的」で柔軟な性格を兼ね備えていた。ウー・ヌ首相は「社会主義国家」の建設を宣言することにより、この憲法を明確に「左」へ方向づけ、「資本主義の入り込む隙間のない、国民が生産手段を所有する体制をつくりあげる」ことを公に宣言した。ただし、それをソ連や中国のような革命政党主導による強権的なやり方で行うのではなく、憲法の基本である議会制民主主義に従い、言論の自由や市民的自由を認めたうえで段階的に実現させていくというのが彼の考え方だった。

バンドン会議に出席したウー・ヌ（1955年４月）．

しかし、独立したビルマはすぐにビルマ共産党（および赤旗共産党）の武装叛乱と、それにつづくカレン民族同盟（ＫＮＵ）とその武装組織であるカレン民族防衛機構（ＫＮＤＯ）による武装闘争に直面する。これに加えて、本来パサパラの私兵団でアウンサンに忠誠を誓っていた人民義勇軍（ＰＶＯ）が二つに分裂し、片方が共産党と連携するようになった。反政府勢力は首都に迫り、ウー・ヌ政権は一九四九年の一時期、メディアから「ラングーン政府」と揶揄《やゆ》されるまで追い込まれた。

共産党の武装闘争は、土地国有化の完全実施や英国の経済利権の完全追放などを目的として掲げたもので、共産主義革命の達成を目的としたものである。同時に、そこには本来パサパラの中心を担っていたという自負心を持つ彼らが、英国との独立交渉の過程でビルマ政治の傍流に追いやられ、独立後の政府のなかに居場所がまったく得られなかったことに対するルサンチマンも反映されていた。一方、KNUの武装蜂起は、カレン民族の州が確定しないまま独立がなされたことへの反撥と、より根源的にはビルマ民族を中心とする連邦国家に加わることへの嫌悪感が原因だったといえる。カレン問題は共産党の叛乱とともに、その後のビルマを不安定化させる要因となった。

内乱はKNUと共産党が連携することに失敗したこともあって一九五〇年を境に弱まり、それぞれの勢力範囲は狭められていった。ウー・ヌ政府は平野部での治安をかろうじて取り戻したが（それでも上ビルマの油田地帯を共産党支配から奪い返すのには一九五三年八月までかかっている）、今度は与党パサパラの地方支部が中央の党本部や政府の意向に従わず、勝手な振る舞いをするようになる事態が生じた。

この背景には内乱の「鎮め方」が深く関わっていた。内乱期には、日本占領期に出回った武器の回収が不十分だったため、それらを活用した地方ボス率いる私兵団（民兵）やそれに準ずる団体が各地に組織され、KNUや共産党勢力と対立することが多かった。ビルマ国軍は内部の共産党支持者やカレン民族の将兵らが離脱し、新兵の補充を行いつづけたものの弱体化していた。その結果、窮余の策として、国軍とパサパラはKNUや共産党を自分たちの勢力範囲から追放すべく戦う地方ボスと手を結び、その見返りとして彼らにパサパラ地方支部の資格を与えたり、さまざまな便宜を図ったりした。彼らは内乱収束後、パサパラ地方支部として合法的な形で自らの勢力を維持し、首都ラングーンとの関係を確保しながら（国会議員になる者もいた）、党中央のコントロールを受けることは無視しつづけた。このため議会で過半数を握る与党だったとはいえ、パサパラはまとまりのない烏合《うごう》の衆のような政党となっていった。

中国からの侵入者

ビルマが内乱のピークにあった一九四九年、もうひとつの危機がこの国を襲った。戦後の国共内戦を経て同年十月一日に成立した中華人民共和国（毛沢東《もうたくとう》政権）の人民解放軍が、国内に残った旧蔣介石政権の中国国民党軍（KMT）残党を雲南に追い詰め、そのためKMTの残党が一万人以上の規模で東北部のシャン州に侵入してきたのである（本格化は一九五〇年三月以降）。これにより、ビルマは独立後二年ほどで中国からの侵略者と対峙しなければならなくなった。

ビルマが一番恐れたことは、KMTを追って人民解放軍がビルマに侵入してくることだった。それを避けるにはKMTを一刻も早く追い出さないといけない。国軍は翌一九五〇年六月、KMTに正面から戦闘を挑んだが、もともとゲリラ戦中心の訓練しか受けておらず軍紀も乱れていたため、大敗を喫した。KMTのほうは冷戦下の東西対立にあって台湾（中華民国）と米国中央情報局（CIA）からの支援を受け、その一部は一九五三年十一月に台湾へ移動したが、残りの勢力はビルマ東北部で居座りを続けた。台湾もCIAもKMTがビルマ東北部で力を回復し、雲南に攻め込み人民解放軍を破り毛沢東政権に打撃を与えることを期待していた。当時の米国政府はCIAをコントロールできておらず、大統領や国務長官がウー・ヌ政府を承認し支援を表明しても、CIAはKMTに援助を与えつづけるという「二枚舌」外交を演じた。もっとも、中華人民共和国も政府と党（中国共産党）の立場を使い分け、早くから革命後の国家承認をしてくれたウー・ヌ政府との関係強化を政府が強調する一方で、党のほうはウー・ヌ政権と対峙するビルマ共産党を支援する「二枚舌」を展開した。ウー・ヌ政府は一九五三年三月、KMTの侵攻問題を国連に提訴したが、KMTのビルマからの撤退は一九六一年までかかった。

国軍は国家的危機が深まるなか、兵員や装備の拡充と国防計画の全面的練り直しに取り組みはじめた。しかし、国軍が求める国防予算は、シヴィリアン・コントロールの憲法と制度のもとでは思うように確保できず、そのことから議会政治家たちとのあいだで対立が生じるようになった。国軍にしてみれば、共産党やKNUとの戦いであれ、侵略者KMTとの戦いであれ、いつも自分たちは国家のために血を流しているのに、そのことを政治家たちが理解してくれていないという感情があった。国軍の指導者らとパサパラ内の最大組織である社会党系政治家との絆は日本占領期のころから強いものがあったが、一九五〇年代前半あたりから亀裂が生じ、徐々にそれは広がっていった。

与党パサパラの分裂

一方、パサパラは中央でも安定しなかった。まだ内乱が収まりきっていない一九五一年から五二年にかけて実施した独立後最初の総選挙で引き続き議席の圧倒的多数を確保し、ウー・ヌ首相はそれを基盤に一九五二年から高度福祉国家を目指す政策に取り組んだが、好調だったコメ輸出が国際価格の下落で不振に陥ったために財源確保が難しくなり中止に追い込まれた。一九五六年の総選挙では、パサパラを離党した政治家たちが結成した合法左翼政党の国民統一戦線（NUF）が善戦し、得票率で四五パーセントを記録、小選挙区制のため議席数は伸び悩んだが、パサパラを脅かすに十分だった。このときウー・ヌ首相は首相職を翌五七年三月までバスウェに譲り、その間党務に専念してパサパラの立て直しを図った。

しかし、パサパラは立ち直ることなく、政策や人間関係をめぐって幹部間の対立が激化し、一九五八年四月、「清廉《せいれん》パサパラ」と「安定パサパラ」の二派に分裂してしまった。ウー・ヌ首相は「清廉パサパラ」の領袖《りょうしゅう》だったが、議会の混乱や地方での治安の悪化を収拾することができず、同年十月、ついにネィウィン大将に選挙管理内閣を委ねてしまうことになる。この背景には国軍内部の地方司令官たちの力が影響していた。首都ラングーンにある国軍参謀本部が十分に彼らをコントロールできていなかったため、地方司令官らによるウー・ヌ政府打倒のクーデターがひそかに準備され、それを前もって知ったネィウィン参謀総長（最高司令官）は危機意識を強め、ウー・ヌ首相と会い、議会の承認を得て選挙管理内閣を軍につくらせることを説得したのである［Callahan, 2003］。こうしてビルマは独立後満一〇年目にして軍が政治の表舞台に登場するという事態を迎えた。

軍の擡頭

ビルマ国軍はパサパラの中核として抗日闘争を展開していた一九四五年六月末、英軍と共闘することが公式に決まり、その際「愛国ビルマ軍」（PBF）に名称をかえた。同年九月にキャンディ協定に基づいてPBF将兵の約二分の一が植民地ビルマ軍（戦前から存在する英領ビルマの正規軍）に吸収されたことは前章で述べたとおりである。これにより水と油ほどに性格の異なる旧植民地軍系と旧ビルマ国軍系（アウンサンの軍）の二つの軍が、植民地軍というひとつの枠組みのなかで共存させられることになった。部隊編制において両者は厳格に分けられた。軍内の比率は六対四で旧植民地軍系（主としてカレン民族、カチン民族、チン民族、インド系、英系ビルマ人）が多かった。これにより、親英的で政治に関わることなく国防にだけ専念しようとする六割のグループと、反英・抗日闘争を通じて成長しビルマ・ナショナリズムに基づいて国内の政治イシューにまで深く関わろうとする四割のグループとのあいだに内部対立が生じることになった。

独立とともにこの「水と油」の軍が主権国家ビルマの国軍となったが、ほぼ同時に内戦が始まったため、カレン民族の将兵とビルマ共産党支持の将兵らが軍から飛び出し（もしくは解任され）、これによって軍は質量ともに大幅に劣化した。ビルマ国軍は英国政府と英軍の在ビルマ顧問団（BSMB）の支援を受け、即席の新兵リクルートと簡単な軍事訓練を施しながら内乱の克服に取り組んだ。ウー・ヌ政府によって政府系民兵組織もつくられ、国軍による討伐戦に協力した。

しかし、この間、国軍は議会政治家や官僚たちへの不信感を募らせていく。ビルマ共産党、カレン民族同盟（KNU）との戦闘で多くの血を流し、中国からシャン州に侵入したKMTとの不利な戦闘にも従事しているにもかかわらず、政治家や官僚たちがそのことを十分に理解していないという不満が強まったのである。

国軍は自らの組織の強化拡大と改革を推し進め、士官学校や国軍歴史資料館（DSHRI）を創設した。さらに、一九五〇年に国軍関係者の便宜のためにつくった国防協会（DSI）による食糧や雑貨品販売などの事業活動を、五〇年代後半までに銀行や海運会社の経営まで含む軍の一大利権組織に発展させ、軍の財政を安定させようとした。このうち士官学校の開設は、自力で将校を生みだすシステムをつくりあげたことを意味する。それまでは中途半端な幹部養成学校で下士官を訓練し、彼らが戦場で「手柄」を挙げれば将校に昇進させていくような「現場主義」がまかり通っていたが（一方で極少数、英国や米国の士官学校に留学する者もいた）、自前の士官学校ができて卒業生を出すようになった五〇年代後半からは、将校の人事システムが徐々に合理化（制度化）されていった。これと並行して、首都の参謀本部勤務と地方の軍管区勤務とのあいだに相互の異動を導入することによって、地方勤務将校たちの不満を和らげることも行った。

国軍の選挙管理内閣とウー・ヌ首相の復帰

ネィウィン選挙管理内閣は、半年ごとに議会の承認を得ることを前提とした合法政府だった。しかし、実質的には軍政そのものであり、軍事力を発揮して共産党関係者や左翼の学生活動家を封じ込め、国内治安の回復を力で実現した。そして一九六〇年二月に治安回復を宣言して総選挙を実施した。

独立後三回目（戦後四回目）となる総選挙では、ウー・ヌ率いる連邦党（旧「清廉パサパラ」）が議席の過半数を獲得し、彼が首相に返り咲いた（一九五六～五七年に一時期首相職を退いているので、正確には第三次ウー・ヌ政権である）。しかし、この選挙の際、国民のあいだに国軍に対する不満が高まっていたことをウー・ヌは利用し、対立する「安定パサパラ」が国軍と近かったことを攻撃しながら選挙戦を有利に進めた。そのためネィウィンから反感を買うことになった。

復活したウー・ヌ首相は、その後も失政を繰り返すことになる。ひとつは仏教の国教化をめぐる失敗である。ウー・ヌは一九六〇年の選挙で復活を図る際、国民の九割近くを占める上座仏教徒の支持を得ようとして仏教国教化を公約した。独立時の憲法（一九四七年憲法）も信仰の自由を保障しつつ、仏教に特別の地位を認めていたが、国教には指定していなかった。首相に復帰したウー・ヌは、翌一九六一年にその憲法を改正して仏教を国教に定めた。しかし、人口の一割を占める非仏教徒の不満が高まり、それが少数民族問題の悪化にもつながったため、再び憲法を改正して元に戻した。これによって今度は仏教界の反撥が強まり、彼の政権は不安定化した。与党（連邦党）の内部にも対立が生じ、それを収拾できないため議会が混乱した。また、独立後に目指した段階的社会主義化を捨て、資本主義路線を強めたが、経済回復の遅れを取り戻すことはできなかった。

こうした事情により国政が行き詰まりを見せ、ビルマの議会制民主主義は再び危機に陥る。ウー・ヌ首相はさらにもうひとつの難問にぶつかった。シャン州をはじめとする各州が自治権の強化を要求してきたのである。憲法にはシャン州とカレンニー（カヤー）州に限り、独立後一〇年目以降の連邦からの分離権が認められているため、ウー・ヌ首相は少数民族州側の要求を軽視するわけにはいかなかった。このとき国軍は、ウー・ヌ首相が各州から出されている自治権強化要求に妥協してしまえば、連邦からの分離権をシャンとカレンニー両州が行使するのではないかと恐れた。ウー・ヌ首相には少数民族に対する大幅譲歩の意思はなく、またシャン州側にも分離権行使をする意思はなかったが、国軍は最悪の事態を想像した。すでに一九五八年から二年弱経験した国内統治（選挙管理内閣）によって自信をつけていたこともあり、いよいよ自らの強い決意で政権を奪取し、連邦を軍主導の中央集権下に置こうとするに至る。すなわち、クーデターの決行である。

2　日本との関係――コメの輸入と戦後賠償

戦後のビルマ米輸入

独立後のビルマと日本は、戦時中の被占領者と占領者という歴史を乗り越え、友好関係を築くことになる。しかし、すぐにそうなったわけではない。

　両国の戦後関係史は、まずは日本によるビルマ米の買い付け（輸入）交渉に始まる。敗戦後の日本は国内の戦禍と食糧供給地であった植民地（台湾・朝鮮）を失ったため、深刻な食糧不足に陥った。コメが自給できないため、海外から安くコメを入手する必要に迫られ、日本人の嗜好《しこう》に合わないとされる「インディカ米」と呼ばれるものも含め、大量のコメが国策として輸入された。そのとき、タイとともに東南アジアにおけるコメの大輸出国として知られるビルマのコメも重要な輸入対象となった。独立ビルマのウー・ヌ政権は、冷戦下にあって厳正中立外交を基本方針としたため、一九五一年のサンフランシスコ対日講和条約を西側諸国に偏った講和として参加を拒否し、日本との戦闘状態終結宣言も一九五二年四月まで出さない厳しい対応をとっていたが、そのような時期にあっても、日本政府によるコメの買い付けには好意的に応じた。

ビルマ独立の翌年にあたる一九四九年には七万トンが日本に輸出され、翌五〇年には早くも戦前の一九三六〜四一年の日本向け年平均コメ輸出量一四万七七〇〇トンを上回る一七万トンが販売されている。一九五一年十一月には日本政府がラングーンに在外事務所を設置することを認め、翌年四月の戦闘状態終結宣言後は総領事館への昇格を承認（八月）、前後して入札による日本向けコメ輸出枠の確保や、日本が緊急に求める入札によらない追加割当および割当枠外販売を優先的に認めた。この背景には、戦後の世界的なコメの供給不足に加えて朝鮮戦争（一九五〇〜五三年）による特需が生じていたなか、コメの輸出で外貨を稼ぎ、経済復興や社会福祉国家建設のための資金に用いたい意向がウー・ヌ側にあったことはもちろんである。しかし、ビルマにとって完全な売り手市場であったこの時期、日本に対し特別の枠まで設けて優先的に安くコメを売る必要はまったくなかった。ではなぜ日本を厚遇したのであろうか。

そこには見逃せない事実として、旧南機関員たちの働きがあった。元機関長の鈴木敬司（敗戦時少将）らが日綿実業や第一物産、東西交易などをはじめとする商社によるビルマでのコメの買い付け交渉において、ウー・ヌ政府とのあいだに立って奔走した。戦前に海南島で軍事訓練を施した「三〇人の志士」出身の大臣や次官をはじめ、日本占領期に「抵抗と協力のはざま」に立って動いたビルマ人政治エリート（ウー・ヌ首相もその一人）と接触し、日本の危機的食糧事情への理解を求め、ビルマ側がそれに応じたのである。日本のビルマからのコメの買い付けはその後、一九五五年まで二〇万トン台を経て三〇万トン台へと増えつづけたが、翌五六年から減少に転じ、五九年には二万五〇〇〇トンにまで減っている。一九六八年には完全にストップし、その後は二〇一三年まで四五年間、ビルマ米の日本への輸出は再開されなかった。

賠償交渉

一九五二年から両国間の賠償交渉が開始されると、一九五四年八月から九月にかけて訪日したビルマ側代表団との交渉を経て、日緬賠償・経済協力協定が結ばれた。それに伴い、日緬平和条約も調印・批准され（いずれも一九五五年四月発効）、両国はビルマ独立後七年たってやっと正常な外交関係に入った。

日緬賠償・経済協力協定の中身は、一〇年間（一九五五〜六五年）にわたる総額二億ドルの生産物と役務（労働力）の無償供与、ならびに五〇〇〇万ドルの経済協力の実施というものだった。その額は、のちに結ばれたフィリピン（一九五六年締結、生産物と役務で五億五〇〇〇万ドル、開発借款二億五〇〇〇万ドル）や、インドネシア（一九五八年締結、生産物と役務および貿易債務焦げ付きの棒引きを含め四億ドル）よりも少なかった。協定にはビルマ側の強い意向によって将来の賠償額の見直しを視野に入れた再検討条項が含められたが、日本との最初の賠償締結国となったビルマがこの額で合意したことは、その後の賠償交渉に低めの「相場」をつくることになり、結果的に日本を有利にさせ、つづくフィリピンとインドネシアとの交渉に複雑な影響を与えた。

　当時の日本政府にとって東南アジア諸国に対する戦後賠償は、言葉本来の意味での「賠償」（償い）ということではなく、東南アジアへの経済的復帰を図るための先行投資という思惑を有した。吉田茂首相自らそのように語ったし、当時の政府の文書にもそのように記述されている。そもそも世論がアジア・太平洋戦争における日本の加害者的側面を受けとめず、国内経済が回復していない段階での「賠償」実施にきわめて消極的だったため、政府としては先行投資型の中身にする必要があったといえる。現金で支払うのではなく、生産物と労働力で「賠償」するというやり方は、実質的に日本企業の東南アジア投資を促す役割を果たした。

　一方、ビルマ側には日本の思惑が何であれ、早期に賠償を獲得したい事情があった。それは朝鮮戦争による特需が終わってコメの国際市場価格が下がり、期待していた外貨収入が得られなくなったことによって経済復興が遅れ、ウー・ヌ政府が推進していた高度福祉国家の創設を目指した国家的プラン（ピードーター政策）に必要な資金が不足したことである。それがビルマ側に賠償協定早期妥結を促したといえる。ちなみに、この賠償協定の交渉過程においても、戦後のコメの買い付け交渉のときと同じように、戦時中のビルマ人政治エリートと日本側の旧南機関関係者との深い結び付きが見られた。

　その後、ビルマ政府は再検討条項に基づき、賠償額の引き上げを日本政府に対して求めることになる。ビルマは最低でもインドネシア並み（四億ドル）への金額の引き上げを要求し、かつ「賠償」という名称の継続使用を主張した。日本政府はこれに強い抵抗を示し、交渉は開始されたものの、両者の認識は大きく離れ、交渉の不成立すら予測された。しかし、ここでも戦時中のビルマ人政治エリートと日本側の旧南機関関係者との深い結び付きが奏功し、終盤になってやっと交渉決裂だけは避けるべきとの判断が日本側に働いた（コラム15参照）。

双方妥協の末に締結された内容は、名前を「経済技術協力」としたうえで（すなわち「賠償」という名称は用いない）、日本は現行の賠償が終了したのち一億四〇〇〇万ドル分の生産物と役務を一二年分割で無償供与し、加えて三〇〇〇万ドル相当の円借款を六年以内に実現するというものだった。ビルマが将来、賠償額の再検討要求を行わないことも合意された。日本政府は「賠償」というタームの使用を避けたが、一般にこの協定は「準賠償」と呼ばれ、一九六五年から一九七七年まで実施された。

第三者から見れば、この交渉は日本外交の勝利に映るかもしれない。しかし、一連の賠償および賠償増額交渉を歴史的に振り返った場合、それは日本だけでなくビルマにも有利に作用したといえる。なぜなら、ビルマは金額や名目に関する妥協を強いられたとはいえ、紛糾することなく賠償と「準賠償」をそれぞれ順調に日本から得ることができ、それを足がかりにして、一九六〇年代後半から多額の政府開発援助（ODA）を長期にわたって引き出すことに成功したからである。

コラム15　「日本は兄、ビルマは弟」と明言したビルマ政府使節団

賠償交渉の第1回全体会議で挨拶するアウンジー准将（1963年1月14日，外務省）．
写真提供：共同通信社．

賠償増額交渉のため一九六三年一月中旬に東京を訪れたビルマ政府代表団のアウンジー准将は、同月十四日に開催された大平正芳《おおひらまさよし》外相らとの第一回会談の冒頭部分で、日本側を驚かせる挨拶を行っている。「私は今日、賠償問題を交渉するためではなく、家庭問題を兄に相談する弟のような立場で来ました」と語ったのである。

「日本が兄、ビルマは弟（ないしは妹）」というメタファーは、戦時中、大東亜共栄圏の「精神」をビルマやほかの東南アジア諸国に伝える際に日本側が好んで用いたものだった。戦後は間違っても使えなくなったその表現を、日本ではなくビルマ政府代表が公式の場で使用したのであるから、日本側が驚いたのも無理はない。

驚いたのは日本ばかりでなく、ラングーンに駐在した西側外交団も同じだった。一九六三年一月二十二日付の在ラングーン根本博《ねもとひろし》臨時代理大使（参事官）から大平外相宛の極秘公電には、「当地

駐在自由諸国外交官は外交団間の宴席等において……、ア准将（注：アウンジー准将）の「弟が兄に接する云々《うんぬん》」の態度表明に対して……大きな関心を示し、英大使館参事官は厳正中立主義のビルマとしては思い切った表現であると語り、またタイの大使は「日本が羨《うらや》ましい」と漏らした」と記されている。英国参事官の「ビルマとしては思い切った表現である」という言葉は意味深長である。英国外交団にとって旧植民地だったビルマが日本に対して「兄」と呼んだことは、さぞかし複雑な気持ちをもたらしたであろう。

日本政府はもちろんアウンジー准将のこの言葉にコロッと参ったわけではない。日本の国益を最優先させるべく、交渉決裂やむなしくらいの厳しい対応をしたが、公開された外交史料からは、「日本は兄」とまで言ってくれる相手を手ぶらで返すわけにはいかないという心理が相当に作用したことが読みとれる。

3 遠のく旧宗主国

一方、独立後のビルマと英国との関係は急速に薄いものになっていった。その理由としては、第二次世界大戦後のアジアにおける英国の政治的・経済的存在感の大幅な減少が挙げられる。しかし、根源的な要因として、ビルマがもともと英領インド帝国に対する燃料（原油・石油製品）と食糧（コメ）の供給地としての役割を与えられていたため、インドが独立して英国の「責任」から離れてからは、英国にとってビルマの必要価値が必然的に下がる運命にあったことが指摘できる。

大戦後の英国の東南アジアへの経済的関心は、もっぱら天然ゴムと錫《すず》が確保できるマレーシア（一九五七年まで英領マラヤ）と、東南アジア交易の中心だったシンガポールに向かった。そして一九六二年以降、ビルマがネィウィン政権による閉鎖的なビルマ式社会主義を採用するに至ると（第8章で詳述）、それまで戦前から続いていた英国資本の象徴であるビルマ石油会社（BOC）も完全国有化され、その後の英緬関係はミニマムな外交関係の範囲にとどまるようになった。

もちろん、英国がビルマ政府と深い関係をいっさい有さなかったというわけではない。独立当初はビルマの弱点である国防面において保護者的な役割を果たそうとしていた。独立交渉が進展中だった一九四七年に結ばれた英緬防衛協定（レッヤー＝フリーマン協定）に基づき、独立の少し前から在ビルマ英国顧問団（BSMB）がビルマ国軍を側面から指導した。軍事訓練や武器購入のアドヴァイスのほか、少数ではあったが国軍将校を英国の士官学校やそれに準ずる学校に留学させた。しかし、この協定は独立後五年たった一九五二年に二つの理由からビルマ側によって破棄されている。

ひとつはBSMBがビルマに存在する限り、国境を接する中国に要らぬ刺激を与えてしまうのではないかという心配である。既述のとおり、一九五〇年以降、中国国民党軍（KMT）の残党がビルマ東北部に侵入して居座っている状況下にあって、彼らを追って中国の人民解放軍もビルマに侵攻してくるのではないかという恐れがビルマ国軍にあった。よって、冷戦下で中立を宣言している国が英国の顧問団を置いている矛盾を中国側に突かれないようにするには、BSMBとの関係を切るしかないと判断したわけである。もうひとつの理由は、ビルマ国軍が当初から抱いていたBSMBに対する根源的な不信感である。BSMBは国軍が武器を購入する際にアドヴァイスを行う立場にあったが、国軍側から見るとそれは購入しようとする武器の制限にほかならず、自分たちが主体的に武器を選択できないという不満があった。それ以上に国軍側の不信感を募らせたのは、BSMBのなかに親カレン民族の英軍将校が多数いるという確信だった。英国はウー・ヌ政府との友好関係維持に努めていたため、武装抵抗を展開するカレン民族を政府として公式に支援したり支持したりすることはなかったが、日本占領期に山岳地帯でカレン民族をはじめとする少数民族を抗日闘争に動員した際の個人的関係の延長で、KNUを支援する英国の軍人が存在したことは事実である。ビルマ国軍はそれを黙認する英国政府の姿勢に不快感を抱いたわけである。BSMBは最終的に一九五四年一月、ビルマから撤退した。

第8章

ビルマ式社会主義の時代

——国軍による統治①

1　ビルマ式社会主義の理念と現実

一九六二年の軍事クーデター

一九六二年三月二日、ビルマ国軍によるクーデターが決行され、ウー・ヌ政権は倒され、ネィウィン大将（一九一一〜二〇〇二）を議長とする革命評議会が全権を握った。議会が承認して発足したネィウィンによる四年前の選挙管理内閣（一九五八〜六〇年）とは異なり、今回の国軍の登場は自らの強い決意に基づくものだった。ここから軍による国家統治がビルマで始まることになる。

クーデター自体は十一歳のシャン民族の少年が誤って射殺された以外「無血」だったと言われている。この少年は初代大統領サオ・シュエタイッ（シャン州ニャウンシュエ藩王）の息子で、早朝に戦車が町のなかを走るのをラングーンにある父親の別宅の屋根から見ていたところ、下から国軍の兵士によって撃たれてしまった。

憲法と議会は即時に廃止され、一九五七年から第三代大統領を務めていたマーン・ウィンマウン（カレン民族、一九一六～八九）や首相ウー・ヌら主要政治家はすべて逮捕もしくは長期拘禁された。新聞、雑誌、ラジオの報道も厳しく統制されるようになった（テレビ放送の開始は一九八〇年から）。これ以降、ビルマの政治の中心には常に国軍が位置しつづけ、経済はもちろん、社会や文化にも多大な影響を与えることになる。

しかし、国民は当初、国軍の本格的な政治介入を歓迎する雰囲気にあった。ウー・ヌ政府があまりに不安定だったからである。唯一の例外はラングーン大学学生同盟だった。非合法のビルマ共産党の影響力のもと左翼色が強かった学生同盟の活動家にとって、国軍による選挙管理内閣のときに受けた弾圧の記憶もまださめていないなか、軍人ネィウィンが政治の最高権力を握ることはまったく歓迎できない事態だった。彼らは大学内を拠点に反ネィウィン集会を開き、軍のクーデターを厳しく批判した。これを見たネィウィン議長は同年七月七日、軍を動員して活動家学生を多数射殺し、翌八日、かつてアウンサンやウー・ヌらが活躍した歴史ある学生同盟の建物を爆破、なかで抵抗を続ける学生の多くを死傷させた。この二日間、大学キャンパスからかなり離れた住宅街でも学生に向けて撃つ機関銃の音が響いたといわれている。こうしてネィウィンは一九二〇年の創設時以降、祖国の独立運動の人材を多数輩出したラングーン大学の学生運動を強引に封じ込め根絶《ねだ》やしにした。

ビルマ社会主義計画党（BSPP）

ウー・ヌ時代の一四年間を通じ、政党政治に不信感を抱いていたネィウィンは、一九六二年七月四日、ビルマ社会主義計画党（BSPP）を結成し自ら党議長に就任した。その後、BSPPへの協力を求めて諸政党代表と話し合いを持ったが、期待した結論が得られなかったため、一九六四年三月二十八日、BSPP以外の全政党を解散させる強硬手段をとった。この間、外資導入や民族資本の育成を主張して穏健な経済路線を主張した貿易・工業大臣のアウンジー准将（一九一九～二〇一二）を解任し、急進的な社会主義政策をとることを国内外に示した（一九六三年二月）。この時期、隣国のタイが開発主義を採用して積極的に外資を導入し経済成長を促そうとしたのとは好対照だった。BSPPには国軍の将校が党員として参加し、一九七〇年代以降は段階的に門戸を開放して一般国民の入党を容易にした。しかし、党が存在した二六年間を通じて、BSPPはネィウィン議長を中核とする国家統治を正当化する国軍と表裏一体の政党というのが実態であっ

ネィウィン（1962年）.

た。

その後、一九六二年の軍事クーデターからちょうど一二年がたった一九七四年三月二日、社会主義色を明確にした新憲法を施行して形式的な民政移管を行い、国名をそれまでの「ビルマ連邦」から「社会主義共和国」を加えた「ビルマ連邦社会主義共和国」に改名した。実質はBSPPの一党独裁を合法化した極度の中央集権体制であり、その基盤には引き続き国軍が位置した。ネィウィンは革命評議会議長から大統領に転じ、軍籍を離脱したが、BSPPの党議長をそのまま兼任したので、彼の権力は突出した。ネィウィンはBSPPが指導する党国家をつくることを目指したものの、それはうまくいかず、国軍の力を利用したネィウィン個人の独裁色を強めていくことになった。一九八一年十一月にサンユ書記長（一九一九～九六）に大統領職を譲るが、党議長職に残ったため、院政のような形で実権を握りつづけた。

どこが「ビルマ式」だったのか？

ビルマの近現代史では、一九六二年から八八年までを「ビルマ式社会主義の時代」と呼ぶ。「ビルマ式社会主義」は俗称で、正確には「社会主義へのビルマの道」といい、社会主義そのものより「ビルマ式」「ビルマの道」のほうが強調された。その特徴はどのようなものだったのだろうか。

①イデオロギー

ビルマ式社会主義の思想的な特徴（イデオロギー）は、マルクス主義に拠らず、ソ連や中国の社会主義とは別の行き方を目指すという点にあった。ソ連や中国は、少なくとも建前上は「能力に応じて働き、必要に応じてもらう」という究極の平等社会である共産主義の実現を目指したが、ビルマ式社会主義は共産主義を拒否し、「人間による人間の搾取」を認めないことを強調したものの、「反共」に立つ社会主義を標榜《ひょうぼう》した。マルクス主義の根源である唯物論を否定し、かわりに党（BSPP）の公式文書『人間と環境の相互連関の原理』（ビルマ語略称『インニャミンニャ』）によって、人間と環境が相互に影響を与え合う文明と社会の形成を主張した。これは人間が主体となって環境（物質）に働きかけることによって文明と社会がつくられるという認識であり、生産関係に基づく経済的構造が下部構造として政治や思想などの上部構造を規定するとみなしたマルクス主義とは大きく異なった。こうした基本理念に基づき、外交においては冷戦下にあって東西どちらの陣営にも属さないことを宣言し、またどちらも批判しない中立姿勢をとり、「ビルマにふさわしい」システムがあれば東西どちらの陣営からもそれを採用するという柔軟な姿勢を表明した。

一方、宗教と政治の関係については政教分離の立場をとり、独立時の憲法で定められていた上座仏教の特別な地位や、キリスト教、イスラム教、ヒンドゥー教、精霊信仰の公認について触れることなく、単純に信仰の自由のみを認めた。ただし、国民の祝日には仏教関係の祝日をいくつか取り入れ、キリスト教、イスラム教、ヒンドゥー教の祝日もそれぞれひとつずつ採用した。

②現実の政策

経済　しかし、現実の政策は非常に硬直したものとなった。特に経済面では極端な国有化が推進された。外国資本は国家によって接収され、私企業は製造業だけでなく流通業も含め、ごく小規模なものを除いて国有化された。国有化の大義名分はソ連や中国のような「プロレタリアートによる経済支配」の実現ではなく、ビルマ人が経済の力を取り戻す「経済のビルマ化」の実現として説明され、「国有化」という言葉は避けられ「国民所有」という表現が用いられた。大規模な国営企業には例外なく軍人が経営者として天下りした。そのため、経営効率が落ち、商品の質も低下し、それすらも十分に国民の手元へ出回らない状態が日常化し、タイから密輸物資が大量に入ってくることになった。

たとえば、日本の会社を接収した国営の万年筆工場がつくるペンはインクが出にくい粗悪品と化し、英国の会社を接収した国営の石鹼《せっけん》工場が生産する一般向けの石鹼は香りを意味する「フムエー」という名前がつけられたにもかかわらず、ほとんど香らず泡も出ない劣悪な石鹼と化した。また、いろいろな国営商店が登場したが、商品の供給が不十分なばかりか、店長も店員もインセンティヴに欠ける公務員だったため勤労意欲に乏しかった。「ありません」「知りません」「売り切れました」だけを繰り返す「三語族」のような靴屋や、店内ががらがらなのに自分の担当テーブルしか接客しないコーヒーショップのウェイトレス、本のすべてがガラスケースに展示され、ケースごとにカギを持つ店員が異なり、その人がいなければ欲しい本を手にすることができない書店など、不便極まりない店がラングーンやマンダレーに増えた。一方でタイから入ってくる密輸商品を扱う一般店はおおむね繁盛したが、こちらはこちらで努力しなくても客が来るので店員は横柄だった。また定価を明示せず客によって商品の値段を変える店がほとんどだった。

農業　農業は国有化の対象からはずれた。しかし、そのかわり籾米《もみまい》供出制度の導入によって、政府が指定した分量のコメを生産し、それを政府が指定した安値で供出することを義務づけられた。よって農民の生産意欲は下がり、特に質の良いコメを自家消費用や闇市場に流す農民があらわれるようになった。精米や流通も国有化され、政府は安く手に入れたコメを国際市場に輸出して外貨を稼ぎ、外資やＯＤＡに頼らない自力による工業化推進の資金にしようと考えた。しかし、それは成功を見なかった。また、地主が小作料を取ることを禁じたため、小作は姿を消したが、農民人口の推定四割を占める農業労働者（土地なし農民）はそのままの状態に置かれた。

経済危機との直面　経済は全般に悪化の一途をたどり、なかでも一九七〇年代半ばと一九八〇年代半ばに危機的状況を迎えた。最初の危機的状況を迎えた際は、日本と西ドイツから大規模なODAを受け入れることによって乗り切ろうとしたが、それでも回復は一時的にしか実現せず、二回目の危機的状況を迎え、その結果、一九八七年には債務返済の猶予を受けやすくなる国連の後発発展途上国（LDC）の認定を受けるに至った。この間、高額・中額紙幣の予告なし廃貨（紙幣の突然の廃止）を三回も行い（一九六四年、一九八五年、一九八七年）、代償措置を制限することで闇商人らの利益に打撃を与えようとする荒療治を企てたが、かえって一般国民に経済的な犠牲を強いただけだった。一九八七年九月には経済危機を乗り越えるべく、農産物の取引自由化を突然実施したが、にわかに復活した流通業者によるコメの買い占めが生じ、こちらも逆に国民の生活を苦しめることになった。

外交　外交も消極的中立に姿勢を転じた。ウー・ヌ時代には同じ中立でも国連で積極的に動き、一九五五年の第一回アジア・アフリカ諸国会議（バンドン会議）で中国の周恩来《しゅうおんらい》やインドのネルー、インドネシアのスカルノらとともにその主役を担うなどしたが、ビルマ式社会主義の時代には国境を接する五つの国々（タイ、ラオス、中国、インド、バングラデシュ）との関係こそ重視したものの、それ以外の国々とは必要最低限の友好関係しか結ばなかった（ただし日本と西ドイツとの関係は一九七〇年代半ば以降ODAを軸に深まった）。こうした消極中立はベトナム戦争の激化に伴って冷戦に巻き込まれることを防ぐ前向きの意味があったが、本来の動機は、国内の政治や経済、文化に対する外国の影響力を極力少なくしたいと考える国軍の排他的なナショナリズムによるものだった。国民の海外への出国は厳しく制限され、外国人の入国もはじめは二四時間しか認められず、のちに七二時間、一九七〇年代に一週間に延ばされた。しかし、観光インフラの整備に力が入れられることはなかった。

宗教　宗教政策においても、党のイデオロギーや一九七四年憲法において信仰の自由を明示しておきながら、実際は国家による上座仏教への強い配慮が見られ、ウー・ヌ時代同様、政府高官や高級将校らのパゴダ詣りや、高僧のいる有名僧院への訪問、僧衣などの献上が国営メディアで大きく報道された。ネィウィン個人も一九八〇年代半ばにはラングーンのシュエダゴン・パゴダの横に大きなパゴダを建立している。

③中央政府による一元的支配

ビルマ式社会主義はまた、中央政府による一元的支配を特徴とした。ウー・ヌ時代に認められていた少数民族の一定程度の自治権はすべて廃止され、一九七四年に制定された社会主義憲法ではモン、カレン、カヤー、シャン、カチン、チン、アラカンの七つの主要少数民族にそれぞれ「州」が与えられたものの、各州ともBSPPと中央政府の厳しいコントロールのもとに置かれ、政治・行政上の自由は認められなかった。シャン州とカチン州で認められてきた藩王(土侯)たちの特権もとりあげられ、彼らを退位させて年金生活者にする措置がとられた。国名の「ビルマ連邦社会主義共和国」のなかの「連邦」はまったく名目的なものだった。当然、少数民族側は激しく抵抗した。

独立直後のカレン民族同盟（KNU）から始まった中央政府への武装闘争は、カチン民族にも影響を与え、ウー・ヌ時代末期の一九六一年二月にはカチン独立機構（KIO）が結成された。同機構はビルマ式社会主義期に入るとカチン独立軍（KIA）による反政府武装闘争を本格化させた。このほか、シャン州、カヤー州（旧カレンニー州）、モン州、チン州でも武装抵抗が広がった。ビルマ共産党の武装闘争も激化した。ビルマ国軍は一九六〇年代後半以降、これら諸勢力を倒すための治安作戦を展開し、特に「四断作戦」と呼ばれた反政府軍への食糧・人間・情報・武器の四つの供給を遮断しようとする作戦は、少数民族が住む多くの村々や村人を疲弊させ犠牲者を増やした。結局、それらは部分的な成功しか見なかった。

中央による一元的支配は同時に国家による国民の思想統制を生み、情報機関による国民の監視を伴った。家庭内や茶店などでの会話までは問題にされなかったが、報道や言論に対する統制は徹底された。出版物は雑誌を含め厳しい検閲下に置かれ、紙も配給制にされたため出版活動は全体的に停滞し、政府から見て好ましくない出版物には紙を十分に配給しない措置もとられた。ビルマの人々の貴重な娯楽だった映画も検閲下に置かれ、こちらはフィルムが配給制となったため、検閲とセットで作品内容が制約を受けることになった。「ビルマ的」な文化と思想を尊重するよう指導されたため、芸術的多様性も失われた。

新聞は国営化され、実質的に政府やBSPPの広報と化した。ラジオ放送と一九八〇年から始まったテレビ放送も、娯楽性を含みつつ、基本的には政府のスピーカーと化した。ここでもに「ビルマ的」な文化が強調されたため、ロック調の演奏をするバンドでもテレビ番組出演時には民族衣装のロンジー着用を義務づけられた。国営テレビ局による自家製ドラマでも、諸民族の団結のイデオロギーが重視され、たとえば少数民族武装勢力に属する一女性がビルマ国軍の若い将校と恋に落ち、彼の「連邦を守ろうとする真の愛国心」に感銘を受け、自分の行動を「反省」して仲間に武器を捨て国軍と協力し合うよう説得するといったストーリーが放映された。

④官僚制の乗っ取り

この時代のもうひとつの重要な特徴は、軍による官僚制の乗っ取りが行われたことである。一九六二年以降、官僚機構は軍の下部機関に化していく。革命評議会のネィウィン議長は国軍幹部を各省の中枢であるそれぞれの大臣官房に天下らせ、その結果、官僚が軍に抵抗できる基盤そのものを壊した［中西、二〇〇九］。ここには英国植民地期につくられた官僚制に対するネィウィンや国軍の敵愾心《てきがいしん》が満ちていたといってよい。各省の大臣、副大臣、局長のポストにはほぼ例外なく軍人が退役したうえで就き、ときには課長クラスのポストにまで軍関係者が異動してくることもあった。公安組織も拡大強化され、人々の自由を制約するようになった。ただ、独裁国家にありがちな相互監視社会や密告社会にまで堕落することはなく、茶店などで庶民が政府批判を小声でする程度の自由は残されていた。

国軍の政治観

こうしたビルマ国軍の著しい政治化の背景には、軍と政治との関係に関する彼ら独特の認識が影響していた。ここでは一九六五年十一月に開催されたBSPPの第一回党セミナーにおける当時のサンユ書記長の発言を引用してみたい。彼はビルマ国軍の役割について次のように断言している(傍点は引用者)。

ビルマ国軍は政治闘争のなかで生まれ、さまざまな武装闘争を経験してきた。しかし、一時期、国軍は自らの役割について「軍にとって政治は無関係である、……経済や社会についてもそれは国軍の仕事ではない、我々の唯一の義務は国防に尽きる」と考えていた。こうした狭い了見のために、国軍はそれまでの革命の遺産をほとんど失いかけるに至った。……しかし、ネィウィン将軍の指導により、……国軍は一九六二年三月二日以降、社会主義革命を担うことによって、自らの革命の遺産を取り戻したのである。

このサンユ書記長の発言が示すように、ビルマ国軍は、自らを国防に専念する機能集団としてではなく、自国の革命を推進する政治的な軍として理解していた。国軍から政治性を消し去ることは「狭い了見」として退けられたのである。彼らは実際、政治に関わることなく国防に専念する隣国インドの軍のあり方を軽蔑し、逆にクーデターで政権をとったパキスタン軍を高く評価した。歴史を振り返ると、ビルマ国軍は独立闘争のなかで生まれ、英国との戦闘と抗日闘争を自らの歴史的栄光の基盤に据え、独立後は議会制民主主義と経済の段階的な社会主義化を支える軍として自らを規定してきた。彼らにとって軍と政治は切っても切れない関係なのである。こうした基本認識は、現在でもビルマ国軍の行動を規定しつづけていると考えられる。

このようにして一九六二年以降、ビルマ国軍がビルマ・ナショナリズムの「正統な」引率者として君臨するようになり、愛国心のあり方や、「ビルマ的」なるものが何であるかなどの定義は、すべて国軍が国民に強制していくものに化していった。これは見方を変えれば、一九一〇年代からビルマ・ナショナリズムを支えてきたビルマ人中間層が、その政治的力量を国軍の政治権力独占によって奪われたことを意味するものだった。

国民の冷めた眼

これまで述べてきたように、ビルマ式社会主義体制は国軍の力に支えられたビルマ社会主義計画党（BSPP）による一党支配であるとともに、実質的にはネィウィン個人による独裁色の強い体制だった。国民はウー・ヌ時代に認められていた言論の自由を封じ込められたため、自分の命や生活を危険にさらさない限り、批判や不満を公に示すことができなくなった。そこで流行したのがさまざまな体制批判のアネクドート（かくれ話）だった。前述したようにビルマ式社会主義は公式表現では「社会主義へのビルマの道」と呼ばれたが、それを茶化す次のような「物語」が人々のあいだでおもしろおかしく話された。

BSPP議長のネィウィンが、前首相のウー・ヌと、恩赦で自由を回復してやった元赤旗共産党議長のタキン・ソウを引き連れて、一緒に夜道を歩いていたときのこと。後ろから幽霊がついてくるのでネィウィンが嫌がり、「ウー・ヌよ、あいつに去るよう説得しろ」と言った。熱心な仏教徒として知られるウー・ヌは幽霊に仏教の徳をとうとうと説き、ここから去って修行し、よき来世を目指せと説得したが、まったく効果なく、幽霊はあいかわらず三人のあとをついてきた。ネィウィンはそれを見て「ウー・ヌは役にたたん。タキン・ソウよ、今度は君が行ってあの幽霊に去るよう説得しろ」と命じた。人生を通じてマルクスの『資本論』を四回読んだことが誇りのタキン・ソウは、幽霊にマルクス主義の正しさをとうとうと説き、唯物論の世界では幽霊は存在しないからここを去れと説得した。しかし効果はまったくなく、幽霊はあいかわらず三人のあとをついてきた。これを見たネィウィンは怒り、自分で幽霊のところに行って何かを短く語ると、幽霊は驚いた顔をして逃げ去って行った。ウー・ヌとタキン・ソウは「どうやって追い払ったんですか」とネィウィンに尋ねた。彼は言った。

「なに、この道が〝社会主義へのビルマの道〟と知ってついてきているのか、と言っただけさ」

また、次のような単純なアネクドートも人々に好まれた。

ある日、党議長ネィウィン一行が地方視察のため飛行機で空を飛んでいたときのこと。ネィウィンは地上の村々の貧しさを見て胸を痛め、「彼らにここから一〇〇チャット紙幣を落としてやったら喜ぶだろうな」と冗談を言った。「いや閣下、一ドル紙幣のほうが喜ばれるかもしれません」と子分のサンユ大統領が応じた。みんなが笑い合っているとき、飛行機のパイロットがまじめな顔をして「皆様方は本気で貧しい国民を喜ばせたいお気持ちがあるのでしょうか」と聞いた。ネィウィン党議長らは「あたりまえだ。なにバカなことを聞く」と答えた。するとパイロットは平然と言った。

「国民を喜ばせる最良の方法があります。いまこの飛行機が墜落することです」

このように、国民の眼は冷めていたといえる。ただ、それが実際の政治的な力として表面化するには一九八八年まで二六年間かかった。

コラム16　三代目はビルマ人――国連事務総長

多くの人は忘れているかもしれないが、国連の第三代事務総長はビルマ人だった。名前はウー・タンといい、日本ではウ・タントの表記で知られた。一九六一年から七一年までの一〇年間、激動する冷戦下の国際社会の調整を担った優れた国連事務総長だった。ビルマではウー・ヌ時代の末期からネィウィン時代の前半にかけての時期にあたる。

一九〇九年一月二十二日、ビルマのデルタ地帯にあるパンタノーに生まれた彼は、ラングーン大学中退後、故郷で国民学校（高校）の教師となり、一九三四年二十五歳で校長に就任している。国民学校とは、ビルマ・ナショナリズムを支えたGCBAが各地で支援した全教科をビルマ語で教える愛国主義の私立学校である。ウー・タンは故郷が近かったウー・ヌと交流を深め、一九四八年の独立後はウー・ヌ首相の側近となる。情報大臣を経て一九五一年から五七年まで首相府担当大臣を務め、ウー・ヌ首相の演説原稿の執筆を担当、一九五五年のバンドン会議（第一回アジア・アフリカ会議）にも同行している。一九五七年からビルマの国連代表部大使となり、外交官としての彼の人生が始まる。その四年後の一九六一年九月、第二代国連事務総長ハマーショルド（スウェーデン人、在職一九五三～六一）がコンゴ動乱調停のために北ローデシア（現ザンビア）に向かった際、操縦士のミスで飛行機が墜落し事故死するという想定外の事態が起きる。その結果、冷戦下にあって東西どちらの陣営にも加わらない非同盟を貫いていたビルマのウー・タン大使に注目が集まり、同年十一月三日、国連総会の満場一致で第三代事務総長に就任、その後も一九六六年に再任され、一九七一年十二月三十一日まで重職を務めた。

　彼が事務総長だった一〇年間、多数のアジア・アフリカ諸国が独立して国連加盟を果たした。ウー・タンは非同盟諸国の行動理念に理解を示しながら、キューバ危機、コンゴ内乱、インドネシア西イリアン問題、第三次中東戦争、チェコ動乱（プラハの春）、ベトナム戦争（米軍による北爆）、印パ戦争（バングラデシュの独立）など次々と生じる難題と取り組んだ。南アフリカ共和国のアパルトヘイトに一貫して反対し、ベトナム戦争にも懸念を強め米国と北ベトナムとの直接交渉を提案したが当時のジョンソン大統領に拒絶され、米国の不信を買ったこともある。しかし、事務総長としてのウー・タンの評価は高く、国連開発計画（UNDP）、国連大学（UNU）、国連貿易開発会議（UNCTAD）、国連環境計画（UNEP）など、現在に続く国連の重要な任務も彼のイニシアティヴによって開始されている。東京の青山にある国連大学のウー・タン（ウ・タント）・ホールは彼の業績を記念したものである。

ウー・タン.

　事務総長引退後もニューヨークに住みつづけたが、一九七四年十一月に舌ガンでこの世を去った。ここから先がまた運命的である。彼の遺体はネィウィン政府に反対する学生たちによってラングーンへ到着後に奪われ、十二月五日から十一日までラングーン大学の旧学生同盟跡地に安置された。学生たちはネィウィンが国連で活躍したウー・タンを妬《ねた》み遺体の扱いを大切にしない可能性があるとして強引な手段に出たのだが、政府は十二月十一日に強行介入して遺体を取り戻し、ラングーン随一の仏塔であるシュエダゴン・パゴダの境内にある墓に埋めた。この間、ラングーン市内でも大規模な反政府デモが展開され、政府は戒厳令を敷いた。

現在、国際社会に知られる有名なビルマ人といえばアウンサンスーチーという答えが戻ってくるが、激動の冷戦期に国連の事務総長として活躍したウー・タンの名前もぜひ覚えておきたい。ちなみに、彼の孫タンミンウーは、グローバルな感覚を持つビルマ史研究者として国際的に活躍している。

2　一九八八年――全国規模の民主化運動

一九八八年、ビルマの国民はビルマ式社会主義がもたらした極度の経済不振と自由の束縛に対する不満を爆発させ、その結果、全土的に民主化運動を展開するに至った。

世界史的に見た場合、一九八〇年代後半、すなわち冷戦時代の末期は、民主化のうねりが世界のあちこちで生じた時期であった。一九八六年にフィリピンで「ピープルズ・パワー」によってマルコス独裁体制が倒され、翌八七年には韓国で盧泰愚《ノテウ》新大統領による民主化宣言が出されていた。ビルマの民主化運動はその翌年にあたり、さらに一九八九年六月には中国の北京《ペキン》で民主化を求める群衆を国家が封じ込める天安門《てんあんもん》事件が生じ、その後、東欧の民主化、ソ連の崩壊（一九九一年）へと続いている。

きっかけ

ビルマで発生した民主化運動は当初、学生を中心とした反ネィウィン運動の色彩が濃かった。そのきっかけは些細《ささい》な事件だった。一九八八年三月十二日、ラングーン工科大学（RIT）の学生たちが大学そばの喫茶店で自分たちが持参したミュージック・テープを流してもらおうと店主に依頼したが、先に店にいた地元有力者（BSPP幹部）の息子が持ち込んだテープが流されつづけた。そのため、いくら待てども自分たちのテープを聞けない学生たちの不満が高まり、有力者の息子とのあいだで喧嘩《けんか》が生じた。警察がやってきて騒ぎが大きくなり、その際、ひとりの学生が警官に射殺されるという事態に至った。工科大学の学生たちは怒り、その輪はたちまち広がり、八キロほど南のラングーン大学にも飛び火した。

六日後の三月十八日、両大学の学生たち数千名が抗議デモを行うと、治安警察が出動してこれを弾圧し、そのためラングーン大学のすぐそばにあるインヤー湖沿いのダダーピュー（白い橋）と呼ばれるあたりで大量の死傷者を出すに至った。このとき治安警察は学生たちを湖に追い詰めてつき落とし、這《は》い上がってくるところを警棒で叩き、頭を水に押し付けて溺死《できし》させるという仕打ちに出た（ダダーピュー事件）。また、逮捕した学生を狭いトラックに数十人も無理に乗せたため、警察署に着くまでのあいだに多くが窒息死するという事件も生じている（これについては政府が謝罪）。

ネィウィン議長の辞任

ネィウィンはこのあと、四月十一日から五月二十六日まで何事もなかったかのように国費を使って恒例のスイスと西ドイツへの健康診断を名目にした外遊に出てしまう。帰国後、六月には新たな大規模デモが学生たちによって行われ、このときも治安警察や軍と激しく衝突した。このころラングーン大学では学生同盟がひそかに復活し、ほかの学生団体も結成されるようになった。また、かつて一九六三年二月に経済政策をめぐる不一致から当時の革命評議会議長ネィウィンに解任されたアウンジー元准将が、ネィウィン個人に宛てて体制批判の手紙を送りつけ、そのコピーといわれるものが町中に出回るようになった。

デモはラングーンだけでなく、地方にも徐々に広がり、事の重大さにやっと気づいたネィウィンは七月二十三日から開催されたBSPPの臨時党大会で演説を行い、党議長からの辞任を表明した。さらに国民が希望するのなら複数政党制への移行も検討すべきだと発言した。このときネィウィンは演説の終わりのほうで突然原稿から目を離し、「私は引退するが、今度また国民が騒動を起こしたら、国軍はそうした連中に対し、威嚇射撃ではなく命中するように撃つから、覚悟しておくように」という、国民に向けた脅し文句を付け加えた。これが録画中継で全国のテレビに流れたため、多くの人々は驚いた。

「８８８８」

ネィウィン議長の辞任とともにサンユ大統領も職を辞し、後任には人民評議会によってセインルウィン（一九二三～二〇〇四）が選ばれ、大統領とＢＳＰＰ議長を兼任した。しかし、国軍の強硬派の一人だった彼は、それまでの一連の学生弾圧を推し進めた最高責任者であり、彼の登場は学生たちの怒りの炎に油を注ぐ結果となった。八月八日にゼネストと大規模デモがラングーンで行われ、八八年八月八日を意味した「８８８８」が叫ばれるなか、セインルウィン打倒の強い意思表示がなされた。大統領は戒厳令を布告して軍を出動させ、軍はデモ隊に発砲を繰り返し、ラングーン総合病院前では看護師を含む多数の死傷者が出るに至った。それでも運動を封じ込めることはできなかった。セインルウィンは就任からわずか一九日目の八月十二日、大統領と党議長を辞任した。

一週間後の八月十九日に文官出身のマウンマウン博士（一九二五～九四）が大統領に就任すると、彼は世論に妥協し戒厳令を解除した。これによりラングーン市内でデモ隊に睨《にら》みをきかせていた軍部隊は兵舎に引き上げ、一般市民や公務員が大手を振ってデモに加わるようになった。ラングーン市内は連日数十万人規模のデモや集会で盛り上がり、国軍からも末端とはいえ空軍の整備兵らから成るデモ隊が登場した。学生活動家のなかからモウティーズン（〝六月の嵐〟）やミンコウナイン（〝王に勝つ〟）など、人々に広く知られるようになるリーダーも登場するようになった。アウンサンスーチー（一九四五～）もこの段階で民主化運動にデビューしている（詳細は次章）。

人々の訴えは「民主化の実現」「暫定政府の設立」「複数政党制に基づく総選挙実施」「人権の確立」「経済の自由化」といった主張に収斂《しゅうれん》していき、海外メディアからもビルマの「民主化運動」として認識されるようになった。政府とBSPPの広報と化していた国営新聞にかわり、民間の新聞が雨後の筍《たけのこ》のように登場し、憶測を含むさまざまな政治報道を自由に書き連ねるようになった（ラングーンの春）。ただし、テレビ局とラジオ局だけは政権側（軍側）によって強固に維持され、学生や市民らに放送局を乗っ取られないよう厳重な警備が敷かれた。

運動の息切れ

民主化運動はしかし、運動全体を指導できる人物がなかなか登場しなかったため、息切れするようになり、的確な着地点を見出せなくなっていった。マウンマウン大統領がBSPP体制のもたらした過去の過ちをテレビで謝罪し、三か月以内に複数政党制に基づく総選挙を実施すると宣言しても、人々はそれを受け入れなかった。アウンサンスーチーをはじめ、何人かの著名な元軍人や元政治家が政治集会を催すようになったが、この段階では誰ひとり運動の最高指導者として行動しようとする者はいなかった。

九月に入るとラングーン市内のあちこちでデモ隊の「飲水に毒が入れられる」という事件が発生し、人民裁判的な犯人捜しを誘発した。犯人とされた者は公安のスパイとみなされ、興奮する群衆によって「死刑」判決を下され、公衆の面前で生きたままナイフで首を切り落とされ、それを僧侶らが立ち会って「認める」という、異常で悲惨極まりない事件が数十件起きた。政府機能が停止したため刑務所で食事の供与ができなくなり、一斉に囚人らが「解放」されたことも市民に不安感を与え、各地で自警団が結成される事態を生んだ。

軍による封じ込め

焦った学生側は、九月十二日に総選挙実施のための暫定政府設立を宣言するようアウンサンスーチーやティンウー元国防大臣らに強く求めたが、事態は決定的な推移を見ないまま九月十八日を迎えた。その日の午後四時過ぎ、国営ラジオから勇ましい行進曲とともに臨時ニュースが流れ、国軍が「法秩序の回復」と「国土の治安維持」のために全権を掌握したことを伝えた。ビルマ国軍による二度目のクーデターである。

軍の高官一九名から構成される軍事政権の発足が宣言され、これによって民主化運動は武力で抑え込まれた。ビルマ式社会主義は放棄され、ＢＳＰＰも解党となった。軍政発足後の一週間、ラングーンはもとより地方都市でも学生たちが抵抗を続けたが、軍による水平射撃によって封じ込まれた。この間の全国の死傷者は軍事政権側の発表で死亡三三七名、負傷者二〇九名とされたが、実際は一〇〇〇人以上が死傷したと言われている。

民主化運動の先頭を担った学生たちは、高校生を含む一万人以上が逮捕を恐れて山に入り、タイ側の国境地帯で抵抗を継続するべく、同年十一月に全ビルマ学生民主戦線（ABSDF）を結成し、古くから中央政府と戦いつづけてきたカレン民族同盟（KNU）およびカチン独立機構（KIO）と共闘することになった。

コラム17　日本の対ビルマODA

かつてはODA大国といわれた日本。ビルマにも多額の政府開発援助を供与してきた。一九五五年から六五年まで一〇年間実施された戦時中の被害に対する賠償に始まり、その後一九七七年まで一二年間続いた「準賠償」（経済技術協力）と一九六八年から始まった円借款がビルマへのODAの土台となった。円借款とは民間金利よりも低利・長期に相手国に円で融資する援助（有償資金協力）のことである。一九七五年にはグラントと呼ばれる無償資金協力（返済不要の援助）も開始され、戦後日本の国家としてのビルマへの関わりは賠償からODAを中心とするものに変化していった。

ビルマ式社会主義期のネィウィン政権は、一九七〇年代前半まで海外からの援助受け取りに消極的だったが、自国の経済不振を乗り越えるため、七〇年代後半から日本と西ドイツからのものを中心としたODA受け取りに積極的となった。この間、一九七六年十一月には東京で世界銀行主催の第一回ビルマ援助国会議が開催され、日本と西ドイツのほか、英国、フランス、オーストラリア、米国が参加している。

一九八八年に全土的な民主化運動が生じODAが中断されるまでの期間、日本の対ビルマODA供与総額は、円借款が約四〇三〇億円、無償資金協力が約九四一億円、そして技術協力（専門家派遣、留学生・研修生受け入れ等）が約一四六億円、総計で五一一七億円にのぼった。この額はこの時期の日本の諸外国へのODA供与と比較してきわめて多いほうで、一九八九年までの通算でビルマは日本のODA供与額が七番目に多い国だった。ビルマ側が受け取った二国間援助の総額で見ても、日本はビルマに対するトップドナーでありつづけた。

しかし、民主化運動が展開された一九八八年、「日本の対ビルマODAはネィウィン政権を必要以上に延命させる役割を果たした」という厳しい批判がビルマ側で生じた。商品借款を通じビルマで組み立てられた日本企業のトラックの一部が軍事目的に転用されていた疑惑が指摘されたほか、長期・多額の援助がなされた割にビルマ側に技術移転が起こらず、人材育成よりハコモノ中心のプロジェクトが目立ち、無償援助より借款が多くビルマ側の債務を増やしてしまったという批判は、その一部に的外れなものがあったにしても、当時の日本のODA政策に反省を迫るものだった。その後、日本政府は一九九二年に「ODA大綱」を閣議決定し、ODAの実施にあたって平和・民主化・人権保障のための努力に配慮する姿勢を示すようになる。

一九八八年九月の軍事政権成立以降、日本の対ビルマODAは激減する。年平均で一九八八年以前の五分の一程度にまで落ち、その大半は円借款ではなく無償資金協力となった。しかし、二〇一一年三月にビルマで民政移管が起きると、有償資金協力の本格再開が検討されるようになり、二〇一三年に実施されることが決まった。これと前後して、五〇〇〇億円にのぼるビルマ側の累積債務の「帳消し」も認められた。

必要とされる人々のもとに、必要とされる内容の援助がきちんとなされるかどうか、実施前と後の説明責任を含めて、今後の日本の対ビルマODAはその真価を問われることになる。

第9章

軍事政権とアウンサンスーチー

——国軍による統治②

1　軍政二三年間の歩み

前章で述べたように、一九八八年九月十八日、ビルマ国軍は民主化運動を武力で封じ込め、国軍幹部一九名（のち二〇名）から構成される軍事政権を発足させた。正式名称を国家法秩序回復評議会（SLORC）といい、議長にはソオマウン大将（のち上級大将）が就いた。

翌一九八九年六月、軍政は自国の対外向け英語名称「バーマ（ビルマ）」を変更し、ビルマ語名称と同じ「ミャンマー」に統一した（本書「はじめに」参照）。さらに国内の地名に関してもビルマ語名と英語名が異なっていたものはすべてビルマ語名に統一した。その最たる事例が首都「ラングーン」の「ヤンゴン」への名称統一である（以下、本書ではヤンゴンを使用）。このほかの事例としてはモールメイン→モーラミャイン、バセイン→パテイン、パガン→バガン、ヘンザダ→ヒンダダーなどが挙げられ、それぞれが本来のビルマ語名に統一された。

その後、ソオマウン議長は二年七か月で病気引退し、一九九二年四月、後任にタンシュエ大将が就任した（すぐに上級大将に昇任）。SLORCは登場した当初、自らの使命を治安回復と複数政党制に基づく総選挙の実施に定め、暫定政府としての位置づけを行い、経済政策においては二六年間続いたビルマ式社会主義を捨て、市場経済への移行に舵《かじ》を切った。しかし、政党の結成を認める一方で、高い人気を誇った国民民主連盟（NLD）の書記長アウンサンスーチーの活動を封じ込めるため、一九八九年七月に彼女を長期自宅軟禁に処した。そのうえで、軍政発足後一年八か月たった一九九〇年五月二十七日、ビルマで三〇年ぶりとなる複数政党制に基づく総選挙を実施した。

一九九〇年の総選挙

この総選挙への国民の期待は高く、投票率は七二・五パーセントに達した。選挙そのものは軍政によるアウンサンスーチーの自宅軟禁や、厳しい選挙運動の規制と介入を除けば、投票当日の中立性の保持と開票の公正さにおいて特に大きな問題は生じなかった。一部とはいえ、外国人ジャーナリストも開票場に入り、開票に立ち会ったり選挙管理委員会のスタッフにインタヴューを行ったりすることができた。しかし、開票の結果、軍政発足後に民主化運動の中心を担った国民民主連盟（NLD）が、書記長のアウンサンスーチーを当局による自宅軟禁のために欠きつつも、総定数四八五のうち三九二議席（八一パーセント）を獲得して圧勝すると、S

ＬＯＲＣは政権移譲の無期限延期の態度をとりはじめ、事実上選挙結果を無視した。

軍事政権はこうした態度をとった理由について、選挙後二か月近くがたった七月に「一九九〇年総選挙で当選した者は制憲議会の議員である」という主旨の宣言を出し（軍政公告１／90）、早期の政権委譲よりも新しい安定した憲法をつくることを優先する必要があると説明した。しかし、総選挙でＮＬＤの圧勝が明らかになったあとになって、当選議員を制憲議会の議員であると定義したそのやり方は、自らが予想しえなかった不都合な結果を認めたくないという態度のあらわれと指摘されても仕方がないようなものだった。

制憲議会という位置づけにしても、当面はそれを開催せず、かわりに軍政が独自に選んだ人間から構成される制憲国民会議（公式名称は単に「国民会議」）という別の会議を設置し、そこで新憲法の草案をつくると宣言した。その際、草案の基本方針は軍政が提示するものとされた。この会議で草案がまとまれば、一九九〇年五月の総選挙で当選した議員によって構成される制憲議会を初めて召集し、そこで審議を行い、承認後に軍政が最終チェックを加え、そのうえで国民投票にかけるという複雑な道筋を提示したのである。しかも、この道程にどのくらいの時間をかけるのかということには触れず、また新憲法成立後に選挙をやり直すのか否かということについても明らかにしなかった。本来なら第一党として政権を移譲されるべきだったＮＬＤは、こうした軍政の対応に強く反撥したが、軍政側は決定に従わない当選者や党員の逮捕・資格剝奪《はくだつ》などを通じて抵抗を封じ込めた。

SLORCは一九九七年十一月十五日にメンバーの五分の四を入れ替え、名称を国家平和発展評議会（SPDC）に改称し、旧称に含まれていた「法秩序回復」という暫定政権的メッセージを消して「平和」「発展」という本格政権を思わせる表現を採用した。これにより一九九〇年五月の総選挙結果を無視しつづける姿勢は確定的になった。ビルマの軍事政権が国際社会から強く批判されたのは、武力による民主化運動の封じ込めやアウンサンスーチーNLD書記長の自宅軟禁に加え、何といっても総選挙をやっておきながら、その結果を無視したという民主主義のルール違反を行ったからだといえる。

制憲国民会議の開催

軍政お仕着せの制憲国民会議は、総選挙から二年八か月たった一九九三年一月になってやっと開催された。当初、軍政によって選ばれた同会議の代議員は七〇一名いたが、そのなかで一九九〇年五月の総選挙で当選した議員は九九名（一四パーセント）しかおらず（その大半はNLD所属）、残りは総選挙に候補を立てたものの当選者を出せなかった政党や、少数民族、農民、労働者、知識人、技術者などからそれぞれ選ばれた代表によって占められた。このことから明らかなように、この会議が民意を反映しているとはいえなかった。ましてや、その後一九九五年十一月にNLD所属の代議員八六名が、制憲国民会議における議論の進め方が非民主的であるとして会議出席をボイコットすると、軍政は彼ら全員を除名したので、それ以降、代議員全体に占める一九九〇年総選挙当選者はほとんどゼロになった。代議員は発言を行う前日までにその内容を文書にして議長に提出し許可を得る必要があり、許可を受けた範囲からはずれたことを発言すると処罰されるルールだったので、ＮＬＤはその点を問題視したのだが、軍政は無視した。

同会議は何回もの休会を繰り返しながら、一九九六年から八年もの長期休会に入り休眠状態となった。二〇〇四年五月に規模を一〇八八名に拡大して再開された際、ＮＬＤの当選議員を五〇名ほど取り込もうとしたが、ＮＬＤ側は会議の進め方に改善の見込みがないとして、あらためて参加を拒否した。

二〇〇七年九月、ようやく憲法の基本方針が確定した。しかし、その全文は公表されることなく、翌二〇〇八年二月に憲法草案なるものがいきなり公表された。同年五月、サイクロン（台風）「ナルギス」の来襲による悲惨な被害が下ビルマに広がるなか（一四万人が死亡、二四〇万人が被災）、国民投票を強行し、国民に憲法を「承認」させるに至る。

ＮＬＤとの対話拒否

この間、ＮＬＤは何度も軍政側に前提条件なしの対話を申し入れてきた。特に一九九五年七月にアウンサンスーチーＮＬＤ書記長が六年ぶりに自宅軟禁から解放されると、対話への姿勢をいっそう強め、軍政側に話し合いの席につくよう訴えた。しかし、公式対話は実現すること

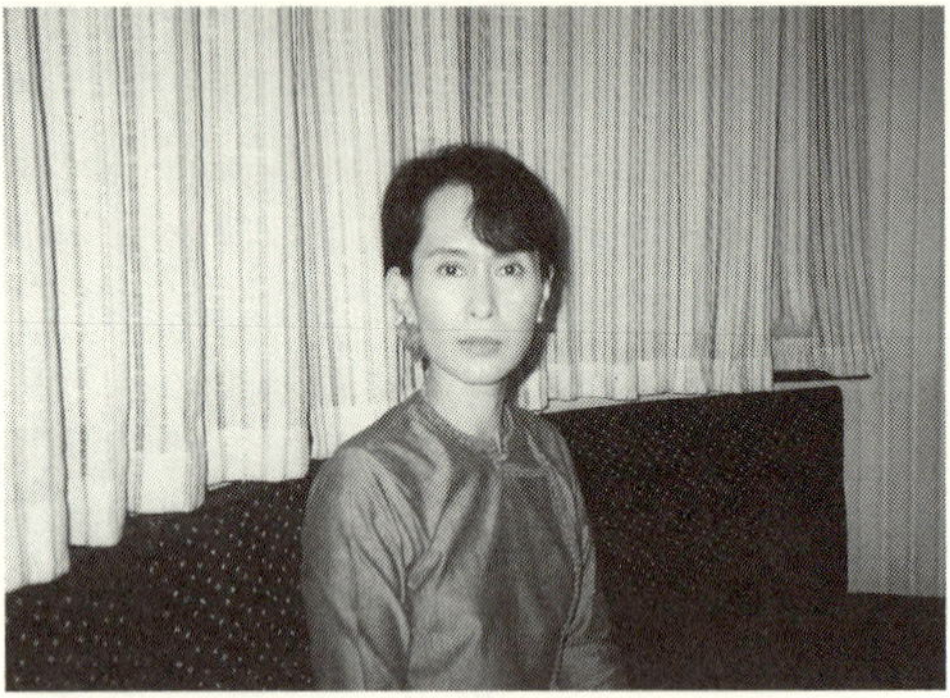

アウンサンスーチー．本人の自宅にて．
出所：筆者撮影（1996年９月）．

なく、逆に軍政によるＮＬＤ抑圧が強まり、アウンサンスーチーが他のＮＬＤ幹部とともに自宅前で開催していた週末の市民との対話集会は禁じられ、ＮＬＤが何度も申し入れた一九九〇年総選挙当選議員による国会開催の要求にも軍政は回答を寄こさなかった。

そこでＮＬＤは一九九八年九月十六日、独自に当選議員の過半数から得た委任状を正統性の根拠にして、当選議員一〇名から構成される国会議員代表者委員会（ＣＲＰＰ、通称「一〇人委員会」）を発足させ、国会の代行開催という思い切った手段に踏み切った。これは通常の国会開催とはいえず、合法性を軍政によって否定され、国際社会からの積極的支持も得られなかった。それでも軍政がこれまでに出した法令に正統性がないことを個別具体的に宣言し、独自の憲法草案づくりに着手した。軍政はこの行動に激しく反撥し、ＮＬＤ党員と家族への抑圧を強め、さまざまな妨害を加えてこの活動を中断に追い込んだ。国営メディアを用いたアウンサンスーチーらＮＬＤ幹部に対する連日の人身攻撃に始まり、軍政が結成した連邦連帯発展協会（ＵＳＤＡ）に各地で集会を開かせ、「アウンサンスーチー国外追放決議」や「一九九〇年総選挙におけるNLD候補者の当選無効宣言」を行わせたりした。USDAとは軍政が公務員とその家族らを強制的に動員してつくった翼賛団体である（二〇一〇年に政党化され、連邦連帯発展党USDPとなる）。このほか、アウンサンスーチーがNLDの地方党支部訪問のためヤンゴンを出ようとすると、彼女の乗った自動車を軍政が阻止して自宅に強制的に連れ戻す事件も二回生じた。二〇〇〇年九月にはヤンゴン中央駅からマンダレーに出発しようとした彼女とNLD一行を軍政が阻止し、彼女は二度目の自宅軟禁に処されることになった。しかし、国連のアナン事務総長が任命したビルマ担当特使ラザリ・イスマイルの調停が奏功して水面下で軍政との対話が始まり、一年七か月を経て二〇〇二年五月に彼女は解放された。NLDはただちに対話の継続と強化を求めたが、軍政はまたもやそれを拒絶した。

人権状況

この間のビルマ国内における人権状況についても触れておきたい。国連など国際社会はビルマ軍政を非難する際、民主化への不熱心に加え、しばしば人権の抑圧も大きな理由として指摘した。一九九一年以来、国連人権委員会は毎年のようにビルマに対する非難決議を行った。人権報告官によるビルマ国内での調査に基づき、道路拡幅工事や鉄道敷設工事における地元住民の強制労働をはじめ、郊外新開地への住民の強制移住、公務員に対する思想調査（アウンサンスーチーを支持しないことを事実上誓約させられた）、反軍政の政治活動を行った者に対する深夜の拘束や令状なし逮捕、警察署や軍の特殊機関における拷問、弁護人抜き裁判、刑務所での不衛生な処遇などが指摘され、それらの改善が求められた。また、反政府軍との戦闘地域になりやすい少数民族居住地域において、国軍部隊による現地住民に対する暴力行為や略奪が生じ、そのため大量の難民がタイ側やバングラデシュ側に出て国際的な批判をあびることにもなった。

軍事政権は大学の閉鎖もたびたび行った。彼らは一九八八年の民主化運動を先導する役割を担った大学生の非政治化を当初から考え、ことあるごとに大学の閉鎖という手段を通じて学生がキャンパスに集まらないようにした。これはビルマ式社会主義の時代にもネィウィン政権によって何度もとられた措置であるが、軍政下においては、一九九六年十二月から二〇〇〇年七月まで三年七か月もの長期にわたり、軍関係、医学関係および通信教育を除く全大学を閉鎖する乱暴な措置がとられた。このためビルマの高等教育は大打撃を被ることになった。この間、ヤンゴン市内にあった大学の諸キャンパスをすべて遠い郊外に移転させるという荒療治も行っている。これによりビルマにおける学生運動は壊滅状態に陥った。

国軍の兵員増強と装備の充実

軍政の一連の強権的措置は、一九八八年以降の国軍の兵員と装備の飛躍的拡充に裏打ちされていた。陸海空三軍から成るビルマ国軍の兵員は、一九八八年段階で二〇万人弱（陸軍に関しては一六八大隊）だったが、一〇年後の一九九八年には二倍以上の四五万人（同四二二大隊）に増え、その二年後の二〇〇〇年には当時の推計人口の一パーセントを超える四八万八〇〇〇人にまで増加した。そのすべては志願兵から構成され、兵員だけを見た場合、東南アジア全一一か国のなかで第一位を占めた。

装備についても、一九九〇年代以降、おもに中国から購入したジェット戦闘機や戦車、対空砲をはじめ、シンガポールから購入したレーダーやコンピューターシステムなどの情報通信機器によって格段に充実し、国内の一般的な治安維持においてはもちろんのこと、少数民族武装勢力との戦闘においても優位に立つことになった。こうした軍事力の急激な増強から判断して、国家予算の四割から五割を国防費が占めた可能性がある。しかし、国防予算は公表されることなく、国家予算も二〇〇一年から二〇一〇年まで公開されなかったので、詳細は不明のままである。

ディベーイン事件

二〇〇二年五月に二度目の自宅軟禁から解放されたアウンサンスーチーは、軍政との対話を許されず、全面的な政治的自由を得たわけでもなかったが、NLDの地方党支部への訪問や、行った先での小規模集会の開催については黙認された。これに伴い、一九九八年九月以降、封鎖されてきた地方党支部の再開も相次いでなされた。部分的とはいえ、軍政がこのような融和的態度を示した背景には、それまで一四年間にわたる統治においてNLDの活動をほぼ完全に監視・抑制する体制を整え、学生運動と公務員による反政府活動も全面的に封じ込めた自信があったからだといえる。たとえアウンサンスーチー一人を自由にしても、そのことが国民に与える大きな政治的影響はないと判断したと考えられる。

しかし、二〇〇三年に入り、アウンサンスーチーによる地方党支部訪問がより拡大し、それに伴い現地で開催される集会に地元の人々が数万の単位で集まることが何回か繰り返されると、軍政は急速に彼女に対する抑圧を強め、翼賛団体USDAを用いて現地でのNLD集会を妨害するようになった。それは同年五月三十日に発生したディベーイン事件で頂点に達した。

その日、上ビルマのモンユワ市で集会を終え、同夜、次の訪問先に向けて車やオートバイで移動を開始したアウンサンスーチーとNLD党員一行約三〇〇人が、通過地点のディベーインという小さな町で数千人の暴徒たちに待ち伏せされ、襲撃される事件が起きたのである。この事件は真相解明がまったくなされていないため不明な点が多い（二〇一三年十一月現在）。犠牲者について軍政側の発表では四名の死者と数十名の負傷者、NLD側の発表では一〇〇名以上の死者・行方不明者と多数の負傷者というふうに、双方の認識に大きな開きがある。その中間の数字をとるにしても、悲惨な襲撃事件だったことは確実である。軍政はこの事件をNLDに不満を抱いた地元住民による自然発生的暴動として説明したが、「暴動」を起こした側から逮捕者が出た報道はいっさいなく、被害者側のNLDから大量の逮捕者が出ていることから、この事件への軍政の関わりを強く想像させる。

アウンサンスーチー本人は、乗っていた車が現場を脱出できたため負傷を免れたが、次の町で軍によって「保護」され、ヘリコプターで軍事施設に収容された（正確な場所は公表されず）。その後、同年六月にラザリ国連事務総長特使が彼女との面会を許されたものの、軍政は彼女を軍事施設から解放することには応じず、九月十七日に彼女が婦人科の病をわずらってヤンゴン市内の病院に入院し手術を受けてはじめて、退院後の自宅軟禁措置への変更を認めた。以後、三度目となる軟禁は二〇一〇年十一月十三日まで実に七年以上続いた。

ヤンゴンにある国民民主連盟（NLD）本部.
出所：筆者撮影（2003年３月）.

「民主主義への七つの道程」

ディペーイン事件への国際社会の反撥は強かった。米国やEUはもとより、日本もODA案件の一部を凍結するなど不快感を表明した。「建設的関与」と称して経済面からの交流を深めながらビルマへの柔らかい対応に終始していたASEAN諸国も、この事件については反撥を示した。軍政はこうした国際社会の反応に留意し、二〇〇三年八月、すなわちアウンサンスーチーがまだ軍事施設に入れられていた段階で、ASEAN内で比較的評判の良かった軍政（SPDC）ナンバー3のキンニュン第一書記を同職から解任して首相に就かせ、そのすぐあと、彼に「民主主義への七つの道程」という名称のついた政策を公表させた。その内容は次のとおりである。

①長期休会中の制憲国民会議を、規模を拡大のうえ再開する
②同会議において憲法の基本方針を審議する
③確定した基本方針に基づいて憲法草案を軍政が起草する
④憲法草案を国民投票にかけ、可否を問う
⑤新憲法に基づいて総選挙を実施する
⑥当選議員によって構成される国会を召集する
⑦国会において大統領を選出する（新政府発足）

軍政によるこうした「道程」の表明で、ASEAN側はディベーイン事件への反撥のこぶしを下ろした。しかし、米国やEUはいっさい評価することはなかった。この「道程」は⑤に示された「新憲法に基づいて総選挙を実施する」にあるように、NLDが圧勝した一九九〇年五月総選挙の結果を完全に無視し、それに最終的な「死刑判決」を与えるものにほかならなかった。また、再開される制憲国民会議も、憲法草案を審議するのではなく、草案の「基本方針」

を審議するだけの場所に格下げされていた。さらに③で「確定した基本方針に基づいて憲法草案を軍政が起草する」とあり、これは軍政が一九九〇年七月に公告1／90で示した「一九九〇年総選挙で当選した議員は制憲議会の議員である」とする宣言を、何の説明もなく取り下げたことを意味した。アウンサンスーチーやNLDに何らの同意も求めることなく、こうして軍政は新たな政権交代への「道程」を一方的に宣言した。

二〇〇四年五月十七日、軍政は前記「道程」をスタートさせ、八年間休会状態にあった制憲国民会議を、代議員の数をかつての一・五倍程度にあたる一〇八八名に増やして再開した。NLDからは五四名の党員に代議員としての参加打診がきたが、前述したように審議の進め方に同意できないため、党として参加を拒絶した。

キンニュン首相の失脚

このあと軍政のタンシュエ議長は、同年十月にキンニュン首相（大将）を失脚させている。タンシュエ議長の権力基盤強化のためだった。キンニュン首相はビルマ式社会主義時代の独裁者ネィウィンの子飼いの部下だった。少数民族武装勢力やビルマ共産党軍との実戦経験がないまま、もっぱら情報畑を歩み、軍の高官らの個人情報をつかむことができる立場にいた将校だったため、軍事政権においてほかのメンバーから恐れられていた。その心理をタンシュエ議長が上手に利用し、まずはSPDC第一書記という重責から彼を解任したうえで、多忙を極める首相職に就かせると、前述の「民主主義への七つの道程」を発表させ、キンニュンを「穏健派」とみなすASEAN各国を安心させた。首相職は対外的には重要なポストだが、軍政（SPDC）のメンバーから解任したうえで就かせたので、軍政内の情報がキンニュンには十分に届かない環境となった。タンシュエ議長はそれを利用して水面下で準備を進め、最終的に「汚職」を理由に彼を失脚させたのである。

キンニュン首相は外交、教育、国境担当、情報（治安維持）などに強い権限と影響力を有していた軍人だっただけに、その突然の失脚はさまざまな波紋を呼んだ。特に外交団はそれまで培ったキンニュンとの交渉ルートを失ってしまい、日本大使館をはじめ軍政と接触を維持してきた国々にとって大きなショックとなった。キンニュン失脚後はタンシュエ議長の権力が突出するようになるが、同議長と接触できる外交団は、経済的関係を深めながら国際社会のなかで軍政を常に支持してきた中国一国にほぼ限られることになった。

突然の首都移転

タンシュエ独裁色が強まるなか、二〇〇五年十一月に軍政はヤンゴンにある主要官庁と公務員らのネイピードーへの移転を強行した。数年前から何の説明もなくマンダレー管区の南端に位置するピンマナー市の付近一帯（ヤンゴンから三五〇キロほど北）に新首都の造営を開始し、それがある程度完成したため、第一陣の移動が始まったのである。翌二〇〇六年三月二十七日、それまでヤンゴンで盛大に行われていた国軍記念日（一九四五年に抗日武装闘争を開始した日）の大規模軍事パレードが新首都で開催され、ここに名実ともに首都の移転が公にされた。ネイピードーという名前の意味は「太陽の御国」である。王朝時代の王は上座仏教の王であるとともに「太陽王」であるともされたので、「太陽の御国」はすなわち「王都」を意味した。王がいない共和制国家にもかかわらず、軍事政権はこの名称を新首都に付したのである。実際、軍がパレードを行う広大な新首都の式典場には、過去の三人のビルマ王の巨大像が睨むように聳《そび》えたっている。それらはパガン朝初代国王で南のモンの国に攻め込んで勝利したアノーラター王（在位一〇四四～七七）、タウングー朝第三代国王でアユタヤを攻撃したことで知られるバインナウン王（同一五五一～八一）、そしてコンバウン朝創始者でこれもまた南のモン勢力を滅ぼしたことで有名なアラウンパヤー王（同一七五二～六〇）である。現在のモン民族やタイ人から見たら複雑な思いを抱くだろう。

首都移転の理由については、さまざまな憶測がなされた。「タンシュエ議長が占星術師の託宣に従った」という俗説が国民のあいだで広がったが、それが本当の理由かどうかは定かでない。このほか、ヤンゴンが英領植民地期に首都になった歴史的経緯をビルマ・ナショナリズムの観点からタンシュエ議長が嫌ったので遷都したという説や、新首都がビルマ中央平野部に位置するため国内全域を「中心域」からコントロールすることができるという地理的安心感に基づく説、さらにはフセイン時代のイラクのように、万が一、米軍に上陸されたとき、ヤンゴンだと防衛しにくいがネイピードーなら持久戦に持ち込めるという軍事的理由による説などがあった。最後の説は、新首都に要塞《ようさい》のような軍事トンネルが多数掘られていることが「証拠」とされている。

北朝鮮との怪しい関係

ビルマはかつて、ビルマ式社会主義時代の一九八三年十月九日に発生したラングーン事件のために、北朝鮮と外交関係を断ってきた。同事件はビルマを公式訪問していた韓国大統領一行を襲った旧アウンサン廟《びょう》における遠隔操作による爆破テロ事件として知られる。当時のビルマ政府は南北両コリアと国交を結んでいたが、この事件を北朝鮮によるテロ行為と断定し、ただちに外交関係を断った。実行犯二名も逮捕され終身刑の判決を受けている。自国のナショナリズムの聖地ともいえるアウンサン廟でのテロだっただけに、ビルマ政府の北朝鮮に対する怒りは相当なものだった。

ところが、北朝鮮がラングーン事件への関与を認めず「韓国による自作自演のテロ」と主張しつづけてきたにもかかわらず、二四年後の二〇〇七年にビルマは同国と国交関係を回復した。理由は明らかにされていないが、北朝鮮側の動機は想像しやすい。国際的孤立が続くなか、少しでも外交関係を結ぶ国を増やしたい（回復したい）という意識が働き、また食糧難に苦しむ国としてはビルマからコメなどの一次産品を安定的に入手したかったのだと考えられる。一方、ビルマ側の動機はよくわからない。自国のナショナリズムの聖地を汚したテロ国家が関与も認めず、謝罪もしないのになぜ許し、外交関係を再開させたのか。通常では考えられないことである。

おそらく一次産品とのバーター取引で北朝鮮の兵器を入手することと、核兵器開発のための技術導入が目的だったのではないかと推測される。国交回復前に軍政の高官がピョンヤンを極秘訪問していたことが明らかになっており、当時のタンシュエ議長としては、すでにロシアの協力を得て進めていた原子力発電所の建設（のちに中止）に加え、北朝鮮との関係を修復して核兵器開発への意欲を見せ、そのことによって自国に経済制裁を加える米国を無理やり振り向かせようとしたのではないかと想像される。

しかし、こうした北朝鮮との怪しい関係は、米国や日本ばかりでなく、国際社会全体から厳しい目で見られ、挫折するに至った。二〇一一年三月に軍政が終わり民政に変わって以降、ビルマは北朝鮮との関係を最低限にとどめ、かつてのような関係をもはや維持していないことを政府自身が強調し、米国もそれを認めている。

僧侶と市民らによる異議申し立て

軍事政権下の経済は、市場経済に転じたにもかかわらず、資源輸出による外貨獲得を除いて低迷した。そもそも軍人が経済政策をつくり実施するところに無理があった。一九六〇年代半

僧侶デモ（2007年9月24日）.
写真提供：EPA＝時事.

ば以降、軍が官僚機構を乗っ取って運営してきた国だったので、経済テクノクラートの数が少なく、市場経済化後も軍政は経済官僚を育てようとしなかった。ビルマの経済状況を地道に調査した外国の研究者たちが冷静な政策提言を行っても軽視した。資源輸出のほうは森林伐採権の販売や海底から産出される天然ガスの輸出に力を入れ、それなりの外貨獲得に成功したが、そうして得られた貴重な収入も、国防費（特に戦闘機や最新の武器購入費）とネイピードーへの首都移転費などに使われてしまい、国民の生活向上につながることはなかった。

経済の停滞が続くなか、二〇〇七年八月に軍政は燃料費の大幅な値上げを発表した。生活に直結するだけに国民の不満は高まり、これを機にスローガンなどを叫ばない小規模かつ「静かなデモ」が開始され、それを軍政の翼賛団体USDAの下部組織でスワンアーシン（直訳で「能力を持つ人」）という名の行動隊が封じ込める事件が発生した。九月には制憲国民会議でまとめられた基本方針に基づいて軍政が作成した憲法草案（現在の憲法の元）の骨子が発表されたが、国民の関心は生活の困窮化のほうに向いていた。同情した仏教僧侶らによる反政府デモが全国各地で展開されるようになり、彼らは読経しながら行進し軍政に反省を迫る僧侶らしい行動をとった。

しかし、あるときをもって様相が変わった。それはヤンゴンで僧侶らの一部が道路封鎖を突破して軟禁中のアウンサンスーチーの自宅前まで進み、彼女に向けて読経を行うというハプニングが起きたときのことである。あろうことか、アウンサンスーチー本人が自ら門を開けて姿をあらわし、僧侶に返礼するという想定外の「事件」が生じた。彼女は厳重な警備のもとで自宅軟禁されているので、自分で門を開けることはありえないとされていた。おそらく彼女自ら警備の兵士に対し「一仏教徒としてお坊様に返礼したい」と懇願し、担当者が黙認したものと想像される。キーポイントはこの一瞬を携帯動画で撮影した人がおり、その映像が半日後にはYou Tubeなどを通じて海外に流れたことだった。国際社会はもちろん色めきたったが、ロコミでそれを知った国民の多くが僧侶らの動きをアウンサンスーチーと直接結び付けるようになり、この運動が民主化運動なのだと解釈するようになった。これによって潮目はかわり、ヤンゴンでは万単位の一般市民が僧侶デモに合流するようになった。これを在タイの「イラワディ」など親民主化陣営のメディアが、ビルマ国内でひそかに取材するビルマ人ジャーナリストたちの撮影した電子ファイルを編集して国際社会に流し、逐一様子を報道した。ビルマ国内の携帯電話普及率はこの時期、最大都市のヤンゴンですらまだ数パーセントにも満たないレベルだったが、それでもグローバルな電子通信網はその威力を発揮した。

軍政はしばらく様子を見たあと強硬策に転じた。僧侶と市民のデモ隊に催涙弾やゴム弾を撃ち込み、実弾による水平射撃も行った。その結果、数十人の犠牲者と一〇〇〇人を超える逮捕者が出た。日本人ジャーナリストの長井健司氏がデモの取材現場で兵士に撃ち殺されたのもこのときだった。デモ隊に多くの参加僧侶を出した僧院は軍の荒っぽい捜索を受け内部が壊された。国境を越えて避難する僧侶も出た。逮捕された僧侶の多くは還俗《げんぞく》（僧衣を脱いで一般人に戻ること）を強制された。ビルマ人ジャーナリストの多くも逮捕され投獄の憂き目を見た。一九八八年以来の大規模な国民の抵抗は、こうして封じ込まれた。

ちなみに、この二〇〇七年九月の僧侶と市民による軍政への異議申し立てを「サフラン革命」と呼ぶ人々がいるが、この呼び方には問題がある。第一に、見ればすぐにわかることだが、ビルマの僧侶らの着ている僧衣はサフランの色ではなく柿色である。ビルマにおける上座仏教の長い歴史のなかで確立された色であり、それを別の色で表現することは失礼であろう。第二に、これが「革命」を意図したものだったのかという疑問がある。僧侶らと一緒に立ち上がった市民の側の意識については横に置くとしても、僧侶らは政治的革命を求めたというよりも、国民に対し無慈悲な軍政に対する「反省」を求めたといえる。読経行進を基本にしたデモは何よりもそれを象徴していた。

二〇〇八年のサイクロン来襲と国民投票の強行

不幸なことは続くものである。翌二〇〇八年五月には、日本の台風にあたる大型サイクロン「ナルギス」がビルマのデルタ地帯とヤンゴン一帯を襲い、事前の気象予報の不備もあって二四〇万人の被災者と一四万人の死者・行方不明者を出した。この大規模な被災に対し、軍政は当初、海外からの救援を断りつづけ、国連事務総長の直接申し入れによってやっと姿勢を転じた。その理由は、前年九月にまとめた新憲法草案の承認を求める国民投票を五月に行うことを決めていたからである。軍政は外国からの救援を受け入れると国民投票が邪魔されるのではないかと恐れ、救援を断ろうとしたのである。このとき、国内ヴォランティアも被災現場へ行くことを止められる事態があちこちで生じた。ときに僧侶らがあいだに立って被災地への救援が細々と続けられた。

国民投票は被災下だったにもかかわらず一部地域を除いて予定した日程で強行され、軍政は「投票率九八・一パーセント」「賛成票九二・四パーセント」という信じがたい数字を発表して憲法の「承認」を宣言した。こうした一目で嘘とわかる数字を出した理由は定かではないが、投票率については全国数千か所に設置された投票所の現場責任者が軍政を恐れ、実際の数字ではなく、九〇パーセント台の数値を首都ネイピードーに報告したことから生じたものではないかと想像される。

国際社会の対応

一方、ビルマ軍政に対する国際社会の対応はどのようなものだったのだろうか。国際社会の対応は基本的に三つのグループに分かれた。ひとつは中国・ロシア・インドに代表される「親軍政」国家群である。こちらはビルマの資源と市場に魅力を感じ、それを最優先した。中国とインドの場合は、そうした経済的動機に加え、地政学的にビルマが両国の安全保障の強化のために必要だったことも指摘できる。中国は陸上ルートでインド洋へのアクセスを確保したいという思いが強く、燃料パイプラインの敷設のみならず、できれば軍事的な関係も深めたいという思いがあった。インドから見れば仮想敵国である中国がビルマを通って陸上からインド洋に出て来ることは何が何でも抑えたい意向が働いた。インド国民会議派という民主主義に価値を置く政党が政権党のときも、ビルマ軍政を支える外交方針に変更はなかった。中国とロシアは軍政を経済的に支えるのみならず、国連安全保障理事会（安保理）などでビルマに対する非難決議が出されそうになると、拒否権を行使したり反対の意思を表明したりして軍政を救おうとした。

第二のグループはまったく逆に「反軍政」に立った国家群である。米国がその筆頭で、EU諸国やカナダがそれに続いた。米国はビルマでの経済利権が少なかったこともあり、人権擁護を前面に押し出し、軍政批判を貫き、民主党のクリントン大統領の二期目以降、一九九七年から経済制裁を開始した。共和党のブッシュ政権になってさらに制裁は強化された。ブッシュ大統領夫人がタイ側で民主化支援活動を続けるビルマ人団体を訪問し元気づけるといったこともあった。二〇〇九年に民主党のオバマ大統領に変わると、今度は制裁と対話の両刀使いに方針を変えたが、制裁そのものを緩める方向には至らなかった。EUやカナダは米国ほどではないが、輸出入の一部と軍政関係者の入国などを制限し、ODAも災害支援など必要最低限に抑え、常に軍政に対する不快感を表明しつづけた。

第三のグループはいわゆる「関与」の姿勢に立って軍政と交流した国家群である。その筆頭は東南アジア諸国連合（ASEAN）である。一九九七年以降、ビルマもメンバーに加わったASEANは、一貫してビルマに対する「建設的関与」を訴え、米国がビルマ問題を声高に叫んでも「ASEANで解決する」姿勢を主張しつづけた。この場合の「建設的関与」は、ビルマ軍政を非難することなく、投資を通じて経済的な刺激を与えることによってビルマの経済力を高め、中間層を増やし、社会的な安定を築きあげながら長期的に民主化を促すというものだった。ASEAN内部にベトナム・ラオス・カンボジア・ブルネイという民主化や人権に関して問題を抱える国々が参加していたことや、シンガポールも経済的には超優等生でも国内の民主化進展に関しては不熱心な国だったので、ビルマ軍政へのASEANのこうした対応は必然的だったといえる。また、ASEAN自体が全会一致主義でしか物事を決められない地域連合だったことも理由として挙げられる。ビルマの賛成が得られないとビルマ非難決議ができない以上、軍政非難は非現実的な選択肢だった。ただ、ASEANはEUや米国との貿易を強化したい思惑が常に働いていたため、両者からビルマ問題について批判されると、それを無視するわけにはいかなかった。そのため、ビルマが反対しない程度のゆるい内容で民主化を促す申し入れは何度か行っている。ASEANとしてビルマ問題は悩み深いイシューだったといえる。

「関与」派のなかにはオーストラリアも入る。同国はしかし、ASEAN流の関与とは異なり、軍政批判は抑えるものの、人権問題の専門家を派遣して軍政内での人権教育を施そうとしたほか（一部実施）、留学生や移民、難民を多く受け入れながら人的交流に力を入れ、影響力を行使しようとした。

日本も「関与」派の一国だった。外務省は軍事政権とNLD両方にパイプを維持し、両者が民主化に向けた話し合いを進めることに期待をかけつづけた。一方で、ODAをビルマ式社会主義期の五分の一程度にまで減らし、そのことを通じて軍政を積極的には支持していない意思を表明した。ただ、軍政に対する友情ある説得を軸に安定した二国間関係の維持に努めたため、軍政に「甘えられる」側面があったことは間違いない。ビルマ難民の受け入れも不熱心で、日本が難民認定や在留特別許可を出す方向に転じたのは、ディペーイン事件（二〇〇三年五月）や二〇〇七年九月の僧侶デモで揺れてからだった。

このように三つのグループが国際社会に存在したため、国連の対応はいつも中途半端にならざるをえなかった。事務総長が特使などを派遣して軍政を説得したり、人権委員会の特別報告官が入国してさまざまな制約の下で政治囚の調査などを試み、軍政に対する厳しいレポートを発表したりしたが、安保理や総会レベルになると明確な姿勢を示すことはできないのが常だった。

なぜ軍事政権は二三年間も権力を維持できたのか

軍事政権は「民主主義への七つの道程」の五番目にあたる「総選挙の実施」準備を進め、二〇一〇年十一月、アウンサンスーチーを自宅軟禁に処したまま実施する。NLDが選挙に参加できないようにするため、政治囚を含む囚人は党員として登録できない規則を含めた政党登録法を施行し、この法律に基づいて登録をした政党しか選挙に参加できない仕組みにした。NLDは悩みに悩んだ末、選挙不参加を決める。選挙の結果、軍政の翼賛団体USDAが政党に衣替えした連邦連帯発展党（USDP）が圧勝し、あらかじめ上下両院に二五パーセントずつ割り振られた軍人議席と合わせて、軍政系の議員が圧倒する立法府を出現させた。こうして二〇一一年三月末の「民政移管」を迎えることになる。

軍政が自ら「民政」に変身した理由（いわゆる二〇一一年以降の「変化」の理由）については次章で触れるとして、ここでは軍事政権がなぜ二三年間ものあいだ権力を維持することができたのか、四つの理由を指摘しておくことにしたい。

ひとつは、強大な物理的強制力を備えていたからである。軍と警察、情報機関を中心に、国民の行動を監視し、抑制することが可能な政権だったことはまぎれもない事実である。NLD

を中心とする民主化団体が非暴力を抵抗手段として選んだこともあり、軍政としては暴力で相手を封じ込めることは（たとえ憎しみを買うことになったとしても）容易だったといえる。また、憲法が存在しない二十数年間、法的な正統性根拠がなかったため、「力こそ正義である」という対応を見せつける必要があり、現実にそれができたからだともいえる。

もうひとつは、国際社会のなかで味方をつくることに成功したからである。特に中国・インド・ロシアの支持を得られたことは大きかった。また一九九七年に加入したASEANの協力をさまざまに得られたことも軍政にとって都合の良い方向に作用したといえる。これらの国々による支援があったからこそ、米国やEUによる経済制裁を乗り越えることができたといっても過言ではない。

三つ目は、資源に恵まれ、軍政を維持するに十分な外貨を資源輸出で獲得することができたからである。これがあったので中国やロシアやタイもビルマ軍政の肩を持ったのだといえる。ビルマの森林資源、天然ガス、宝石、豊富な水力によってつくられる電力などは、これらの国々にとって垂涎《すいぜん》の的だった。自国の生産物を売る市場としてもビルマは魅力的だった。米国やEUの経済制裁によって日本企業の進出も抑えられたため、特に中国はその隙間をぬって市場に入り込むことが可能となった。

最後は、一番目の説明の裏返しになるが、国民が軍政の力に「あきらめの感情」を抱き、政治的な言論から退いていったことも理由として指摘できる。二〇〇七年九月の僧侶と市民による大規模な異議申し立てを除けば、国民の多くは心のなかでけっして支持していなかった軍政に対し、基本的に受動的な対応に終始したといえる。

コラム18　軍政期のスローガン——ネガティヴ思考の「傑作」コピー

軍事政権はスローガン好きの政府だった。ビルマ国軍には「心理戦」を担当する部局が存在し、国民に対するイデオロギー操作を長期に担当してきた「伝統」がある。軍事政権の正統性、アウンサンスーチーに象徴される民主化勢力の全否定、単純素朴な愛国心の表明などを覚えやすいスローガンにまとめ、国中あちこちに看板を立て、赤地に白抜きの目立つ文字で国民に訴えつづけた。一九八九年から一九九〇年代の半ばがピークで、その後は国民の注目が高まらないため軍政側が意欲を失い、そうした看板の数は（少なくともヤンゴンなど大都市では）減っていく。ここでは彼らのネガティヴ思考の産物ともいえる「傑作」コピーを五つほど紹介したい。

†「国軍だけが母、国軍だけが父、まわりの言うことを信じるな、血縁の言うことを信じよ、誰が分裂を企てても我々は分裂しない」

これは国軍の使命感をストレートに表明したものである。国軍は国民全員の両親（血縁）であり、まわり（政党）は間違ったことを吹聴するからいっさい耳を貸さないで親の言うことだけ黙って聞け、というこのスローガンは、数ある軍政の作品のなかで最高「傑作」だといってよい。

アウンサンスーチー率いるNLDもこの「傑作」を気に入ったのか、皮肉を込めて「国民だけが母、国民だけが父」という横断幕を党本部のなかに飾って対抗した。

しかし、後半の「誰が分裂を企てても分裂しない」の部分は、国民に向かって言っているのか、国軍の内部に向かって言っているのか、よくわからないところがある。このスローガンは町中にも多く見かけたが、軍の基地の正門に立てられることも多かったからだ。国軍関係者にこのスローガンを見せる必要はないはずだが、基地に出入りする軍人たちに「おまえら、間違っても分裂行動はとるな」と伝える必要性があったのかもしれない。

†「国軍と国民のあいだを裂く者は我々の敵」

このスローガンも全国各地で見られ、自宅軟禁中のアウンサンスーチーの家の付近に立てられていたこともある。軍政にとって「あいだを裂く者」は彼女のことだったのだろう。このスローガンのもうひとつのメッセージは「国軍と国民は一体」ということだが、それについてはビルマ式社会主義の時代からしつこく軍が訴えてきたものであり、目新しいものではなかった。

†「地下と地上の破壊分子に注意せよ」

ここでいう「地下の」破壊分子とはカレン民族同盟（KNU）など長期に武装闘争を続けている勢力のことだろう。「地上の」破壊分子とは誰のことなのか。ビルマに住む友人たちに質問してみたことがある。共通した答えは「国民民主連盟（NLD）」だった。軍政から見て、アウンサンスーチー率いる国民民主連盟は「地上」で自分たちの政策を「破壊」する分子に映るのだという解釈である。

†「**無政府主義は民主主義とは逆の道**」
軍政にとって、アウンサンスーチーらの目指す民主主義は国を崩壊に導く「無政府主義」と変わらなかった。それを端的に象徴したスローガンがこれである。民主主義はかまわないが、国軍が監視しないとそれは「無政府」状態に陥るというのが彼らの信念だった。ビルマ語で「無政府主義」は「王のいない状態」という表現を使うが、王のような強い指導者（国軍の指導力）がビルマには必要なのだと主張しているかのようである。

†「**国力は国内にのみ存在する**」
アウンサンスーチー率いるNLDは軍政から見て米国や英国に操縦される「新植民地主義者」でもあった。国民に対し「国内の力にだけ頼れ」と訴えるこのスローガンは、国軍だけに頼りなさいと主張しているに等しいが、ビルマの友人たちは当時、「経済力はビルマにはなく外国にある。外国に頼らないでビルマが発展できるはずがない」と皮肉なことを言っていた。

2 アウンサンスーチーの思想と行動

ここまで二三年間の軍事政権の歩みを国際社会の反応も含めて見てきた。つづいて、この時代のもうひとつ重要な軸であるアウンサンスーチーについてとりあげることにしたい。長期にわたる自宅軟禁に屈することなく、軍事政権に対し非暴力を手段として闘いつづけた彼女は、どのような思想に立って、いかなる行動を貫いたのだろうか。その生い立ちから見てみよう。

生い立ち

①アウンサン将軍の娘

アウンサンスーチーはまだビルマで抗日闘争がつづいていた一九四五年六月十九日、ヤンゴン(ラングーン)に生まれている。父親はビルマ独立運動の指導者アウンサン、母親は元看護師のキンチーである。父アウンサンは、彼女が二歳になったばかりの一九四七年七月、英国との独立交渉を苦労のすえ有利に導いていたにもかかわらず、政敵ウー・ソオの部下たちによって暗殺されてしまい、わずか三十二歳でこの世を去った。父との直接の触れ合いをほとんど持てなかったアウンサンスーチーは、母親をはじめ、まわりの人々から父の話を聞きながら育つ。ある程度の年齢になってからは、父に関するさまざまな本も読み、それらの知識もまざりながら、彼女の父親のイメージは形成された。独立後のビルマでは、アウンサンは一貫して政府によって国民統合の象徴としてその行動と業績が強調され、国民もまた彼を「アウンサン将軍」と呼んで尊敬した。彼女は「独立の父」アウンサンの娘であることを常に意識して過ごすことになる。

母キンチーは、アウンサンスーチーを上座仏教徒として厳しい躾《しつけ》の下で育てた。しかし、学校はヤンゴンにあったキリスト教のミッション・スクール（聖フランシスコ修道会学校およびメソディスト高等学校）に通わせている。私立学校による教育の自由が許されていた一九六〇年代半ばまでのビルマでは、教育の質の高さや情操教育の充実のために、英国植民地期に多数創設されたキリスト教系の私立学校に人気が集まっていた。学力が高い仏教徒の子女が宗教と関係なくミッション系の学校に通うことは、家庭が裕福な場合、よく見られた現象だった。

ところが、一九六〇年、ビルマ赤十字のトップを務めていたキンチーは、当時のウー・ヌ政権によって駐インド大使に任命される。そのためアウンサンスーチーは母と一緒にデリーへ移ることになり、ここから彼女の長期にわたる海外生活が始まった。インドではジーザス・メアリー修道会学校を経て、レイディー・シュリラム・カレッジに進学し、おもに政治学を学んだ。その間、当時の首相ネルーとその家族との親睦《しんぼく》を深め、インドに来る前から関心を抱いていたガンディーの思想に傾倒し、その著書を多数読み、影響を受けた。

一九六四年九月、彼女は英国のオクスフォード大学セント・ヒューズ・カレッジに留学し、そこで哲学、政治学、そして経済学を学んだ。一九六七年に卒業すると、しばらくヒュー・ティンカー教授の下でビルマ政治史の研究助手として大学に残り、その後、一九六九年に米国に渡ってニューヨーク大学の大学院に進み、ビルマ政治史を専門にするフランク・トレイガー教授に指導を仰いで国際関係論を専攻した。しかし、途中で応募した国連本部職員に採用されたため中退し、その後三年間、おもに財政担当スタッフとして働くことになった。

一九七二年一月一日、彼女はかねて交際していた英人男性マイケル・アリスと結婚した。当時はまだ大学院生だったアリスだが、その後はオクスフォード大学を拠点にチベット研究者として大成する。彼によると、アウンサンスーチーは結婚に際して、ビルマ独立闘争の指導者の娘が旧宗主国である英国の男性と一緒になることを家族やビルマ国民が誤解しないかどうか悩み、「(将来)国民が私を必要としたときには、私が彼らのために本分を尽くすのを手助けしてほしい」旨、手紙に書いてきたという。

②専業主婦として

アウンサンスーチーは結婚と同時に国連本部の職員を辞め、夫がブータン王国に政府通訳として赴任した際は同行し、彼女も現地でブータンの国連活動に助言を行う仕事に就いた。一九七三年に英国へ戻ると、一九八八年まで基本的に主婦業と子育て、そして勉強に専念することになった。長男アレクザンダーと次男のキムの子育てにある程度の余裕が出てくると、オクスフォード大学クィーン・エリザベス・カレッジで勉強を再開し、さらにロンドン大学東洋アフリカ研究院（SOAS）の博士課程に進学して、ビルマ近代文学におけるナショナリズムの影響をテーマにした博士論文の執筆準備にとりかかった。この間、同大学のボーダリアン図書館でビルマ語文献整理担当の研究員も二年ほど務めている。

彼女の知的関心は、ビルマにおけるナショナリズムの発生と展開、およびそれと関連した「近代」の受容のなされ方にあり、それをインドにおける「近代」の受容の特質と比較しながら、思想史的に研究したい意向があった。自国のナショナリズムの形成とその特質を、単にビルマの政治史として追うのではなく、文学の分析などを含めた思想史としてとらえ、同じ英国の植民地支配を経験した隣国インドの場合と比較することによって、ビルマ・ナショナリズムが抱える本質的な問題点を抽出しようという意図がそこにはあった。

こうした関心の抱き方は、彼女が強く影響を受けたガンディーの思想と、その基盤にあるインド思想への探究心から生じたものだったといえる。また、彼女にとってもうひとつの関心事だった父アウンサンの思想と行動（生き方）を知り、それがビルマ・ナショナリズムのなかで、他のナショナリストたちとは異なった輝きと個性を持っていたということを確認したい欲求ともつながっていた。彼女は博士論文執筆の前から、機会あるごとにオクスフォードやロンドンで父に関する書籍や公文書館所蔵の資料を精読していた。オーストラリアの高校生向けに父の短い伝記を書いたこともある。またビルマに里帰りするたびに、ビルマ語で書かれた父の業績

アウンサンスーチーが執筆したアウンサンの伝記（1984年刊行）の表紙.

に関する本や資料の入手に努力した。

父アウンサンのことを調べるうちに、彼女はアウンサンと日本との関係についてより深く知りたいと思うようになった。しかし、本格的に父親と日本との関係を調べようとすれば、どうしても日本語の能力が必要となってくる。彼女はそのため、オクスフォード大学で日本語の勉強を開始する。そして三島由紀夫の小説を原書で読めるまでの力をつけると、一九八五年十月、四十歳のとき、日本の国際交流基金の招きで念願の日本行きを果たす。約一〇か月間、京都大学東南アジア研究センター（現東南アジア研究所）に客員研究員として迎えられ、そこを拠点に、東京の外務省外交史料館や当時の防衛庁戦史部図書館、国会図書館などに通って日本側資料の収集・調査に励んだ。また、各地をまわってアウンサンと交流のあった元日本軍関係者に対する聞き取り調査も行った。日本での滞在は、夫を英国に残したまま二人の息子を連れての生活だった。

一九八六年七月、日本を去ると、ヤンゴンに三か月ほど寄って久々に母キンチーとともに過ごし、その年の十月、夫の待つオクスフォードに帰った。そのまま通常の生活が続けば、研究者の妻として、またビルマ・ナショナリズムと文学の関係を思想史を軸に追究する博士論文を書く大学院生として、さらにビルマ語・英語・日本語を駆使して父アウンサンの詳細な伝記を書き上げる娘としての生活が待っているはずだったが、彼女の人生はその後、大きな転機を迎える。

③祖国の民主化運動を率いる

オクスフォードに戻って一年半がたった一九八八年三月三十一日、ヤンゴンから一本の国際電話が入った。それは母キンチーの危篤を伝えるもので、アウンサンスーチーはただちにビルマへ戻った。しかし、彼女がヤンゴンの実家に戻り母親の看病を始めた時期は、ちょうど学生たちが反政府運動を展開したときと重なっていた。また、母キンチーは危篤状態を一時脱して、結果的にその年の十二月まで生きながらえた。これらの偶然が彼女をビルマ政治の大きなうねりのなかに巻き込んでいくことになるとは、当初、本人にも予想できなかったことだろう。

ビルマ「独立の父」アウンサン将軍の娘が帰国しているというニュースは、民主化運動に立ち上がった学生らにすぐ伝わり、活動家たちは他の市民らとともに、彼女の家に出入りするようになった。母の看病が目的で帰国したアウンサンスーチーだったが、彼らとの交流を通して、自分の愛する国が大きく揺れ動く時期に直面していることを直感した。運動が同年八月を境に、反ネィウィン運動から民主化と人権の確立を求める運動にその性格を変容させ、市民たちの合流も明らかになると、彼女もついに表舞台への登場を決意する。

彼女の公の場所への登場は、同年八月二十四日のヤンゴン総合病院前での短い演説が最初である。しかし、本格的なデビューはその二日後の八月二十六日、ヤンゴンを象徴するシュエダゴン・パゴダの西側広場で開催された大規模な集会における演説だった。ここで彼女は「この運動は、第二の独立闘争ということができます。私たちは——民主主義の独立闘争に加わったのです」という有名な発言を行う。この集会には数万人が集まったと言われているが、その多さからもわかるように、彼女の人気は当初から絶大で、運動全体を指導する人物の登場を待ちわびていた人々にとって希望の星となった。しかし、全国規模で盛り上がった民主化運動は、同年九月十八日、国軍が全権を掌握することによって頓挫させられる。

アウンサンスーチーは軍事政権が政党結成を認めた同月下旬、かつて一九七六年にネィウィンによって解任された元国防大臣のティンウーらとともに、国民民主連盟(NLD)を結成し、その書記長に就任、政治家として本格的な活動を開始した。NLDはしかし、結成当初からその反軍政姿勢の強さのため軍政から極度に警戒された。彼女は妨害を受けながらも精力的に国内各地をまわって遊説し、翌一九八九年六月には「大多数の国民が同意しない命令・権力すべてに対して、義務として反抗しなければならない」という、西欧の政治思想でいう市民的抵抗権とは異なる市民的抵抗義務を主張するようになった。もっとも、ここでいう「反抗の義務」とは、「非暴力による不服従の義務」を意味し、軍政側が彼女を攻撃する際に用いた「市民に暴力的叛乱を煽った」とする見方とはまったく違う。

④最初の自宅軟禁と一九九〇年総選挙での圧勝

彼女は「反抗の義務」と関連して、同年七月、ヤンゴン中心部における演説でネィウィン批判を展開し、結局それが原因となって同月二十日、軍政によって国家防御法を適用され、自宅軟禁に処されてしまう。

軟禁は一九九五年七月まで六年間続いた。軍事政権は海外に出るのであればすぐに解放すると伝えたが、彼女はいっさい応じなかった。また、軟禁当初、逮捕された多数の学生活動家たちに対する不当な取り扱いに反撥し、一一日間にわたるハンガーストライキ（絶食闘争）を行い、当局から「学生への拷問はしない」旨の約束をとりつけたというエピソードも残されている。夫マイケル・アリスと二人の息子たちの訪問は特別に二回許されたが、軟禁二年目以降は認められなくなった。彼らとの手紙のやりとりは容認されたものの、軍政による軟禁という不当な措置への抗議のしるしとして、軟禁二年目以降、アウンサンスーチーのほうからその権利を放棄した。短波ラジオの受信が認められたため、英国国営放送（BBC）の国際放送（英語およびビルマ語）を聞いてビルマ関連のニュースを追うことはできたが、新聞・雑誌は一方的に配達される国営新聞や、軍政が「アウンサン将軍の娘という特別の存在であることに配慮して」配達したという英国の婦人雑誌を除いて、自由に読むことは許されなかった。生活費は軍政が援助を申し出たものの、彼女は拒絶し、夫からの生活費援助も受け取らず、家具などを売り払って筍生活を送った。

電話線は切られ、訪問者は通いの家政婦のほかは、数週間に一回、軍政側の情報将校が訪ねてくるだけだったので、外部との接触は遮断されたに等しかった。訪ねてくる情報将校も、軍政側からの通達事項を伝えることと彼女の健康状態を確認することだけが目的で、政治的対話には応じなかった。例外的に一九九四年九月に軍政のタンシュエ議長とキンニュン第一書記（当時）との会談が実現したほかは、軍政側との実質的な対話は皆無に近かった。

自宅軟禁中の一九九〇年五月、ビルマで一九六〇年以来三〇年ぶりとなる複数政党制に基づく総選挙が実施された。アウンサンスーチーは軟禁中の身で立候補届けを出したが、選管によって拒絶され、NLDはまともな選挙運動もできないまま選挙に臨んだ。結果は既述のようにNLDの圧勝に終わったが、軍政は政権委譲もそれに先立つ議会の開催も、またアウンサンスーチーの解放も行わなかった。選挙後、すべてを無制限に先送りし、新憲法の制定を優先すべきであると宣言して、軍政が自ら選んだ議員を中心に制憲国民会議を開催するに至った。

⑤ノーベル平和賞の受賞
ビルマは政治的に「真冬」の状況に陥ったが、一九九一年十月、アウンサンスーチーとビルマの国民に海外から朗報が届いた。彼女の非暴力による民主化運動の指導が評価されて、ノー

ノーベル平和賞授賞式に代理で出席した夫マイケル・アリス（右）と二人の息子たち（1991年12月10日）．
写真提供：EPA＝時事．

ベル平和賞が授与されることが決定したのである。同年十二月に行われた授賞式に彼女は出席できなかったが、夫のマイケル・アリスと二人の息子が代理出席し、会場の喝采を浴びた。彼女のノーベル平和賞受賞は、国際社会（特に欧米）のビルマや彼女に対する関心をいっそう高めることになった。軍政はこのニュースを無視し、ビルマ国内での報道を禁じた。国民は短波ラジオを通じてニュースを知り、ヤンゴンでは大学生たちがキャンパス内で祝福の集会を開催したが、すぐに警察と軍によって封じ込められた。

⑥解放、そして再軟禁

一九九五年七月十日、彼女は自宅軟禁から解放される。国家防御法をもってしても軟禁措置のこれ以上の延長は難しいという軍政の判断によって、六年間にわたる「国民からの隔離」が終わったのである。NLD書記長に復帰した彼女は、軍事政権に対する無条件の対話申し入れを行い、一方で自宅前において市民向けの定期的な対話集会も開催した。軍政はしかし、アウンサンスーチーとの直接対話には応じず、一九九六年九月以降は自宅前での対話集会も禁じて彼女が国民と接するほとんど唯一の機会を奪い、一九九八年八月には彼女がラングーンを出て自動車で地方のNLD支部に出かけることを実力で阻止した。彼女は数日間にわたって車のなかにとどまって抵抗したが、強制的に自宅に連れ戻された。

NLDと軍政との関係が悪化の一途をたどるなか、一九九九年初頭、アウンサンスーチーの夫マイケル・アリスが、前立腺《ぜんりつせん》ガンで余命いくばくもないということが明らかとなり、妻との最後の面会を求めビルマ入国ヴィザを申請するという事態が生じる。マイケル・アリスは一九八八年以来、子育てをすべて引き受け、妻のビルマにおける政治活動を妻に迷惑がおよばない形で、水面下で支えつづけていた。しかし、軍政は二人が会いたいのなら妻がビルマを出て英国に行くべきだと主張して彼のヴィザ申請を却下した。このときアウンサンスーチーは、もし夫の最期を看取るために一時的にビルマから出てしまったら、軍政は二度と彼女の帰国を認めないことが明白だったため、民主化運動の指導者としての使命を優先させ、夫との再会をあきらめた。マイケル・アリスは同年、自分の誕生日でもある三月二十七日に死去し、二人は永遠の別れを迎える。

二〇〇〇年八月、彼女は再び地方への自動車による移動を試みたが、やはり軍事政権によって封じ込まれ、自宅に連れ戻されてしまう。ほとんど間を置かずに、同年九月、彼女は党員らとともに、今度は自動車ではなく列車でマンダレーへ向かおうとヤンゴン中央駅に行く。ところが窓口で切符の販売を拒否され、その理由に納得せず駅構内から動かずにいると、三たび当局に拘束されて自宅に連れ戻され、ついに二度目の自宅軟禁に処されてしまった。現場にいたNLD関係者も全員逮捕された。

二回目の自宅軟禁はしかし、国連事務総長が任命したビルマ問題担当特使ラザリ・イスマイルの仲介が奏功して、軍政当局との水面下の直接対話を伴う軟禁となった。自宅軟禁というフェアではない環境とはいえ、月に一、二度のペースで、軍政の高官ないしはその代理人が彼女の自宅を訪れ、これまでの相互の対応をめぐる検証を軸とした信頼関係の醸成が進められた。それはビルマの停滞した民主化状況のなかにあって大きな進歩であるように映った。

⑦再解放とディペーイン事件、そして三度目の軟禁

ラザリ特使による何度かにわたる説得と国際世論の高まりから、軍政は二〇〇二年五月、アウンサンスーチーを二度目の自宅軟禁から解放する。軟禁中に一年半以上にわたる相互の「対話」が続いていたため、国際社会は両者の妥協や民主化の進展が今度こそ見られるのではないかと期待を寄せたが、「対話」はその後、軍政のほうが中断してしまった。

アウンサンスーチーは解放後、しばらく様子をみたあと、積極的に地方旅行を行い、各地のNLD支部の事務所再開に立ち会って、党員に向けたスピーチを行うようになった。彼女は地元民に向けた集会開催を控えていたが、行く先々で数千人から時に数万人もの人々が自然に集まるため、徐々に彼らに向けた演説をするようになった。軍政にとってこのことは予想外であった。

二〇〇三年に入ると、彼女と一行は、訪問する町々で軍政側の妨害を受けるようになり、それはついに流血のディペーイン事件へと発展した(五月三十日)。この事件による犠牲者数は既述のようにはっきりしないものの、アウンサンスーチーとその一行に対する組織的襲撃事件だったことは明白な事実である。彼女は襲撃された際に乗っていた車の運転手が機転を利かせてその場を急発進したため現場を逃げ出せたが、次の町で待ち伏せていた当局に捕えられ、軍事施設に連行され監禁されてしまった。その後、婦人科の病をわずらって病院で手術を受けると、退院後に軍政は彼女を自宅に移して軟禁に処し(同年九月)、以後、二〇一〇年十一月に至るまで、アウンサンスーチーは三度目の長期軟禁状態に置かれた。

⑧三度目の解放前の奇妙な事件

三度目の軟禁が五年目を迎えた二〇〇八年五月、軍政はサイクロン被災下で国民投票を強行し新憲法を「承認」に至らせ、その後は総選挙の準備を進める段階に達した。まさにその準備が進められているとき、理解に苦しむ事件がアウンサンスーチーの自宅で発生した。

軍政側の法律に基づけばあと半年ほどで軟禁が「満期」を迎える二〇〇九年五月のことだった。ジョン・イエットーという米国籍の男性がヤンゴン市内のインヤー湖畔にあるアウンサンスーチーの自宅へ、夜、湖側から泳いで渡り侵入するという「事件」が生じたのである。イエットーは彼女の自宅敷地内で一泊したのち、翌日、日中に同じ湖を泳いで戻ろうとするところを当局に逮捕され、起訴された。

問題はしかし、この事件でアウンサンスーチーだけでなく彼女の身の回りの世話をしていた国民民主連盟（NLD）党員の母娘まで逮捕・起訴されたことである。軍政側は自宅軟禁中に「無許可で」外部の者を自宅に招きいれ法律に違反したと説明したが、アウンサンスーチーがこの男性を招き入れたわけではない。彼女は帰るように彼を説得し、人道的配慮から食事を出したが、屋内に入れることはしなかった。侵入を許した責任は間違いなく彼女の自宅を警備していた軍側にあった。だが、その事実は無視され、アウンサンスーチーは法的責任を問われ、世にも奇妙な裁判が始まったのである。八月十一日に判決が下され、結果は有罪、懲役三年が彼女に言い渡された。しかし、その直後に法廷に入ってきた内務大臣によって恩赦が宣言され、自宅軟禁一年六か月に「減刑」された。内務大臣は当然、判決を事前に知っていた（もしくは指示していた）としか考えられない。

この事件がさらに奇妙なのは、侵入した米国人男性が禁固七年の刑を受けながら、八月中旬に米国のジム・ウェッブ上院議員（民主党）のビルマ訪問を経て、判決後わずか五日目で国外追放になったという点にある。イエットーという男は何者だったのか。ベトナム戦争末期に従軍経験を持つ彼はモルモン教徒で、「神の声を聞いて、暗殺されそうなアウンサンスーチーを自分が助けなければならないと感じた」と異常ともいえる発言をしている。さらに今回の侵入事件が最初ではなく、前年にあたる二〇〇八年十一月にも、同じ湖側からアウンサンスーチーの自宅に入り込み、彼女と会っていたというから話は単純ではない。彼が泳いだとされる湖のルートも常識では考えられないもので、特に二回目は、湖のほぼ中央部を北西から南東にかけて縦断したとされており、片道だけで三キロを優に超える距離を、ぜんそく持ちだったというイエットーに、たとえ浮き輪があったにしても泳げたのかどうか疑問である。またどうやって明かりがほとんどない深夜に、アウンサンスーチー邸を湖側から正確に探し当てたのだろうか。

イエットーは軍政に利用されていた可能性がある。軍政が二〇〇八年十一月の一回目の「訪問」をわざと黙認し、二回目をあえて実行させ、責任をアウンサンスーチーに押し付けようとしたのではないかと想像される。イエットーはビルマ追放後、タイのバンコクで四日間入院したのち米国に帰国したが、直後にメディアによる質問に応じ、「（二回目の）侵入の際、AK‐47銃を持った警備兵が自分の腕をとって湖から上陸させ、アウンサンスーチー邸のなかに誘導してくれた」と発言している（二〇〇九年八月二十二日）。これが事実だとすれば、軍政側が彼の侵入を事前に予測し、それを利用しようと考えたとしてもおかしくない。そこまでして

第９章　軍事政権とアウンサンスーチー――国軍による統治②

アウンサンスーチー略年譜（2010年11月に解放されるまで）

西暦	出来事
1945	６月19日　父アウンサン，母キンチーの間に３人兄弟の末子として誕生（当時のビルマは抗日闘争中）.
1947	７月19日　父，政敵に暗殺される（アウンサンスーチー２歳）.
1948	１月４日　ビルマ独立.
1960	ウー・ヌ政府によって母キンチーが駐インド大使に任命され，一家でデリーへ移る（アウンサンスーチー15歳）.
1964	英国オクスフォード大学セント・ヒューズ・カレッジ入学（67年卒業）.
1969	米国ニューヨーク大学大学院で国際関係論専攻．同年，国連本部事務職員.
1972	１月　英人チベット学者マイケル・アリスと結婚，専業主婦として２人の息子を生み育てながらオクスフォードで勉強を継続，ボーダリアン図書館でビルマ語文献整理担当研究員，ロンドン大学東洋アフリカ研究院（SOAS）博士課程院生，また父の伝記執筆のため日本語も勉強.
1985	10月　京都大学東南アジア研究センター客員研究員（～86年７月）.
1986	10月　オクスフォードに戻る.
1988	３月30日　ヤンゴンより母危篤の知らせ届く．４月２日　ヤンゴンに戻り看病をはじめる．民主化闘争が盛り上がるなか，運動への参加を決意．８月26日　シュエダゴン・パゴダ西側広場で大規模集会を開き演説．９月18日　軍事政権成立．９月30日　国民民主連盟（NLD）結成，書記長に就任.
1989	７月20日　自宅軟禁（第１次拘束）に処される.
1990	５月　総選挙でNLD圧勝（議席の81%獲得），軍政は政権移譲拒否.
1991	12月　ノーベル平和賞を受賞（授賞式不参加）.
1995	７月11日　自宅軟禁（第１次拘束）より解放，NLD書記長復帰，自宅前演説開始.
1996	９月　軍事政権によって自宅前演説を禁じられる.
1999	３月　夫マイケル・アリス，英国で死去（会うことはできず）.
2000	９月　再び自宅軟禁（第２次拘束）.
2002	５月７日　自宅軟禁（第２次拘束）より解放.
2003	５月30日　上ビルマのディペーインでアウンサンスーチー一行襲撃事件．軍事施設に監禁．その後自宅軟禁（第３次拘束）.
2009	５月　米人男性がアウンサンスーチー宅に侵入した事件で起訴，軟禁延長へ.
2010	11月７日　20年ぶりの総選挙（NLD不参加）．11月13日　３度目の自宅軟禁から７年半ぶりに解放.

アウンサンスーチーを陥れようとした軍事政権の政治的意図は何か。それはいうまでもなく、彼女の自宅軟禁を延長させる必要があったからである。すなわち、二〇〇八年に強行承認させた新憲法の施行に伴い、総選挙の準備を進める必要があったが、そのために十分な時間を確保するだけでなく、アウンサンスーチーとNLDに選挙への参加準備をさせないようにするため、一年半以上の軟禁延長が必要だったということである。国家防御法の規定では延長できないため、こうした奇策を思いついたのだと想像される。

二〇一〇年十一月十三日に彼女が三度目の自宅軟禁から解放されたとき、総選挙はすでに終わっていた。NLDは選挙をボイコットし、それに反対した一部の党員はNLDを脱党して別政党をつくり、選挙に参加した。

思想の特徴

つづいて彼女の思想上の特徴を見ることにしたい。長期化した軍政による厳しい政治状況の下で、民主主義を求めて闘いつづける彼女の思想と行動の基盤はいったいどのような特徴を有するのか。メディアで報道されることの少ない彼女の思想と生き方の実践について、少し細かく述べることにする。

①恐怖からの自由

アウンサンスーチーの思想と行動の基盤は「恐怖からの自由」という言葉で表現される。ただしそれは、世界人権宣言などの精神に含まれる「誰でも恐怖から自由に生きる権利を有する」という「権利」としてよりも、「一人ひとりが恐怖に打ち勝つ努力を行うべきである」という「義務」として強く語られる。彼女は「恐怖」こそ、あらゆる人々を堕落させ、社会を腐敗させていく根源であると断言し、人間はこの「恐怖」を克服して自ら自由になろうとしない限り、自分や自分の属する社会を改革することはできないとみなす。これはどういうことだろうか。彼女は次のように説明する。

独裁者は自分に対し復讐《ふくしゅう》を考える者や自分の椅子を狙う者に対し多大な恐怖を抱き、そのため政敵や自分の意向に従わない人々を抑圧し、自ら権力の座を他人に譲る決心がつかず腐敗していく。一方、そういう独裁者の下で生きていかざるをえない一般の人々は、独裁者に対する恐怖のため、不当な命令であっても無抵抗に従い、時にはすすんで独裁者におもねることまでして、人間としての誇りを失い堕落していく。そのため社会全体は限りなく腐敗していき、抑圧と告げ口と憎しみがはびこる状態となる。そうした社会を変革するためには、まずはその社会に生きる一人ひとりが、独裁者も含め、自分の心のなかの恐怖に打ち勝たなければならない。

彼女が一九八九年六月に、「大多数の国民が同意しない命令・権力すべてに対して、義務として反抗しなければならない」という言い方で、軍政に対する非暴力不服従を国民に訴えたとき、そこに「義務として」という言葉を入れたのは、この「恐怖からの自由」という基本哲学を抱いていたからである。すなわち、恐怖のために「自分は何もできないが、誰かに勇気をもって軍政と闘ってほしい」とか、「いまは恐くて何もできないが、民主化されたら喜んで協力したい」といった他人《ひと》任せ、状況任せの姿勢でいたのでは、いくら民主主義を望んでも、永遠にそれは実現しないと彼女は断言するのである。何よりも、まずは各人が自分のなかの「恐怖」を克服して、不当な命令にはけっして服従しないという生き方を軍政に対し示すべきであると強調する。

こうしたアウンサンスーチーの考え方の背後には、思想と行動は一致しなければ意味を持たず、また権利と義務は対《つい》の関係にあるという原則がある。ビルマのような強権的な政権下にある国家において、人々が民主主義を求める場合、権利としての民主主義を口先で求めるだけではだめで、民主主義にふさわしい行動を通してそれを求めていかなければならず(思想と行動の一致)、そのためにも抑圧的な政府に対する恐怖から自らを解放する勇気を持つ義務がある(権利と義務の対の関係)と考えるのである。

②正しい目的と正しい手段

アウンサンスーチーの思想のもうひとつの特徴は、「正しい目的は、それにふさわしい正しい手段を用いない限り達成できない」という考え方に見られる。これは言い換えれば、目的と手段における「正しさ」の倫理的基準の一致を意味する。インド独立運動の指導者ガンディーが「良い木は良い種からしか育たない」と言ったことと深く通じる考え方でもある。

彼女は国民に対し、軍事政権が暴力や策略で抑圧しようとしているからといって、民主主義を求める人々がもし同じように軍政に暴力や策略で対抗したら、たとえ軍政を倒せても、その後につくられる新しい体制は望んでいた民主主義的なものではなくなると語る。なぜなら、それは困ったときには暴力や策略に頼ればよいという伝統を引き継ぐ非民主的な体制となり、再び暴力で新しい政府を倒そうとする人々の出現を許すことになるからである。彼女の非暴力主義は、ここから生じている。民主主義と暴力はもっとも合わない関係にあり、暴力で政治的問題を解決しようとしてきたビルマのこれまでのあり方に、最終的な決別をするべく、民主的な手段だけを用いて、民主主義を実現しようと考えるのである。彼女は一九八八年から八九年にかけて、まだ直接人々に演説をすることが許されていた時期に、暴力や策略、嘘、道徳的不正、党利党略的な政治的取引を民主主義と相容れない「誤った手段」として厳しく批判している。

それでは、彼女にとって自分の思想の「正しさ」、すなわち目的と手段の「正しさ」を判断する基準はいったい何であろうか。アウンサンスーチーの場合、それは真理という言葉で表現される。彼女は自分の思想と行動の「正しさ」を、真理に照らし合わせて判断すべきだと考える。そのためには、人は日常生活のあらゆる場面で真理を追究する態度を持ち、そのなかで、自分が抱く一つひとつの目的とその実現方法が真理にかなっているかどうかを問いつづける

（自覚化する）必要があるとする。

彼女は人々への演説で、民主化を目指すと称して暴力や策略、復讐を考える人々に警鐘を鳴らす文脈において、しばしば「真理にそぐわない力を使わないでほしい」と語っている。しかし、真理という言葉は、いかに美しく響こうとも、一人ひとりによってその受けとめ方が異なり、定義しづらい面がある。単なるまやかしであると感じる人もいる。真理という言葉の使用だけで「正しさ」の普遍性を認めさせることは困難である。それでは、アウンサンスーチー自身は真理と真理の追究について、どのように具体的な説明をしているのだろうか。

③真理の追究
彼女によれば、真理とは「自分がどちらの側につくかによって、脅威になったり味方になったりする存在である」とされる。それは常に到達目標であり、有限の人生においてけっして到達することも完全に把握することもできないが、自分自身と自分が置かれている状況の「自覚」と「客観視」という自己努力を通して、常に追い求めるべき存在として語られる。そこでは「主観性を克服する闘い」として「偏見から自由になること」が求められ、常にその実践を通じて真理が追究される。彼女は偏見を自分自身から可能な限り取り除くべく、人は自分自身と他人の行動を常に自覚と客観性を持って判断する努力を怠ってはならないことを強調する。彼女にとって真理の追究の核心はそこにあるといってよい。逆に、自覚と客観性をおろそかに

して主観と自己満足に基づいて行動すると、他人に対して偏見を抱きやすくなり、それは他人に対する憎しみと敵意を生みだし、必然的に他人に対する恐怖を自分の心のなかに芽生えさせ、究極的には自らを堕落させていくことになると彼女は語る。

たとえば、もし他人が自分に対して不愉快なことを言いはじめた場合、通常、私たちは「嫌な人だ」と感情的に反撥し、その人を否定的に評価するのみならず、その人に対し憎しみや恐怖を抱くようになろう。同じように自分も感情的な言葉で言い返し対立は泥沼化する。しかし、そういう主観的な対応では相手に対する偏見が助長されるだけで、自分の言動、相手の言動、そして両者が置かれている状況に関する自覚や客観視が伴っているとはいえない。自分の心を落ち着かせ、勇気を持って状況を客観的に見ようと考えれば、まずは相手と話し合ってみようと思うようになり、その結果、相手が自分に対して抱いていた誤解が解けたり、もしくは自分が気づいていなかった過ちを相手に指摘されたりして、それを直す機会が与えられることになる。もちろん、相手も同じ努力をすることが前提となるが、両者は対立から和解へと向かうきっかけを得ることになる。

こうした「正しさ」の判断基準としての真理の追究は、それによって担保される「恐怖からの自由」「思想と行動の一致」「手段と目的における正しさの倫理的基準の一致」という思想の骨格とともに、アウンサンスーチーの強烈なまでの自力救済的な生き方を象徴している。宗教との関係でいえば、それは明らかに上座仏教の影響を受けているといえよう。

和解志向と国民の支持

彼女の生き方を簡潔に述べるならば、対立のはびこるビルマにあって、対決や復讐ではなく、あくまでも和解を求めようとする点に最大の特徴があるといってよい。自分と他者との関係の「自覚化」「客観視」を心がけ、そのために話し合いや相互理解に向けた努力を怠らないその生き方は、軍事政権との関係でいえば、国軍そのものを否定したり悪くいったりするのではなく、あくまでも国軍を誤った方向に導いた人間たちの考え方と行動だけを批判することになる。その際、人身攻撃は行わず、軍事政権を構成する人々の「軍と政治との関係」「民主主義のあり方」「発展のとらえ方」「国民の福祉」に関する考え方を批判するという形をとる。それも対話と相互理解を心がけ、双方の和解を目的とした関わりを尊重しつづけるのである。

アウンサンスーチーが描く将来の民主的なビルマには、国軍も含まれている。彼女はそのことを強調してやまない。そこには国軍そのものが歴史的に自分の父アウンサンによって「ビルマ国民のためにつくられた軍隊」だからという思い入れもあるが、国軍が主権国家の防衛や国内の治安維持に必要であるという現実的な判断も作用している。そして何よりも重要なことは、軍事政権に関与した人々への復讐が想定されていないということである。

こうして彼女の思想を考察してみると、アウンサンスーチーは「強い女性」とはいえ「頑固」で「妥協知らず」な人間だとはいえない。その思想と行動の本質には、対立する存在同士を和解と相互の赦《ゆる》しへ向けさせようとする意思が強く働いており、それはとりもなおさず彼女の「柔軟さ」を示している。

ビルマ国民の多くも、彼女のこうした姿勢に強くひかれている面がある。上座仏教徒にとって、彼女の和解志向の生き方はひとつの良き模範であり、とりわけ思想と行動の一致を守って生きるその姿は、十分に尊敬の対象となり得るものである。国民が彼女を単に独立の英雄アウンサンの娘だからという消極的な理由だけではなく、長期にわたって支持している理由は、ここにその原点があるといってよい。ただし、支持のなかにはさまざまな形で彼女に対する個人崇拝が存在することに注意する必要がある。アウンサンスーチーへの個人崇拝、すなわち、軍政に代わって彼女が政権を運営するようになれば、ビルマではすべてが即座に良い方向に変わっていくと信じる「アウンサンスーチーお任せ」タイプのビルマ人は、国内外でけっこう見かける。こうした支持はしかし、いうまでもなく彼女の思想の対極に位置し、彼女がもっとも望んでいないもののひとつである。それは彼女の思想や、彼女が何のために闘いつづけているのかについて真に理解できていないか、もしくは頭では理解できてもその自力救済的な厳しい「生き方」を自分が実践できないために、彼女にすべてを任せるという形でしか支持できないということなのであろう。

第10章

軍政後のビルマ

——二〇一一年以後

1　二〇一一年三月の「民政移管」と二〇〇八年憲法体制

二〇〇三年八月に軍政が公表した「民主主義への七つの道程」は、いよいよ第六段階の「当選議員によって構成される国会の召集」と第七段階の「その国会における大統領の選出（新政府発足）」という最終ステージに到達した。本章では「道程」完了の最終段階とその後の「民政」化された新しい政府の歩みを見ることにしたい。現代史の記述は次々に生じる変化によって消費期限をすぐに失う難しさがあるが、そのことを承知のうえで、ここでは二〇一三年十一月段階までのビルマの「変化」を追うことにする。

議会の召集と新政府の発足

二〇一一年一月三十一日に上下両院（民族代表院と人民代表院）から成る連邦議会が召集され、

テインセイン大統領.
写真提供：読売新聞社.

二月四日に大統領（テインセイン）と副大統領二名が選出された。両院の議長と副議長の選出もなされ、三月三十日には軍事政権（国家平和発展評議会ＳＰＤＣ）の解散とテインセイン新大統領を国家元首とする新政府の発足が宣言された。正副大統領を含む全三三人の閣僚も発表された（全員男性）。

ここに二三年間にわたる軍事政権の幕が下ろされ「民政」がスタートした。しかし、新大統領は旧軍政のナンバー4だった元大将であり、下院（人民代表院）議長は同ナンバー3、二人いる副大統領のうち片方も軍出身者である。閣僚三三人中二七人（八二パーセント）も退役軍人である。さらに、上下両院それぞれの議席の二五パーセントがあらかじめ軍人たちに割り当てられている。残り七五パーセントの議席は選挙で選ばれるものの、二〇一〇年十一月の総選挙では前章で触れたようにＮＬＤが参加できなかったため、当選者の六割強は軍出身者ないしはそれに準ずる人物（軍から見て害はないと判断された人物）だった。「民政移管」したとはいえ、実態は「軍による新しい形の支配」といったほうがよいだろう。

新体制では憲法の規定に基づき、正副大統領を議会で互選することを定めており、彼らを含め議員が大臣や副大臣に就任した場合、その議員は議席を失うばかりでなく、所属政党の活動からも離れることが義務づけられている。大臣らが就任と同時に議席を失う規定を持つ国はほかにもあるが、所属する政党の活動からも離れなければならない規定まで合わせ持つ国は非常にめずらしい。この制度は議会制民主主義や政党というものに不信感を抱くビルマ国軍が、大臣などに就任して行政府に入る議員を確実に政党活動から引き離すために考え出したものである。二〇一〇年十一月の総選挙から一年五か月ほどしか経過していない段階で補欠選挙が実施され、その対象が上下両院で四三議席（選挙区）にも及んだのは、この制度のせいである。

二〇〇八年憲法の特徴

新体制がその正統性の根拠にする「ミャンマー連邦共和国憲法」（二〇〇八年憲法）は、大統領を国家元首とする共和制と、少数民族に限定的な自治を認める連邦制を基本とし、民族代表院（上院）と人民代表院（下院）の二院制から成る議会の設置を定めている。しかし、両院とも議席の二五パーセントは国軍が議員を指名できる「軍人の指定席」となっており（それも入れ替え自由）、選挙で選ばれるのは各院総議席の七五パーセントに限られる。大統領と副大統領は議会から選ばれる仕組みになっているが、彼らには軍事に通じていること、家族に外国籍の者がいないことが「資格」として義務づけられている。また、内務大臣、国防大臣、国境担当大臣の三ポストに関しては、大統領に任命権がなく、国軍最高司令官が任命することになっており、国家統治の中枢を担う三つのポストを軍がコントロールできるように制度化している。国家が非常事態に直面したと判断した際は、大統領は全権を国軍最高司令官に移譲することができるという規定もある。この規定を恣意《しい》的に利用すれば、「合法的」に軍がクーデターを行えることになる。

こうした軍事色の強い憲法であっても、徐々に民主的なものに改めていけばよいという見方もできるが、この憲法は改憲のためのハードルが非常に高い。改憲の発議は両院で七五パーセント＋一名以上の議員が賛成しないと行えず、二五パーセントを軍人が占める議会では民主化に向けた憲法改正はまず望めない。仮に七五パーセント＋一名のラインをクリアして改憲を発議できたとしても、そのあとの国民投票において有権者名簿登載者数の過半数が賛成しないと、それは成立しない規定になっている（当日投票者数の過半数ではないことに注意）。したがって、この憲法に基づいて漸進的に民主化を進めていくことは大変難しい。テインセイン政権はこうした盤石な基盤に基づいてスタートし、この二〇〇八年憲法によって安定を確保し、その範囲内で「民主化」や「自由化」を進めているのだといえる。

「変化」の範囲

テインセイン政府の登場によって何がどこまで変わったのか見てみたい。まずはアウンサンスーチーと大統領との直接対話の実現である。これが「変化」の実質的な起点になったことは疑いない。二〇一一年八月十九日、テインセイン大統領は彼女を首都ネイピードーに招き、二人だけの会談を行った。アウンサンスーチーが政治の世界にデビューした一九八八年以来、ずっと求めてきた自国の最高権力者との直接対話が実現したことは大きな画期だった。会談場所となった大統領執務室にはアウンサンスーチーの父アウンサン将軍の遺影が飾られ、マスコミ向けの写真もその遺影のもとで二人が立って並んでいる姿が使われた。軍事政権の時代、娘のアウンサンスーチーの人気を恐れた政府は、たとえ「独立の父」とはいえ、アウンサンの写真を公的な場所に飾ることを例外的にしか許さなかった。しかし、テインセイン大統領はその方針を変え、アウンサン将軍の写真を大統領の執務室に飾ることによって、アウンサンスーチーとの友好的雰囲気を演出したといえる。

アウンサンスーチーにとって、大統領とこうした雰囲気のもとで会談できたことは有意義なことだった。相手が自分の父アウンサンに尊敬の念を抱いていることを確認できたことは、よりいっそう大統領に対する信頼を深めたといえる。会談の具体的内容は公表されなかったが、マスメディアに対し「テインセイン大統領は本気で改革を進めようとしている」と彼女は語っていることからも、この二人の直接対話が単なる儀礼的会談ではなかったことがわかる。

テインセイン政府による一連の「変化」は、この直接対話のあとから本格化する。同年九月に入ると、国家人権委員会が設置され、同委員会は政治犯解放に向けた進言を政府に行った。同年六月から緩和していた事前検閲もさらに緩められ、ビルマ語の週刊誌などでアウンサンスーチーのことが特集されるようになった。ビルマ政府に批判的な海外メディアのホームページへのアクセスも解禁された。さらに環境破壊を伴った大規模ダムの建設中止宣言が出され、国内外の人々を驚かせた（カチン州のミッソン・ダム）。

「変化」の事例として次に指摘できるものは、政治囚（良心の囚人）のまとまった解放である。これはアウンサンスーチーとNLDが特に強く政府に要求したもので、米国政府も再三にわたりビルマ政府との関係改善の前提として求めていた。解放は遅れ気味だったとはいえ、二〇一一年十月十二日と二〇一二年一月十三日の二回に分けて行われ、とりわけ二回目は長期にわたり何度も拘束されていた元学生運動指導者ミンコウナインやコウコウヂー、二〇〇七年僧侶デモの実質的指導者だったガンビラ師が含まれる本格的なものだった。その後も数回にわたって解放は続き、二〇一三年十一月現在、政治囚の問題はほぼ解決されたとみなしてよい。

アウンサンスーチーとNLDの補欠選挙参加を実現させた政党法の改正も意味のある「変化」だった。この法律は軍事政権が二〇一〇年十一月に行った総選挙を前に施行され、さまざまな厳しい基準を政党の要件として課し、それらをクリアしない限り総選挙への参加も認めず、政党としての認定もしないというものだった。なかでも、提出を義務づけられた党員名簿に政治囚を含む有期刑を受けている者を載せてはならないという条件がNLDを困惑させることになった。アウンサンスーチーは自宅軟禁中だったが、関係者を通じこの条件では政党登録はできないことをNLDに伝えた。NLDの公式機関での審議の結果、多数決でアウンサンスーチーの提案は可決され、この段階でＮＬＤの総選挙不参加、政党としての登録をしないことが確定した。このとき、決定に反対した党員の一部がのちに国民民主勢力（ＮＤＦ）を結成することになる（同党は総選挙に参加したが、上下両院に一二名の当選者を出すにとどまった）。

テインセイン大統領は直接対話以来、アウンサンスーチーとの関係改善を求め、この政党法を改正してＮＬＤが政党登録できるようにし、アウンサンスーチーにも補欠選挙への出馬を促すことになった。改正にはまわりが想定していたより時間がかかったが、二〇一一年十一月四日に施行され、同月二十五日、ＮＬＤは政党登録を申請し、翌二〇一二年一月五日、連邦選挙管理委員会によって認められた。これにより、アウンサンスーチーをはじめとするＮＬＤ党員の選挙参加が可能となったのである。

経済改革への積極的な姿勢も見落とすことのできない大きな「変化」である。テインセイン大統領は政権発足後すぐの二〇一一年四月十一日、三人いる大統領顧問のひとりに経済学者ウー・ミン博士を起用して世間を驚かせた。同博士がＮＬＤの経済ブレーンで、アウンサンスーチーと親しい人物だったからである。正常な市場経済の確立を目指し、外資導入が順調に進むことが期待されるなか、新政府は二〇一一年八月以降、コメや豆類など一部農業産品の輸出税軽減に始まり、木材加工品輸出に対する商業税免除、自動車輸入の規制緩和、民間銀行六行による外貨交換業務の容認、マイクロファイナンス法の発布などの経済改革を行った。このなかでは自動車輸入の規制緩和が目立ち、法外な輸入税を課していた現実を改め、外国からの新車輸入が促進されるようになった。さらに、新政府はビルマ経済における一番の問題点とされていた二重為替状態の解消に乗り出し、二〇一二年四月一日をもって政府公定レートを廃止、市場レートに基づく管理変動相場制へ移行した。

これによって、一九九〇年代から海外の経済専門家に言われつづけてきた為替レートの一本化がやっと実現された。これまで、政府公定レートと市場レートのあいだには一三〇倍近い差があり（前者が一米ドル＝約六チャット強なのに対し、後者は二〇一二年四月段階で一米ドル＝八〇〇チャット前後）、国軍関係者の天下り先でもある国営企業にとって圧倒的に有利なシステムになっていた。しかし、今回の措置で市場経済として正常な為替制度に落ち着くことになり、この点を見る限り、テインセイン政府が本気で経済改革に取り組んでいる姿勢が見てとれ、そこは軍事政権時代と大きく異なるといえる。

「変化」の理由

それではなぜ、テインセイン政府の登場によってこうした一連の「変化」が次々と生じたのだろうか。これはテインセイン（大統領）なり、引退したタンシュエ（前軍政議長）が今後、回想録でも書いて正確な事情を説明してくれない限り本当のことはわからない。ここでは合理的な推測のみ述べることにする。

まず再確認しておきたいことは、一連の「変化」が民主化運動の勝利の結果起きたのではなく、ビルマ国軍が自ら姿勢を転じることによって生じたという事実である。この点はけっして勘違いしてはならない。彼ら軍人が姿勢を変えた理由は何なのか。

テインセイン政府の表向きの説明では、軍事政権の時代から時間をかけて準備を進め、今日の「変化」の基盤づくりをしてきたとされている。これが一九九三年以来長期にわたった新憲法（二〇〇八年憲法）の作成過程のことや、前章で詳述した二〇〇三年発表の「民主主義への七つの道程」のことを意味しているのであれば、確かにそのとおりだといえよう。しかし、おそらく本当の理由はそれ以外のところにあると考えられる。

推測される第一の理由は、自国の対外イメージを改善したいという「名誉回復」への欲求である。ビルマは一九六二年から一九八八年まで続いたビルマ式社会主義体制のころは国際社会での影が薄く、その後二三年間にわたる軍事政権の時代においては逆に独裁的、非民主的、人権抑圧、難民流出国などの負のイメージがついてまわった。これを払拭したいという思いがテインセイン政府に強くあるのではないかと考えられる。二〇〇八年憲法体制が維持される限り、その枠内での民主化や自由化は国軍の特別な地位や利権を崩す恐れがない。よって、国際社会の求めに応じ「変化」を推し進め、自国の対外イメージを改善させ、二〇一四年に引き受けるASEAN議長国としての風格と品位をつくりあげることができるとテインセイン政府が判断したのではないかと思われる。

第二に考えられる理由は、長期にわたる安定した経済発展の大切さにやっと気づいたからではないかということである。軍政期のビルマを支えた天然ガスの産出がいくら好調で多くの外貨をもたらしたとはいえ、そうした資源輸出だけではビルマの長期にわたる経済成長を実現させることはできない。隣国タイとの経済格差はビルマ式社会主義期の一九六〇年代から明らかだったが、当時は「社会主義」が「是」であり、「資本主義」は「非」であったため、開発主義的な政策を採用して隣国に追いつくという選択肢はありえなかった。しかし、七〇年代、八〇年代と経済状態が好転せず悪化し、軍事政権が統治する一九八八年以降もますますASEAN諸国との差をつけられたことへの危機感を、テインセインらはやっと認識するに至ったといえる。

軍事政権時代にも市場経済化が目指されたが、軍人たちが経済政策をつくり実施しようとしたため稚拙さが目立ち、米国やEUによる経済制裁がそれに追い打ちをかけ、輸出志向型の優良外資の進出を阻害されるという苦い現実があった。この状況を根本的に変えるには経済政策自体の改善のみならず、自国に制裁を加える米国やEUにそれを解除してもらうべく、国内の民主化に手をつけるしかないと判断したのではないかと解釈できる。

また、このことと関連して中国との関係について触れておく必要がある。一九九〇年代に始まった中国との経済交流の深化がビルマにとって福音だったことは明らかだが、同国の衛星国家に位置づけられてしまうリスクを常に伴い、将来的にはインド洋への陸上進出ルートを確保したい中国から軍事協力を求められる可能性すらあった。これをくいとめるには、欧米や日本との経済関係を強めることによって牽制するしかない。こうした背景もテインセイン政府が「変化」を推し進める理由として指摘することができる。ビルマは「親中国」とみなされることがあるが、現実はそうではなく、特にビルマ国軍の抱くナショナリズムのなかでは、中国は常に要注意の対象とされてきたことを付記しておきたい。

「変化」の限界

しかし、一連の「変化」の理由が何であれ、この国の民主化に向けての変化はまだまだ「小さな一歩」を印《しる》したにすぎない。政府の正統性を保障する二〇〇八年憲法が軍による国家統治への介入をさまざまな形で認めているので、この憲法が国民主権を保障する方向で改正されない限り、ビルマの「変化」は軍人たちに囲まれた「小さな土俵」のなかで展開されるだけである。憲法改正に向けた「土俵のつくりかえ」が始まらない限り、民主化への「本格的な一歩」を踏み出したとはいえない。その意味で、現在の「変化」は本質的な部分での変化とは言い切れないことに注意する必要がある。今後の判断基準として、軍の特権をなくす方向で憲法の改正が本格化すれば、その段階で「変化」はカギ括弧がとれ、正真正銘のプラスに向かう変化とみなしてよいことになろう。

2　アウンサンスーチーの政治参加

三度目の自宅軟禁からの解放

二〇一〇年十一月十三日、アウンサンスーチーは二〇〇三年五月三十日以来七年半にわたった三度目の自宅軟禁から解放された。最初の軟禁が六年間（一九八九年七月から一九九五年七月）、二回目が一年八か月間（二〇〇〇年九月から二〇〇二年五月）、三度目の軟禁を合わせると彼女の自宅軟禁期間は一五年二か月（約五五二〇日）にもおよんだ。一九八八年八月にビルマ政治の舞台にさっそうと姿をあらわしてから二二年三か月、そのうちの七割弱にあたる期間を彼女は軍事政権によって封じ込められてきたのである。

最後の自宅軟禁から彼女が自由になったとき、外では「民政移管」のための総選挙が終わり投票日から六日がたっていた。彼女の解放は総選挙の投開票が終わるまで軍事政権によって延ばしに延ばされてきた。これは明らかにアウンサンスーチーとＮＬＤが総選挙に参加できないようにするためにとられた当時の軍政による措置だった。

自由になったアウンサンスーチーは、慎重に政治活動を再開した。国民も国際社会も彼女に与えられた自由の度合いがどの程度のものなのか関心を持って見つめた。ＮＬＤが軍政によって合法政党として認定されていなかったため、政党活動をしたりアウンサンスーチーがそれを指導したりしたら、党そのものを解散させられるリスクがあった。よって、NLDは基本的にNGOのような社会福祉活動を行う形で国民との接触を推し進めた。

補欠選挙での圧勝

その後、テインセイン政府が発足し、アウンサンスーチーとの直接対話が実現すると、状況は大きく変わった。新しい体制にはさまざまな欠点が見られ、さまざまな制約があるが、彼女は政治家として立法府に参加し、この国の民主化に向けた歩みに現実的に関わろうと決意する。その結果、二〇一二年四月一日に行われた補欠選挙で、アウンサンスーチーと彼女が率いる政党NLDは圧勝した。それはビルマの国民がずっと待ち望んできた光景だったといえる。補欠選挙にすぎないとはいえ、その勝ち方はすさまじく、ビルマの国民に与えた希望は大きかった。海外のマスメディアもこぞって注目し報道した。

補欠選挙の対象は国政（上下両院）四三選挙区と地方議会二選挙区の計四五選挙区だった。各選挙区の定数は一、日本でもおなじみの小選挙区制である。アウンサンスーチーが党首を務める国民民主連盟（NLD）は、候補者の資格審査段階で落とされた上院の一選挙区を除き、四四選挙区に四四人の候補を立て、選挙戦に臨んだ。投票の結果、四三人の当選者を出して圧勝した。落選者はたった一人。下院三七選挙区と地方議会二選挙区では全勝を演じ、上院は候補を立てた五選挙区中四選挙区で勝利を収めた。

唯一負けた上院の選挙区も、与党の連邦連帯発展党（USDP）の候補に負けたのではなく、地元の少数民族政党の候補に惜敗している。それも期日前投票分が捨てられるという不正が伝えられるなかでの敗戦だった。こうしたことを考慮すると、この補選でのNLDは事実上パーフェクトゲームを演じたといえる。国軍関係者が多く住む新首都ネイピードーでも下院の四選挙区で激戦が展開されたが、事前の予想に反しNLDが全勝している。アウンサンスーチーもヤンゴン南部のコームー下院選挙区で与党候補に大差をつけ、八五パーセント強の得票を得て当選した。選挙は細かい点で問題があったものの、おおむね公正に行われたといってよい。

「法による支配」の確立を目指して

こうしてアウンサンスーチーとNLDは初めてビルマの国政に進出することになった。アウンサンスーチーは補選での圧勝が確定したとき、国民に対する第一声のなかで「急激な変化を望んではいけない。やるべき課題は多く、一歩一歩着実に進んでいくしか方法はない」という主旨の発言を行った。そこには彼女の慎重な姿勢がよく反映されている。実際、彼女は立法府のなかの下院の一議員にすぎず、彼女の政党も野党第一党とはいえ、議席数のうえでは小さな勢力にすぎない。

アウンサンスーチーは自分の現在の立場を下院議員、すなわち立法府の一員としてとらえ、下院における議論の活性化と立法府全体の自律性の強化を目指している。ただ、彼女は立法府の改革をいっそう進める必要があると語る一方で、いまのビルマでもっとも求められているのは「法による支配」の確立だと何度も強調している。

ビルマでは長期に続いた軍人たちによる統治のせいで、行政府と司法府が本来の機能を遂行できない能力不足の状態に陥っている。行政に関しては軍人が天下って官僚機構を乗っ取ったため、優秀な文民官僚が育っていないことが指摘できる。さまざまな場面で賄賂を受け取る腐敗官僚が多く、市民に対し、前例があろうがなかろうがその場限りの恣意的な対応を繰り返す習性も目立つ。これでは立法府がよい法律をいくらつくっても行政府の欠陥によって正しく施行されないことになる。また、司法についても五〇年近くにわたり行政が裁判に介入することが日常化しており、三権のひとつとして独立できていない現状にある。立法府に属するアウンサンスーチーは、こうした行政と司法の現状を問題視し、それを改革して「法による支配」をビルマで確立させることこそ大切な課題であると指摘する。

国民和解の推進

彼女が「法による支配」の確立を強調するもうひとつの理由は、それが民主化実現のために必要な国民和解の推進と深く絡んでいるからである。国民和解とは具体的に二つある。ひとつは長期にわたる軍による強圧的支配がもたらした「国軍と国民とのあいだに存在する対立」を克服する和解、もうひとつは歴史的に形成された「民族間と宗教間に横たわる溝」を克服する和解である。その際、彼女はどちらかの側を応援するのではなく、自ら中立的な和解者（仲介者）として振る舞うことを強調している。そのためには、対立する両者が互いに身の危険を感じることなく話し合うことができ、自分たちの受けた被害の認定がなされるようにする必要があり、暴力的環境や威圧的雰囲気から守られる法的制度と、それに基づく和解推進の仕組みをつくりあげることが求められると彼女は語る。「法による支配」の確立が実現しない限り、彼女の考える和解は推進できないことになる。

憲法改正への戦略

アウンサンスーチーが「法による支配」の確立を語るとき、そこに現行憲法の改正が大前提として位置づけられていることは論を俟《ま》たない。彼女にとって、軍が立法・行政・司法の三権に介入できることを認めている現憲法は、民主主義の確立にとって障害以外の何物でもない。しかし、憲法の改正規定はハードルが高く、上下両院それぞれの「七五パーセント＋一議席」以上の賛成がないと改正の発議ができない。既述のとおり両院とも議席の二五パーセントはあらかじめ軍人に割り当てられているので、仮に二〇一五年とされている次回総選挙でＮＬＤが圧勝して民選議員への割り当て議席すべてをとったとしても、軍人議員から「勇気ある」賛成者が一名以上出ないと改正の発議はできない。そもそも、少数民族政党や現在の与党ＵＳＤＰも一定程度の当選者を出すことが確実視されているので、民選議員すべてをＮＬＤで占めることは現実にはありえない。

そうなると、憲法改正を実現するために二〇一五年の総選挙で圧勝を目指すことはあまり意味がなくなる。選挙の前に改正（ないしは改正への着手）を実現させる必要がある。自分が置かれている状況を客観的に判断し、それを元に正しい手段を選ぶことを実践哲学としてきたアウンサンスーチーは、こうした現実をよく理解したうえで、テインセイン大統領と協調する道を戦略として選んだといえる。協調姿勢を示すことによって、政府や国軍との信頼関係を醸成し、その過程でビルマのよりよき未来のために憲法改正が必要であることを相手に説得することが可能となり、相手の理解を得ながら改正への手続きを進めていくことができると彼女は考えているのである。

ただ、仮に説得が奏功して大統領や国軍、与党USDPの理解を得たとしても、憲法のどの条項から改正に取り組むのかをめぐって関係者の主張が一致しない可能性が高い。おそらく、立法府における「軍人の指定席」の比率を二五パーセントより減らすことや、家族に外国籍の者がいないことを義務づける大統領の資格条項の緩和が最初の議論の対象となろう。同時に、正副大統領や正副大臣などの行政上の役職に就いたら議員を辞職し政党活動も行ってはならないとする規定の改正も、アウンサンスーチーは要求すると思われる。この規定は、歴史的に形成された国軍の政党に対する蔑視（政党は党利党略のために国民を騙《だま》すという見方）に基づいているからである。相手を納得させたうえでこうした考え方を変えさせない限り、国軍と国民との和解も進まない。彼女の父アウンサン将軍が現在の国軍の創設者であるという事実が、こうした国軍との協議で良い影響を与える可能性もあるが、保証の限りではない。

コラム19「私は魔術師ではない」――アウンサンスーチー来日時の発言から

私は魔術師《マジシャン》ではありません。もしそうなら〝民族間や宗教間の対立よ、消えてなくなれ〟と叫んで、あっという間にそれらを消してみせるでしょう。でも私は魔術師ではないので、そんなことはできません。

これは二〇一三年四月十三日から十九日にアウンサンスーチーが日本政府の招聘《しょうへい》で来日した際、東京大学（本郷）で行われた学生たちに向けた講演のなかで出た言葉である（四月十七日）。彼女に「魔術師」のような役割を勝手に期待する人々への「戒め」として語られた発言である。アウンサンスーチーの熱心な支持者や共感者であっても、彼女の思想をよく知らない（もしくはよく知らされていない）人々は、彼女にカリスマ的な役割を期待しがちである。自分がそういう存在ではないことを彼女は民主化運動を率いた初期のころ（一九八八～八九年）から一貫して力説している。にもかかわらず、彼女に「魔術師」のような期待を抱く人々が国内外に多くいるのである。

大事な点はアウンサンスーチーがビルマで政治家として活動していくにあたって、何を「正し

来日したアウンサンスーチーを囲んで．左端は筆者（2013年４月17日）．
写真撮影：山本宗補．

い目的」に定め、それにふさわしいいかなる「正しい方法」を選んだのかを、まずは認識することである。彼女の究極の目的はいうまでもなくビルマの民主化である。しかし、そのためには国民和解の実現が最重要視されるべきだと彼女は考える。このことに関し、来日中、東京の市民団体（アムネスティ、ビルマ市民フォーラム、ビルマ情報ネットワーク）代表との意見交換会で彼女が語った次の言葉（要旨）が興味深い（四月十七日）。

> 私が（国軍の攻撃にさらされている）カチンや（仏教徒に迫害されているムスリム系の）ロヒンギャーの側に立っていないといって批判する人々がいます。批判されること自体は民主化が進んでいることの証《あかし》ですから歓迎します。しかし、和解者（仲介者）となるべき人が、もし

対立する両者の側のいずれかに立ってしまったら、和解は実現できません。立たなかった側の当事者から信頼を失います。和解者がなすべきことは、この国に欠けている「法による支配」を確立し、双方が暴力に頼らず、身の危険を感じることなく、安心して対話に臨める制度と仕組みをつくることにあります。

和解者たる者、片方が「(完全に)正しく」片方が「(完全に)誤っている」といった判決を下す存在であってはならない、という考え方がここにはあらわれている。さらに、対立する両者が身の危険を感じることなく自由に発言でき、両者の対話が記録される制度や仕組みをつくりあげることが優先されるべきだという考え方も示されている。彼女は和解のための対話を推し進めるにあたって、「法による支配」の確立が何よりも必要であり、そのことの実現に自分は政治家として力を注ぎたいと語る。「ビルマでは法による支配の確立が何よりも必要です」——これは今回の来日時の彼女の発言のなかで、おそらくもっとも多く使われたフレーズであろう。

もうひとつ重要なポイントは、和解の過程においては、相対立する当事者が「自らの過ち」について自覚するように促し、それを認めて相手に謝罪する勇気を持つ必要があると彼女が語っている点である。「間違っているのは相手側だけで自らは無謬《むびゅう》である」という姿勢からは、和解はけっして生まれないと彼女は考える。「和解とは何か」を本質的に考えた場合、この姿勢は大切であろう。

3　国際社会の反応

テインセイン政府がもたらした「変化」に対する国際社会の反応はすこぶる良い。これほど国際社会に歓迎された「変化」はそう多くあるまい。ここではその「歓迎ぶり」を紹介しておきたい。

ASEAN

「変化」にもっとも好意的な反応を示したのは東南アジア諸国連合（ASEAN）である。二〇一一年十一月十七日に行われた首脳会議で、ビルマの二〇一四年ASEAN議長国就任を承認したことにそれは象徴される。通常なら加盟国が輪番制で議長国に就任するのがASEANのルールなので、二年以上も先の議長国について審議したり承認したりするのは、まるで次期オリンピック開催国を決定するかのような手続きと似ていて奇妙である。しかし、ビルマはかつて二〇〇六年に順番が回ってきたとき辞退した経緯があり、その後、次の順番が回ってくる二〇一六年を待たずになるべく早く就任したいという希望を表明していたため、この時期にわざわざASEAN外相会議で審議を行って承認し、その後に首脳会議で最終決定したのである。

ASEANとしては従来から人権抑圧、難民流出、アウンサンスーチーの抑圧などに象徴される「ビルマ問題」を、米国などの外部の介入によってではなく、ASEAN自身の努力で解決したいという意向を強く持っていた。そのため「民政移管」後のビルマの「変化」を高く評価して二〇一四年の議長国就任を早々に認め、同国をASEANの「重要な仲間」に格上げし、さらなる変革を促す関与戦術をとったのだとみなせる。

米国

米国はオバマ政権になって以来、それまでの制裁一色だったブッシュ大統領時代と異なり、ビルマに対し経済制裁を続けながらも話し合いの道は閉ざさない柔軟な外交手段を用い、徐々に関与姿勢を深めてきた。「民政」移管後は「変化」を前向きに評価し、ミッチェル特使を派遣してテインセイン政権と接触させ、二〇一一年十二月にはクリントン国務長官をビルマに訪問させた。二〇一二年九月にはアウンサンスーチーが訪米しオバマ大統領に歓待されている。さらに同年十一月には日帰りとはいえオバマ大統領がヤンゴンに寄り、アウンサンスーチーと会談し、ヤンゴン（ラングーン）大学で講演まで行っている。

ビルマへの経済制裁の解除については当初慎重だったが、二〇年以上不在となっていた駐ビルマ大使の任命や、米国国際開発庁のビルマでの拠点設立の検討、米国の金融サービスの提供や企業による投資の段階的解禁、米国の民間支援団体による民主化や教育支援プログラムの実施、ビルマ政府幹部への査証（ヴィザ）発給停止措置の解除、そしてこれまでいっさい認めてこなかった世界銀行などをはじめとする国際金融機関による対ビルマ支援の容認がなされ、二〇一二年後半以降はさらなる制裁解除に向けた措置がとられている。これに伴い、コカ・コーラなど米国系の多国籍企業による投資も開始された。

ヤンゴンのシュエダゴン・パゴダに立ち寄り，ビルマの伝統に従い裸足で見学するオバマ大統領とクリントン国務長官（2012年11月19日）.
写真提供：AFP＝時事.

米国の対ビルマ政策は大きな画期を迎えたといえる。この背景にはビルマ新政権の「変化」をとにもかくにも評価することによって、この国の中国離れと北朝鮮離れを促したい意向が存在している。中国は一九九〇年代からビルマへの経済的・外交的関与を急速に深め、それがさらに深まって軍事的関与にまで至ることを米国は恐れていた。ビルマが二〇〇七年四月に二四年ぶりに北朝鮮と外交関係を復活させ、核技術供与につながりそうな「怪しい関係」を続けたことへの懸念も大きく、これを何としても封じ込めたい思いがあった。米国のこうした思惑は基本的に成功している。

EU

米国ほどではないが、ビルマに対し一九九〇年代から段階的に制裁を強化してきたヨーロッパ連合（EU）も、テインセイン政府の下で進む「変化」を評価し、補選後に武器禁輸を除くすべての制裁措置を一年間停止すると発表し、その後、完全停止を決めている。このほか、ビルマ政府関係者と関連企業の資産凍結を解除し、林業や鉱業分野における貿易や投資を解禁した。これによって将来のビルマ市場への欧州企業の参入を本格化させる意図を示したといえる。この間、EUのアシュトン外交安全保障上級代表は二〇一二年四月二十八日から三日間ビルマを訪問し、アウンサンスーチーを招いてヤンゴンに在ビルマEU事務所を開設している。

日本

国際社会のなかで、ビルマの「変化」をASEANに次いで高く評価したのは日本である。これまでの軍事政権に対する「太陽政策」的な関与外交が成功したという自負のもと、現状の「変化」を促進すべく、さっそく二〇〇三年以来凍結していた二つの主要案件の復活を中心にODAの本格供与再開を発表した。ここでいう二つの案件とは、バルーチャウン水力発電所改修工事とヤンゴンの人材育成センター開設プロジェクトのことである。

バルーチャウン水力発電所改修工事の凍結理由は、二〇〇三年五月に起きたアウンサンスーチー一行襲撃事件と、それに伴う彼女の三度目の自宅軟禁に対する不快感表明によるものであった。一方、人材育成センター開設プロジェクトの凍結理由は、二〇〇七年九月に起きた僧侶と市民による大規模反政府デモで、ジャーナリストの長井健司氏が射殺された事件に対する抗議によるものである。これら二つの事件の真相がいずれも解明されたのであれば、凍結解除は論理的に正しいといえる。しかし、両事件ともまったく解明されていない。

ではなぜこの二つのプロジェクト再開が早々に決まったのか。その政治的思惑を推測すると、第一にビルマが日本企業の恰好の新規投資先として有望であるため、政府としてその後押しをしたいという思いが強かったこと、第二にビルマが天然ガスやレアアースの産出国であるため、資源確保の観点から日本の国益にかなう国なので関係を強化したいという判断が働いたということが考えられる。

ビルマとの関係強化は、同国が軍政の時代から前向きの課題として日本政府によって認識されてきた。ビルマ国内の政治状況の悪さやビルマに対する厳しい国際世論がそれを許さなかったので、現実には関係は弱まる傾向にあったが、「変化」が進み出したあとは関係強化を本格化すべきだとする考えが強まり、前述の二案件に限らず、インフラ整備に向けた有償の大規模援助（円借款）の実施にも青信号がともるようになった。

ただ、その前に五〇二四億円にのぼるこれまでの対日累積債務の問題をどう解決するかという難題が立ちはだかった。財務省はこの問題に安易な妥協をすることに反対だった。日本政府はしかし、政治判断に基づき、二〇一三年四月までに全額を実質的に免除する方針を決め、これで累積債務問題は解決することになった。

当然、この背後には日本の企業によるビルマ進出への強い期待がある。人口六〇〇〇万人強を有する東南アジア大陸部のこの国への新規投資を考えている企業は多く、二〇一一年後半からビルマ関連の経済セミナーは活況を呈するようになり、日本貿易振興機構（JETRO）への問い合わせも激増し、ビルマへの状況視察も非常に増えている。米国やEUの制裁緩和が進むことによって、ますますその投資熱は上がる傾向にある。実際、日緬貿易は二〇一〇年の六・五億ドルから二〇一二年には一九億ドルへ急増している。しかし、インフラの未整備な現状にあっては、いきなり大規模投資を行うことはリスクがあり、そこをODAで整備してほしいと願う本音が企業のあいだには存在する。

たとえビルマの「変化」が順調に進んだとしても、この国への投資はインフラの未整備以外にもいくつもの大きなリスクがあり、企業としてそう簡単に決断するわけにはいかない現実がある。その最たるものは、ビルマ側の官僚たちやそのまわりの人間にはびこる腐敗であろう。優秀でやる気満々、かつ倫理観もすばらしいという官僚もいるが、そうではない腐敗官僚やその取り巻きも少なくない。彼らは外国企業が投資の準備やそれに伴う面倒な手続きを進めていく際にさまざまな形で賄賂を要求してくる。優良企業になればなるほど、経理上、使途不明金を出すわけにはいかないので、この賄賂を求められる現実にどう対処するかは深刻な問題である。もちろん、これはビルマ政府側が対処すべき課題であり、テインセイン大統領も新政権発足の翌日（二〇一一年三月三十一日）に「良い統治と汚職のない政府をつくることが新政権のもっとも重要な課題である」と演説している。しかし、短期に解決される類の問題ではないことも事実である。

もうひとつ懸念される問題として、比較的学歴が高く優秀で手先が器用な人が多いとされるビルマ人の実際の能力が挙げられる。国民の識字率は九〇パーセント以上と高く、大学進学率も一九九〇年代以降高まりを見せている。しかし、現実は長く続いた軍事政権の高等教育軽視のため大学教育のレベルがきわめて低い。海外留学経験者や民間のハイレベルな専門学校で英語や日本語、ＩＴ技術を鍛えた人が都市部で増えているとはいえ、英語やパソコンがそれなりに仕事で使いこなせるという人材は限られている。日本企業の場合、英語と日本語の両方ができき、パソコンも使え、指示に基づきてきぱきと働く人材が好まれるが、そのような理想的ともいえるビルマ人の働き手はとりわけ少ない。今後、日本の進出企業とODAを通じた人材育成がなされることになるが、これも短期に成果が出るような話ではない。

終章

ビルマ・ナショナリズムの光と影

ビルマの歴史世界の探索もいよいよ終わりに近づいた。過去を知ったうえで未来に目を向けると、この国が今後、乗り越えなければならない課題がいろいろ見えてくる。最後にその一部を示すことにしたい。

独自の王朝を築きながらも、英国の侵略によって土着の諸制度を根こそぎにされ、植民地統治による国家の根源的つくり直しにつきあわされたビルマは、苦労しながらそれに身を合わせつつ抵抗を模索し、その過程で日本軍の軍事占領も経験した。独立を目指すエネルギーの基盤となったのは二十世紀に登場したビルマ・ナショナリズムである。一九四八年一月、近代国家として独立を達成したことはその光の部分を象徴している。しかし、独立後は三回にわたる国家的挫折を経験する。そこにはビルマ・ナショナリズムの影の部分が目についた。

最初の挫折は独立後一四年目に経験している。ウー・ヌ首相の時代、連邦制共和国としてスタートし、議会制民主主義の定着と経済の段階的な社会主義化を目指したが、少数民族やビルマ共産党の武装抵抗によって安定した連邦を構築することに失敗し、経済も回復しないまま、軍の擡頭を許した。二度目の挫折は、一九六二年に政権を奪った軍が推し進めた社会主義国家形成の失敗である。「ビルマ式」社会主義は、経済はもちろん、中央政府による一元的支配に基づく国民統合にも失敗し、人権と自由の著しい制約もあって国民の不満が高まり、一九八八年の民主化運動によって頓挫した。三度目の挫折は、民主化運動を押しつぶして登場した軍事政権による「力こそ正義」という強権的支配の中途半端な終わり方に見られる。二三年間、憲法もなく、命令だけを乱発して、軍事力と警察力を中心に政治と経済を推し進めたそのやり方は、国内的にも国際的にも将来性のないものだった。民主化運動が国民の支持を受けつづけることができた理由もそこにあったといえよう。軍政下では国軍と国民の対立が深まり、少数民族問題も収束に向かうことなく、国民統合はここでも停滞した。

こうした三度にわたる国家的挫折を経て、二〇一三年十一月現在、ビルマは大きな「変化」のなかにある。同国はいま、これまでに受けた過去のさまざまな傷をひとつひとつ認識し、修復していく段階にあるといってよい。それらの傷は根の部分においてビルマ・ナショナリズムの「光」と「影」、特に「影」の部分とつながりを持つ。すべての傷（問題）をここで示すことはとうていできないが、長期的な課題を優先してあえて三つにしぼると、それは「少数民族・難民をめぐる問題」「教育をめぐる問題」「経済をめぐる問題」に集約されよう。以下、その三点について、何が問題なのか、どのような改革が求められているのか、私見も含めて述べることにしたい。

1　克服すべき三つの課題

連邦改革——少数民族問題と難民問題の解決へ向けて

第一の問題は連邦制をめぐるものである。ビルマ・ナショナリズムはビルマ民族とその文化を中心に形成されたため、宗教としては上座仏教、言語としてはビルマ語、歴史認識としては旧ビルマ王国の記憶や面影を重視した。しかし、国内にはビルマ民族ではないさまざまな民族が住んでいることも意識され、彼らとともにひとつの安定した主権国家をつくる必要性が独立前からナショナリストたちのあいだでは認識されていた。問題はその表現として採用した独立後の連邦制が機能しなかったことにある。

英領期のビルマでは「管区ビルマ」と「辺境ビルマ」の相互交流が制限され、独立の準備があわただしく進んだ一九四五年後半から四七年末までの二年半に、パンロン会談（一九四七年二月）を除き両者が十分に話し合う機会はなかった。また「管区ビルマ」内に住むカレン民族やモン民族、アラカン民族との事前の交渉もきわめて不十分だったため、連邦制は建前に終わりかねない危うさを当初から有していた。

一九四八年一月に独立したビルマは、それでも最初の一四年間は、カレン民族の離反闘争に苦しみながらも、憲法に示された主要少数民族の自治権を一定程度認めた連邦制を維持しようと努力した。しかし、一九六二年に国軍が政権を奪取してからは、「連邦」の名称を国名に残しつつも、政府による中央集権的な支配が強化され、多数派のビルマ民族を基準にした「ビルマ国民」のイメージを教育や文化政策を通じて国内外に広めるようになった。そこでは中心に位置するビルマ民族のまわりにいくつもの少数民族が飾りのように置かれ、そのうえで全民族が「ビルマ国民」として一体感を持つという「連邦」概念が強調された。ビルマ語教育とビルマ民族の歴史や文化に価値が置かれ、少数民族の言語教育や歴史研究はおおむね軽視された。

こうした「ビルマ国民」のイメージは、前述のビルマ・ナショナリズムと密接につながるものだっただけに、多数派のビルマ民族のあいだでは違和感なく受け入れられた。しかし、少数民族のなかにはキリスト教徒やムスリムが多数を占める民族もあり、言語もビルマ語が母語ではない民族が多いので、彼らから見た場合、政府が強制する「ビルマ国民」のイメージには不満があった。これに加え、少数民族が多く住む高原地帯や山岳地帯などの「辺境」には、地下資源やダム開発に向いた河川が豊かに存在し、中国やタイなど隣国との陸上交易ルートとしての価値も高いため、それに目をつけた中央政府が少数民族への支配を強めようと試み、地元の強い反撥を招くことになった。

最初に中央政府に反旗を翻したのはカレン民族である。独立後すぐにカレン民族同盟（KNU）が武装抵抗に突入し連邦からの分離を求めるようになった（その後は完全自治の獲得に要求が変わる）。ただ、カレン民族の場合、その武装抵抗には第二次世界大戦前からの根深い歴史的理由があり（第6章5節参照）、前述した「ビルマ国民」のイメージに対する反撥や政府による資源の収奪への不満だけに抵抗の要因を帰することはできない。一方、一九五〇年代末から武装抵抗に入ったカチン民族やシャン民族、カレンニー（カヤー）民族などの場合、ほぼ前述の理由があてはまると言ってよい。一九六二年以降のネィウィン政権（ビルマ式社会主義体制）が、国軍部隊を展開して少数民族武装勢力に対する大規模で長期的な討伐戦を行ったため、武装勢力に加わった者たちだけでなく一般の民衆も村の焼き討ちや強制移住、国軍部隊の荷物運びなどの強制労働の犠牲になった。そしてそれが難民流出の基本的原因をつくることにもなった。

一九八八年九月に発足した軍事政権は、二三年間にわたりビルマを軍人たちの「強制と命令」の下に置くことになったが、これが少数民族問題と難民問題の火に油を注ぐことになった。すでに一九八四年からまとまったビルマ難民の流出が見られたが、その数が激増するのは軍政期に入ってからである。おもにタイ側に出たカレン、カチン、シャン、カレンニー（カヤー）などの少数民族に加え、西側のラカイン（アラカン）州からは政府に公認されていないムスリム系の少数民族ロヒンギャーがバングラデシュ側に大量に流出した。また、国内での民主化運動に対する弾圧を逃れた数多くのビルマ民族の青年たちがタイ側国境に移動し、その一部はKNUの協力を得ながらビルマ国軍に対する武装抵抗を開始した。

このころから目立つようになったのが、ビルマ国軍の部隊に追われた少数民族の村人らが山のなかを彷徨《ほうこう》して生活する国内避難民（IDP）の存在である。軍事政権は少数民族側の反政府武装勢力一七組織と停戦協定を結んだが、停戦に応じないKNUやシャン州軍（SSA）、カレンニー民族発展党（KNPP）などに対しては、徹底的な殲滅《せんめつ》戦を挑んだ。そのため、カレン州、シャン州、カヤー州では身の危険を避けて村を脱出する人々が増え、彼らは国内避難民となった。最終的に国境を越えてタイ側に入り難民キャンプにたどりつく場合が多いものの、途中で倒れて死亡するケースも少なくない。こうした人々を助けるべく、タイ側から医療品を背負ってビルマ側に入る医療団体も存在する。タイ側には二〇一三年現在、九つの難民キャンプに一〇万人を超える難民がおり、その多くはカレンやカレンニー民族など少数民族で占められている。

一方、二〇〇八年憲法の施行後、停戦協定を結んだ一七の武装組織をビルマ国軍の国境警備隊に繰り入れる方針が政府によって示された。これは同憲法が国軍だけを主権国家ビルマの合法武装勢力と規定したからである。一九九〇年代の軍政による少数民族武装勢力との停戦は、彼らの武装勢力を民兵として維持することを認めていたが、いまやそれを違憲とみなすようになったわけである。これにしぶしぶ応じた組織は半分以上あったが、最大の武装勢力であるカチン独立軍（ＫＩＡ）は反撥し、停戦を破棄して戦闘状態に入り、その結果、国軍の激しい攻撃を受けて多くの国内避難民を出すことになった。二〇一三年十一月現在、国軍とＫＮＡはほかのすべての武装勢力と共同して停戦交渉を進めているが、合意には達していない。

第10章で詳述したように、二〇一一年以降のビルマの民主化に向けた「変化」は、軍の国家統治への介入を保障する憲法の改正がなされない限り、本質的な変化にはなりえない。そのとき、軍が立法と行政への関与をどのように弱めるかという議論とともに、少数民族問題をどのように解決し連邦制を再構築するのかということも、重要な議論の対象となる。武装勢力との停戦協定や恒久的な和平協定の締結を目指すことはもちろん大事だが、それとともに、武装勢力を心理的に支えつづけてきた少数民族側との連邦制をめぐる話し合いの深化が求められる。それなくしてビルマの安定した民主化はありえないからである。

タイ側（ならびに一部中国およびバングラデシュ側）に出た難民の平和的な帰還も重要な課題である。難民たちは近い将来の状況改善に希望を抱きつつも、いまだビルマ政府に対する不信感を払拭できない状態にあり、難民キャンプを出てビルマに戻ろうとする決心をつけられないでいる。この問題も将来の連邦制の改革と密接につながるイシューだといえる。

教育改革——従順な人間から自分で考える人間へ

第二の問題は教育改革である。この国の教育問題はあまりに根が深く、単に時間がかかるだけでなく、明確なヴィジョンが示されない限り改革を進めることはできないといえる。ひとつは歴史的・文化的につくりあげられた人々の意識とつながる問題である。この国では「先生や年長者に従順な人間」を育てることが良い教育だとされている。無論、先生や年長者に反抗的な人間を育てる教育はありえないが、一方で教師や指導者、年長者によって与えられることをそのまま何も考えずに受け入れる人間を教育するというのは弊害が大きい。「質問」には必ず「ひとつの正しい答え」があって、先生や教科書を通じてそれを素直に覚えていくことが勉強だと思い込んでいる人はビルマで多く見かける。日本にもその傾向はあるが、少なくとも大学以降の教育では、「ひとつの正解」にたどりつけないクリティカルな問題群が存在することや、議論を通じて相互の見解を検証し合うことの重要性は認められている。ビルマではそういうことがなく、大学生までが定期試験対策のため塾に通い、教科書や講義ノートを声を出しながら丸暗記し、教師のほうも教えた内容が「正しく記憶されている」答案にだけ良い点数をつけようとする。

こうした教育の伝統のなかでは、政治権力を握った者は、たとえ誰であれ、従順な支持者だけを「よし」とする考え方を持ちやすくなる。軍事政権がその最たるものだが、民主的な手段で政府が成立したとしても、指導者は国民の従順な支持を求め、ときに批判をする自律的なフォロワーを嫌うことになりかねない。そのため、いかなる人間がリーダーになっても、このままでは独裁化したり腐敗する危険性が生じる。政党やそのほかのあらゆる組織においても同じことが指摘できる。

ビルマの子供たち．
出所：筆者撮影（シャン州ピンダヤにて）．

アウンサンスーチーはこのへんの問題点を「善きリーダーになりたい者は、まずは善きフォロワーになりなさい」という言葉でわかりやすく指摘している（二〇一三年四月十七日、東京大学での学生に向けた講演）。彼女がいう「善きフォロワー（支持者）」とは、第一に自分が尊敬できる「善きリーダー」をみつける正しい能力を持つ人間を意味するが、もっと大切なことは、「善きリーダー」が言うことを何でも無批判に受け入れて動く従順なフォロワーになるのではなく、自分で考え、必要があれば意見や批判をして主体的にリーダーのために行動するフォロワーにならないとだめだということである。「善きフォロワー」としての経験が乏しいと「善きリーダー」にはなれないと彼女は説き、リーダーもまた「善きフォロワー」がいなければ堕落していくと明言する。彼女はビルマで長く行われている「物を考えない従順な人」を「よし」とする教育のあり方にとても批判的で、根底からの改革を強調している。NLD内でなかなかアウンサンスーチーに続く次世代の指導者が育たないのも、おそらくこの問題と深く関わっているものと想像される。

義務教育が実施されていないことも、ビルマの教育問題を考えるうえで避けて通ることのできない大きな問題である。ビルマではこれまでに一度も義務教育が実施されたことがない。独立運動のころからその必要性が訴えられてきたにもかかわらず、予算不足や教員養成機関の不足などを理由に、政府によって常に先送りされてきた。小学校一年生への就学率は高くても（実際九〇パーセントを超える）、毎年実施される進級試験に落ちて落第すると、義務教育ではないため、その子供は学校に来なくなってしまうことが多い。結果的に落ちこぼれが増え、中学校進学の段階で就学率は五〇パーセントまで下落することになる。これに付随して、英領期に導入された一〇年制という中途半端な教育制度の問題も指摘しておきたい。「小学校四年→中学校四年→高校二年」というこのシステムは、国際標準の一二年制システムより二年短いため、十分な基礎教育と中等教育を受けられないばかりか、ビルマ人が海外に留学するとき不利に作用する（高卒扱いされないことが多い）。一二年制システムに切り替えることが現実的課題となっている。

教員が僻地の学校に赴任したがらないことも深刻な問題である。国際NGOやODAのプロジェクトを通じて農村部や僻地に校舎を建てるということをしばしば聞くが、そのことの意義は十分認めるにしても、そこに赴任する教師がいなければ、まさに「仏作って魂入れず」である。都市部の教員養成大学を卒業する人は多く、基本的に教員の人事異動は幅広い地域のなかで行われている。にもかかわらず、遠い農村部や山間の僻地への赴任は嫌がられ、コネを使って別の学校への異動に変えてもらうか、退職してしまう先生が多い。教員を全国各地の学校に適切に配置できるシステムをつくりあげないと、義務教育の実施は絵に描いた餅《もち》になる。これはしかし、少数民族居住区などを中心に、飲み水や電気へのアクセスが不十分な地域に対するインフラ整備を進めないと、不便な生活を嫌う教員の僻地赴任を促すことにはつながらないため、解決は容易ではない。

なお、教育問題の改善は保健衛生状況の改善と深く絡んでいることも付け加えておきたい。健康を害した子供が多くいるまま教育改革を論じても意味がないからである。ビルマは一歳未満の乳児死亡率が東南アジアで一番高く（世界保健機関WHOの統計に基づくと二〇一〇年に一〇〇〇人あたり五〇人、世界平均四〇人・同中央値一八人）、栄養不良の児童も三割いるといわれている。子供のマラリア死亡率やHIV感染率も高く、一方で国家予算に占める保健衛生関連の予算は軍政期には一パーセントを割っていたため、十分な対策がなされず、もっぱらODAや国際NGOの活動に依存する傾向が見られた。現在の「民政」では立法府の自律が強まり、国防費を抑え保健衛生関連の予算を増やすようになったが、まだ不十分である。

経済改革――民主主義と協調する経済発展

もうひとつの重要な問題は経済改革である。これは誰もが認める課題だが、どのように改革すべきかについて議論は深められていない。日本をはじめ、いくつかの国々がビルマへの支援を表明し、経済改革に向けたアドヴァイスを行っているが、ビルマ側に（テインセイン大統領であれアウンサンスーチーであれ）改革に向けたグランドデザインをつくろうとする動きがいまのところ見られないため、そうしたアドヴァイスや支援プロジェクトを国家の経済発展に向けて有機的に活用できるのかが危惧される。ヤンゴンやその周辺では早くも乱開発が懸念され、投機資金の流入による土地バブルが生じている。この問題はとても深刻で、政治面での民主化努力と並行して、経済発展の将来像をビルマ政府が議会や国民に諮りながら具体化させる必要がある。

ビルマの独立後の歴史から考えれば、人権に配慮し、民主主義と協調する経済発展がなされる方向を見出す道がもっとも理にかなっているだろう。アウンサンスーチーも、二〇一二年六月十六日にノルウェーの首都オスロで二一年遅れのノーベル平和賞受賞演説を行った際、「民主主義と協調的な（デモクラシー・フレンドリーな）投資を望みます」と語ったが、そのことの意味はまさにこれだといえる。

いまさらいうまでもないことだが、経済発展のための政策を誤ると、たとえGDPなどの数字は上がっても、社会のなかの貧富の差を広げたり、環境問題を引き起こしたり、弱い立場の人々に負担を強いたりして、社会的不公正を生むことになる。ビルマのように民主主義が未成熟な国では、なおさらそうした危険性が高いことに注意すべきである。

たとえば、ビルマでは電力が不足し停電がよく起きる。電力は工業の必須《ひっす》インフラなので、政府はビルマ式社会主義の時代からダムを熱心に造り、水力発電を増やそうとしてきた。その傾向は軍政期に入っていっそう強まった。山や河川の多いビルマはダム建設に向いている地形がたくさんあるので、取り組みやすかった課題だといえるが、ダム工事は河をせき止め、まわりの木々を倒し、山肌を切り崩すため、注意深く行わないと深刻な環境破壊を起こす。また、工事の対象になる地域に住む人々を域外に移転させることも伴うため、人権問題も生じやすくなる。移転対象となる地元の人々に十分な説明や補償をせず、武力や脅しを使って「強制移動」させてしまうことが実際にビルマでは頻繁に生じた。ダムの適地の多くは少数民族が住んでいるため、先に述べた少数民族問題とも直結し、彼らに対する人権抑圧につながりやすかった。さらに、ビルマでは完成したダムで発電された電力を国内で使わず、外貨収入を求めて隣国の中国やインド、タイに送電線をつなげて売ることもしている。そうなると、環境を破壊し、人権を抑圧して、肝心の電力も国外に売ってしまうので、ダムのまわりに住む人々にとって何の利益もない状況が生まれることになる。

ビルマのような国の場合、経済発展を支援する際には環境問題への配慮に加えて、ダム建設など具体的なプロジェクトが実施される地域に住む人々の人権問題にも留意する必要がある。

ODAで支援を行う場合はもちろんのことだが、民間企業が中心となって行う開発プロジェクトでも、環境と人権を軽視することは許されず、そういうプロジェクトに携わる企業の倫理も問われることになる。その際、ビルマに住む人々の多様な文化や精神的な価値意識についても十分に配慮することが大事である。

「民主主義と協調する経済発展」を考える際、もうひとつ大切なことは、雇用を生む投資を増やすことである。統計に表れるビルマの失業率は低いが、現実はかなりの失業者が国内に堆積《たいせき》している。そういう人々が時に宗教間や民族間の暴動に加わって「反民主化」の方向に走ることがある。彼らに仕事を与えることは国家の急務となっている。ただ、ビルマに進出を考える外国企業は「質の良い労働力を安く得る」という考えを優先するので、質の保証のない底辺の失業者が外資系企業の職を得ることは至難の業であろう。しかし、進出企業としては少なくとも一定程度の学歴を有する人材を国内で多く雇用し、その後は企業のなかで教育していく努力が望まれる。

2　排他的ナショナリズムの克服

最後にとりあげたいのが、この国の排他的ナショナリズムの問題である。ひとつは国籍法の問題であり、もうひとつはそのことと深くつながるイスラム系少数民族集団ロヒンギャーの問題である。

一九八二年国籍法

この国の国籍法はビルマ式社会主義期の一九八二年に全面的に改正され（一九八二年市民権法）、それ以降、ビルマでは国籍保持者が「国民」「準国民」「帰化国民」の三つのカテゴリーのいずれかに分類されることになった。「国民」とは、第一次英緬戦争が始まる前年にあたる一八二三年以前から、両親双方の先祖がビルマに住んでいた「土着」の人と定義され、「準国民」とは一九四八年の独立時に施行された最初の国籍法に基づいて国籍を得たおもに外国系の人々とされた。一九四八年国籍法は独立前の英領ビルマに継続して八年以上住んでいた人々も国民として受け入れようとする法律だったが、それでも独立後のビルマに不安を覚え、様子を見ようと考え、国籍を得ないまま法的に中途半端なかたちで住みつづけるインド系や中国系の人々が続出した。それらの人々に対しては帰化手続きを促す「帰化国民」というカテゴリーが用意された。

一九八二年国籍法は「ビルマ式」を強調した社会主義時代の法律なので、政府側がこの法律の施行に秘めた動機は、非土着系の人々の法的地位を明確にしたうえで、彼らの経済的・社会的活動に制限を加えようとすることにあった。その結果、「準国民」「帰化国民」のカテゴリーに分けられた人は、ヤンゴン工科大学など理工系の大学に進学できなかったり、公務員の昇進においても差がつけられたりした。また、ビルマに二代ないしは三代以上にわたって長期に住み「ビルマ民族（バマー）」としてのアイデンティティを持っているのに、宗教がイスラム教だったり、顔つきがインド系や中国系だったりすると、役所が国民登録証を発行する際に「国民」と認めても、民族名を書き込む欄に「ビルマ民族（バマー）」と記入することを禁ずるという事態が続出した。

同じ国籍保持者なのに「国民」を三分類するという発想も奇妙であるが、ここでは「国民」と定義された人々の根拠とされる「一八二三年以前から両親双方の先祖がビルマに住んでいた人」という部分の問題性にこだわってみたい。この一八二三年という区切り方はすでに最初の国籍法にも見られたが、第一次英緬戦争が始まった一八二四年より前からビルマに住んでいた人々だけが「土着」のビルマ人であるという考え方に基づいている。しかし、それをいちいち証明したり審査したりすることは不可能なので、現実にはそれ以前から住んでいた民族を政府がリストにまとめ、その人たちを一律に「土着国民」とみなした。この民族リストには一三五の民族名が載っており、彼らは問題なく「国民」の地位を得たが、このリストに掲載されていない人々、すなわちインド系や中国系などの人々は、一八二四年以後にやってきた人々とみなされることになった。

歴史的に見た場合、十八世紀後半のビルマ王国（コンバウン朝）の時代から、インワやアマラプーラ、マンダレーなどの王都では、多数派の上座仏教徒のほかに、ムスリムやヒンドゥー教徒、キリスト教徒が王の庇護を受けながら何世代にもわたり共住していたことが文献上知られている。当時は「民族」という概念はなかったが、あえて今風にいえば、中国系、インド系、アフガン系、ペルシア系、アルメニア系、ポルトガル系などが王都に混住しており、それも短期の滞在者ではなかった。当時の王権は「民族」に基づいて被支配者を区別して支配することはせず、王権の支配が及ぶレベルの強弱でその「集団」の違いを認識していた。「民族」を基準に統治対象を分類したり区別したりする発想が導入されるのは、英国による植民地統治が始まってからであり、ビルマを「多民族」国家とみなす見方も一八八六年以降のことだといってよい。その後、英領下で多くのインド移民がビルマにやってきたとはいえ、そのほとんどは数年で帰る短期移民だったことも忘れてはならない。

しかし、二十世紀に入って擡頭したビルマ・ナショナリズムにおいては、英国の植民地統治のせいでインド系を中心とした「外国人」が大量にビルマに入り、ビルマ人を経済的にも文化的にも苦しめたという認識が強まる。その認識が独立運動を経て一八二三年という年で「土着」と「非土着」を分ける考え方を生み出し、結果的に一九八二年の国籍法に見られる分類定義にいきついたとみなせる。この見方はしかし、国家や政府だけが一方的に国民に押し付けたものとはいえず、ビルマ民族に限らず非ビルマ系少数民族も含め、土着「国民」として分類されているビルマの人々から大きな疑問もなく受け入れられている。

ロヒンギャー

そのことが典型的に示されたのが、ビルマ西部ラカイン（アラカン）州の西北部に住むムスリム集団のロヒンギャーに対するビルマ「国民」の排他的感情である。民族名としての「ロヒンギャー」の使用は文献では一九五〇年までしかさかのぼれない。しかし、歴史的には十五世紀から十八世紀にこの地に栄えたアラカン王国のなかにいた数多くのムスリムを基盤に、十九世紀以降の英領下において現在のバングラデシュにあたるベンガル地方から入ってきたムスリム移民と、独立前後の混乱期に同じようにベンガル地方から入ってきたムスリムが、お互いに重なりあいながら、その一部が第二次世界大戦後に単独の民族ロヒンギャーとして自己主張を始めた経緯を持つ。その意味では「新しい」民族だが、彼ら自身は自らの歴史を長いものとして認識している。

そのロヒンギャーに対し、現在のビルマ国民の大半は彼らを土着民族と認めず、第二次世界大戦後にベンガル地方から入ってきた「不法移民」としてとらえ、彼らに対する抑圧が生じ大量の難民が流出しても他人事のように考える傾向がある。「ロヒンギャー」という名称の使用すら認めず「ベンガル人」と呼ぶ人も多い。特にラカイン（アラカン）民族の多くは「ロヒンギャー」という名前に不快な表情を見せる。そこにはロヒンギャーが単に「不法移民」だからということにとどまらず、ビルマのなかでもっとも保守的な部類のイスラム教徒であり、容貌がほかの土着「国民」と大きく異なるという、宗教的・人種的偏見も含まれている。その基本には「彼らはそもそも一八二三年以前から住んでいた人々ではない」という、一九八二年国籍法と重なるビルマ国民の多数派の歴史認識が影響しているといってもよい。

二〇一二年四月に下院議員として政治家になったアウンサンスーチーが、同年六月に発生したロヒンギャーに対する大規模な迫害に対し、暴力行為の即時停止に加えて一九八二年国籍法の見直しを提言した際、彼女を支持するコア層も含めて、大変なブーイングが国内外で起きた。彼女がロヒンギャーの肩を持ったというのである。彼女の強調点は、一九八二年国籍法が有する不合理な「国民」定義（すなわち一八二三年という線引きのあり方）と、三つのカテゴリーに「国民」を分類する考え方への再考にあるのだが、国民はアウンサンスーチーのそうしたリベラルな考え方よりも、一八二三年という幻想にこだわる排他的ナショナリズムを優先させ、彼女を批判したのである。

仏教徒に放火されたモスク（2013年３月，中部ビルマのメイッティーラ市内）．

繰り返しになるが、二十世紀に擡頭したビルマ・ナショナリズムは、英国からの独立達成という面では前向きに作用し、独立運動を精神的に支える「光」として貢献した。そのナショナリズムは独立後、ビルマ連邦という主権国家に住む人々を「ひとつの連邦国民」として統合していく精神的なよりどころになるはずだった。しかし、現実は逆の方向に進んだ。ビルマ・ナショナリズムに内包された「影」の部分、すなわちビルマ民族中心の排他性が強くなり過ぎてしまい、ビルマが連邦としてまとまることをかえって阻害する結果になった。換言すれば、ひとつの「ビルマ国民」の形成という独立後の国家的作業に、独立闘争以来のビルマ・ナショナリズムが負の影響を与えたといえる。その犠牲者がロヒンギャーを含む数々の少数民族であり英系ビルマ人だったといえる。この国の未来は、自らのナショナリズムのなかにある強い排他性を、どこまで自覚的に制御できるかにかかっているといっても過言ではないだろう。

コラム20　全ビルマ恐妻家連盟——永遠不滅の全国団体

本書最後のコラムは明るく朗らかに終わりたい。ビルマには夫婦円満を保つ永遠不滅の全国団体「全ビルマ恐妻家連盟」（ビルマ語略称マヤカ）がある。結婚したビルマの男性は、民族・宗教・年齢を問わず、必ず例外なく入会する。嘘だと思ったら結婚しているビルマの男性に聞くとよい。笑いながら「もちろん私も会員です」と答えるはずだ。なかには「私が会長です」とか「支部長です」と言う人もいるかもしれないが、それはたいてい嘘である。この連盟は自称「会長」「支部長」がたくさんいるからである。それほどまでにこの連盟に深く関わることは名誉なこととされている。ここではこの連盟にまつわる「昔話」を二つ紹介したい。

†第一話「勇気ある一人」

昔、ある村の村長は一人暮らしで、何でも自分で決めないと気がすまない男だった。村の男どもが奥方たちを怖がってその言いなりになっているのを見て、情けないことだと思い、村人らにどうしてなのだと聞いたところ、みんな全ビルマ恐《マ》妻《ヤ》家《カ》連盟に入っているからしょうがないという返事だった。嘆いた村長は、そんな状況を変えようと思い、結婚している男たち全員を自分の家の前に集めると、次のように命じた。

「諸君、奥方にびくびくして過ごすのはみっともない。家に帰り、夫としての権威を取り戻すのだ。そのためにも、今晩、恐《マ》妻《ヤ》家《カ》連盟からの脱退を通告しろ。明日、ここにもう一度集まって、報告をしてもらう」

村人たちは困った顔をしながら、とぼとぼと家に帰った。

翌日、村長は集まった村の男たちを前にして一本の線を引き、次のように命じた。

「諸君、昨晩は恐《マ》妻《ヤ》家《カ》連盟脱退を奥方にしっかり宣言したであろうな。宣言した者はこの線の右側に、まだ宣言できていないダメ男どもは左側に立つように」

すると、村長の期待に反し、一人を除いて全員が左側に立った。村長は怒った。でも、たった一人、右側に立った男を見ると、ほめたたえた。

「たった一人とはいえ、君は勇気ある男だ。よくぞ脱退を宣言した。ほかはだらしないやつばかりだ」

男はしかし、もじもじしながら、村長に返事をした。

「い、いえ、そ、その……、村長様の前では恐妻家連盟《マヤカ》を辞めたことにしろと妻に言われたので、こっちに立ったまでです……」

†第二話「今度は木のない道を……」

昔、ある村でまだ年の若い妻が熱病にうなされ、気を失った。夫やまわりの村人は死んでしまったものと思い、その村の慣習に従って、ムシロで体を巻き、担架に乗せ、みんなで担いで村の外にある墓場へ運ぼうとした。そのとき、道沿いの木の枝に体がぶつかり、その衝撃で妻は気を取り戻した。「まだ生きてるわよ」と騒ぎ出したので、みんなは驚き、家に連れ帰った。夫婦はその後、何事もなく長いあいだを過ごした。ある日、今度は本当に妻が死んでしまったので、村の慣習に従ってムシロで体を巻き、担架に乗せ、みんなで担いで村の外の墓場へ運ぶことになった。そのとき、夫が言った。

「今度は木のない道を通ろうな」

あとがき

「地球市民」の視点に立つ「グローバル・ヒストリー」や「新しい世界史」の重要性が叫ばれる現代にあって、本書のように特定の国の通史、すなわち一国の歩みを時系列に沿って描くことは、きわめて平凡な歴史叙述の方法だといえる。一方で、そうしたひとつの国民国家を枠組みに設定して、その通史を描く作業がいまも人々に必要とされていることも事実である。現代に生きる私たちが、お互いを「国民」アイデンティティ（「～人」「～国民」という見方や考え方）に基づいて理解する生き方から自由になれないでいるからである。「一国史」という歴史記述は、既存の歴史認識を打ち破ることを試みない保守的な企てかもしれないが、いまでもそれなりに存在価値を有する叙述方法なのだと思う。

実は、そうとでも思わない限り、本書の執筆にとりかかることはできなかった。国民国家の枠組みから自由な歴史、「国民」や「民族」をできる限り主語にしない歴史、グローバルな視点を持ち地域や世界全体のネットワークを重視した歴史叙述など、いろいろなことが歴史学では議論され、実践されている。そのなかで、特定の国民国家の通史を、特に中公新書が得意とする「物語 〜の歴史」という枠組みで叙述することの積極的意味はどこにあるのか、答えをみつけることは容易ではない。歴史学における一連の議論の重要性を認めつつ、それでも「一国を基本とする通史はいまも必要とされているのだ」と自分にいい聞かせ、あえて開き直るように、古いタイプの一国史記述を行うに至ったというのが私の正直な思いである。

本書は『物語 ビルマの歴史』といいつつ、古い時代の記述は最小限に抑え、近現代史の叙述のほうに力を入れている。その理由は、現在の国民国家としてのビルマ（ミャンマー）の基盤が、その領域こそ王朝時代に由来するものの、国家のあり方や基本制度については、英領植民地の時代につくられたといえるからである。そのため、なぜ植民地化されたのか、どのような国家につくり変えられたのか、それによって何が破壊され何が押しつけられたのか、土着の人々の対応はどのようなものだったのかを、ひとつひとつ丁寧に見ていく必要があり、近現代史重視の構成を採用することになった。二十世紀に入って、ビルマ民族の中間層を中心に共有されたビルマ・ナショナリズムの思想や情念も、こうした植民地期の国家のつくり変えと、それに対する土着の対応の文脈のなかで見ていくことが課題となる。また、独立後の政治過程の叙述においても、ビルマが外から受けた影響を十分に意識しつつ、ビルマ・ナショナリズムの負の側面にひきずられながら、国家がさまざまな混乱と直面していく様相を見ていく必要がある。

もちろん、ビルマの社会に目をやれば、そこに見られるさまざまな特徴のなかには、間違いなくその起源を王朝時代やそれ以前までさかのぼれるものが存在する。英文で出版されたビルマ通史のなかには、その点を重視し、近現代史偏重のビルマ史叙述を批判して、古代や前近代の分析に力点を置いた秀作もある（Michael Aung-Thwin, Maitrii Aung-Thwin, 2012, *A History of Myanmar since Ancient Times.*）。しかし、本書では一般読者向けのビルマ史概説としての性格を重視し、現代ビルマ国家の形成に与えた歴史的な背景を詳述すべく、近現代中心の記述を心がけた。その際、これまでに蓄積された内外の優れた先行研究に大いに助けられた。

読みやすさを意識して書いたものの、新書としては四〇〇ページを優に超えるたいへん分厚い本になってしまった。関心を持ってこの本を手にとられた読者も、この分厚さに読む気をそがれるかもしれない。そのときは、本書の中に計二〇編ちりばめたコラムから読んでいただければ、ビルマの「歴史の香り」を少しは感じ取ってもらえると思う。これらのコラムには、いわゆるトリビアやマニアックな内容も含まれるが、その多くはビルマ史をめぐるさまざまな事象の理解に興味を抱くことができるよう意図してある。

思い起こせば、本書の執筆依頼を中公新書の編集部から最初にいただいたのは、一九九六年六月のことだった。当時、うかつにも一年ほどで書きあげる約束をしてしまい、それから実に一七年が過ぎてしまった。一七年といえば、新憲法の草案づくりにずるずると一五年もかけ国際社会から批判されたビルマの旧軍政よりひどい。編集者から見て最悪の部類に属する著者だろう。その間、初代担当の糸魚川昭二氏は亡くなられてしまい、その後、高橋真理子氏、岡田健吾氏と担当はかわり、四代目担当としてこの原稿を細かく読みアドヴァイスをしてくださったのが小野一雄氏だった。四人の担当者、特に最後におつきあいくださった小野氏に深くお礼申し上げたい。

原稿執筆の最終段階で、飼い猫がガンのため一〇年の命を閉じた。最後の三か月は痩せてしまった小さな体を私の書斎で横たえながら、パソコンに原稿を打ち込む私を見つめることが多かった。どこにでもいるような白黒猫だったが、この猫の場合黒い背中に白い模様があり、それがビルマの地図を切り取ったような形をしていた。それだけに、私にとって運命的な存在に思えた。この本の執筆とこの猫の思い出は、今後とも心の中で深くリンクしつづけるであろう。

最後に、いつも私を支えてくれる妻の尚美に、本書をささげることにしたい。

二〇一三年十一月八日

根本　敬

Seekins, Donald M., 2007, *Burma and Japan since 1940: From 'Co-Prosperity' to 'Quiet Dialogue'*, Nordic Institute of Asian Studies (NIAS) Press, Copenhagen.
Silverstein, Josef (ed.), 1972, *The Political Legacy of Aung San*, Cornell University Southeast Asia Program Data Paper No.86, Ithaca.
Singh, Ganga, 1940, *Burma Parliamentary Companion*, British Burma Press, Rangoon.
Skidmore, Monique (ed.), 2005, *Burma at the Turn of the 21st Century*, University of Hawaii Press, Honolulu.
Smith, Martin, 1991, *Burma: Insurgency and the Politics of Ethnicity*, Zed Books Ltd.
Taylor, Robert H., 1984, *Marxism and Resistance in Burma 1942–1945*, Ohio University Press.
Taylor, Robert H., 2007, "British Policy towards Myanmar and the Creation of the 'Burma Problem'", (in N. Ganesan and Kyaw Yin Hlaing (eds.), *Myanmar: State, Society and Ethnicity*), Institute of Southeast Asian Studies, Singapore.
Taylor, Robert H., 2009, *The State in Myanmar*, Hurst Publishers Ltd.
Thant Myint-U, 2001, *The Making of Modern Burma*, Cambridge University Press.
Tinker, Hugh (ed.), 1983, *Constitutional Relations Between Britain and Burma: Burma The Struggle for Independence 1944–1948*, Vol. I, Her Majesty's Stationery Office.
Tinker, Hugh (ed.), 1984, *Constitutional Relations Between Britain and Burma: Burma The Struggle for Independence 1944–1948*, Vol. II, Her Majesty's Stationery Office.
Trager, Frank N., 1966, *Burma From Kingdom to Republic: A Historical and Political Analysis*, Frederick A. Praeger Publishers, New York.
Uda, Yuzo, 2013, *Myanmar (Burma) Peoples in the Winds of Change 1993–2012*, Zin Yadanar Publishing House, Yangon.
Who's Who in Burma, 1961, People's Literature Committee and House, Rangoon.
Yegar, Moshe, 2002, *Between Integration and Secession: The Muslim Communities of the Southern Philippines, Southern Thailand, and Western Burma/Myanmar*, Lexinton Books, Oxford.

Martinus Nijhoff, The Hague.
Maung Maung, U, 1989, *Burmese Nationalist Movements 1940–1948*, Kiscadale Publications, Edinburgh.
Naono, Atsuko, 2009, *State of Vaccination: The Fight Against Smallpox in Colonial Burma*, Orient Black Swan, Hyderabad.
Naw, Angelene, 2001, *Aung San and the Struggle for Burmese Independence*, Nordic Institute of Asian Studies (NIAS) Press, Copenhagen.
Nemoto, Kei, 1997, "Burma: Occupation, Collaboration, Resistance and Independence" (in G. Krebs and C. Oberländer eds., *1945 in Europe and Asia; Reconsidering the End of World War II and the Change of the World Order*), Deutsches Insitut für Japan-studien, Iudicium Verlag, München.
Nemoto, Kei, 2000, "The Concepts of *Dobama* (Our Burma) and *Thudo-Bama* (Their Burma) in Burmese Nationalism, 1930–1948" (in *The Journal of Burma Studies*, Volume 5), Center for Southeast Asian Studies, Northern Illinois University.
Nemoto, Kei, 2005, "The Rohingya Issue: A Thorny Obstacle between Burma (Myanmar) and Bangladesh" (in Kyoko Inoue, Etsuyo Arai and Mayumi Murayama eds., *Elusive Borders: Changing Sub-Regional Relations in Eastern South Asia*), Institute of Developing Economies, Tokyo.
Nemoto, Kei (ed.), 2007, *Reconsidering the Japanese Military Occupation in Burma* (1942–45), Research Institute for Languages and Cultures of Asia and Africa, Tokyo University of Foreign Studies, Tokyo.
Nemoto, Kei, 2009, "Neither Pro-British nor Pro-Japan: How the Burmese Political Elite reacted under British and Japanese Rule" (in H. Dobson, N. Kosuge eds., *Britain and Japan at War and Peace*), Routledge.
Nu, Thakin, J.S. Furnivall (ed. and trans.),1954, *Burma under the Japanese: Pictures and Portraits*, Macmillan, London.
Pearn, B. R., 1939, *History of Rangoon*, American Baptist Mission Press, Rangoon.
Saito, Teruko, 1992, "Japanese Inconsistent Approach to Burma" (in Japan Quarterly, 150th issue), Asahi Shinbun, Tokyo.

Cornell University, Ithaca, New York.
Ba Maw, 1968, *Breakthrough in Burma: Memoirs of a Revolution, 1939–1946*, Yale University Press, New Haven.
Bečka, Jan, 1983, *The National Liberation Movement in Burma during the Japanese Occupation Period (1941–45)*, Oriental Institute, Czechoslovak Academy of Sciences, Prague.
Burma Socialist Programme Party, 1965, *Party Seminar*, BSPP, Rangoon.
Cady, John F., 1958, *A History of Modern Burma*, Cornell University Press, Ithaca.
Callahan, Mary P., 2003, *Making Enemies: War and State Building in Burma*, Cornell University Press, Ithaca.
Charney, Michael W., 2009, *A History of Modern Burma*, Cambridge University Press.
Ferguson, J. P. (ed.), 1981, *Contributions to Asian Studies*, Volume 16, Essays on Burma, E. J. Brill, Leiden.
Fielding, H., 1899, *Thibaw's Queen*, Harper and Brothers, London.
Fink, Christina, 2001, *Living Silence: Burma under Military Rule*, Zed Books, London.
Guyot, Dorothy H., 1966, "The Political Impact of the Japanese Occupation of Burma" (Ph. D. Dissertation), Yale University, New Haven.
Guyot, James, 1966, "Bureaucratic Transformation in Burma" (in Braibanti, Ralph ed., 1966, *Asian Bureaucratic Systems: Emergent from the British Imperial Tradition*), Duke University Press, Durham.
Harvey, G. E., 1946, *British Rule in Burma*, Faber and Faber Limited, London.
Khin Yi, 1988, *The Dobama Movement in Burma (1920–1938)*, Cornell University Southeast Asia Program (Monograph), Ithaca.
Kin Oung, 1993, *Who Killed Aung San?*, White Lotus, Bangkok.
Kyaw Min, U, 1945, *The Burma We Love*, Tara Pado Gangooli Bharati Bhavan, Calcutta.
Lieberman, Victor B., 1984, *Burmese Administrative Cycles: Anarchy and Conquest, c. 1580–1760*, Princeton University Press, Princeton.
Lintner, Bertil, 1990, *Outrage: Burma's Struggle for Democracy*, 2nd Edition, White Lotus UK, London.
Maung Maung, 1962, *A Trail in Burma: the assassination of Aung San*,

森山康平、栗崎ゆたか（共著）、1976、『証言記録　大東亜共栄圏――ビルマ・インドへの道』、新人物往来社
矢野 暢、1968、『タイ・ビルマ現代政治史研究』、京都大学東南アジア研究センター
山本宗補、1996、『ビルマの大いなる幻影――解放を求めるカレン族とスーチー民主化のゆくえ』、社会評論社
山本宗補、2013、『山本宗補写真集――戦後はまだ…刻まれた加害と被害の記憶』、彩流社
吉川利治（編著）、1992、『近現代史のなかの「日本と東南アジア」』、東京書籍
吉川利治、1994、『泰緬鉄道――機密文書が明かすアジア太平洋戦争』、同文館出版
吉田敏浩、1995、『森の回廊――ビルマ辺境民族解放区の1300日』、日本放送出版協会
吉田 裕、2007、『アジア・太平洋戦争』、岩波書店（岩波新書）
リンヨン・ティッルウィン（著）、田辺寿夫（訳）、1981、『死の鉄路――泰緬鉄道ビルマ人労務者の記録』、毎日新聞社
渡辺佳成、2001、「コンバウン朝ビルマと「近代」世界」、『(岩波講座）東南アジア史』第5巻所収、岩波書店

2　英語文献（著者名アルファベット順）

Allen, Louis, 1984, *Burma The Longest War 1941–45*, St. Martin's Press, London.
Almark, Constance Veronica, 2004, *Rebel of Burma*, UsForOz Publishers, Lynwood, Western Australia.
Aung San, 1946, *Burma's Challenge*, Tathtta Sarpay Taik, Rangoon.
Aung San Suu Kyi, 1984, *Aung San of Burma*, Kiscadale, Edinburgh.
Aung San Suu Kyi, 1991, *Freedom from Fear*, Penguin Books, London.
Aung San Suu Kyi, 2008, *The Voice of Hope: Conversations with Alan Clements* (revised version), The Random House Group.
Aung-Thwin, Michael, 1985, *Pagan: The Origins of Modern Burma*, University of Hawaii Press, Honolulu.
Aung-Thwin, Michael and Aung-Thwin, Maitirii, 2012, *A History of Myanmar since Ancient Times,* Reaktion Books, London.
Aye Kyaw, 1993, *The Voice of Young Burma*, Southeast Asia Program,

著）『だれが世界を翻訳するのか――アジア・アフリカの未来から』所収、人文書院
根本 敬、2008、「アウンサンスーチー――真理の追究」、石井貫太郎（編著）『現代世界の女性リーダーたち――世界を駆け抜けた11人』所収、ミネルヴァ書房
根本 敬、2009、「ビルマ民主化闘争における暴力と非暴力――アウンサンスーチーの非暴力主義と在タイ活動家たちの理解」、『年報政治学』2009-Ⅱ所収、木鐸社
根本 敬、2010、『抵抗と協力のはざま――近代ビルマ史のなかのイギリスと日本』、岩波書店
根本 敬、2010、「東南アジアにおける植民地エリートの形成――英領期ビルマの場合」、『（岩波講座）東アジア近現代通史』第３巻所収、岩波書店
根本 敬、2011、「英系ビルマ人の歴史と記憶――日本占領期（1942－45年）とビルマ独立をめぐって」、永原陽子（編著）『生まれる歴史、創られる歴史――アジア・アフリカ史研究の最前線から』所収、刀水書房
根本 敬、2012、『ビルマ独立への道――バモオ博士とアウンサン将軍』、彩流社
根本 敬、田辺寿夫（共著）、2012、『アウンサンスーチー――変化するビルマの現状と課題』、角川書店
根本百合子、2000、『祖国を戦場にされて――ビルマのささやき』、石風社
根本百合子、2007、『ティンサ――ビルマ元首相バ・モオ家の光と影』、石風社
浜渦哲雄、1991、『英国紳士の植民地統治――インド高等文官への道』、中央公論社（中公新書）
バー・モウ（著）、横堀洋一（訳）、1995、『新版ビルマの夜明け――バー・モウ（元国家元首）独立運動回想録』、太陽出版
早瀬晋三、2007、『戦争の記憶を歩く――東南アジアのいま』、岩波書店
ベネディクト・ロジャーズ（著）、秋元由紀（訳）、2011、『ビルマの独裁者タンシュエ――知られざる軍事政権の全貌』、白水社
守屋友江（監訳）、根本 敬（解説）、ビルマ情報ネットワークほか（翻訳協力）、2010、『ビルマ仏教徒――民主化蜂起の背景と弾圧の記録：軍事政権下の非暴力抵抗』、明石書店

中西嘉宏、2009、『軍政ビルマの権力構造——ネー・ウィン体制下の国家と軍隊　1962-1988』、京都大学学術出版会
根本悦子、工藤年博（共編著）、2013、『ミャンマー・ルネッサンス——経済開放・民主化の光と影』、コモンズ
根本　敬、1990、「1930年代ビルマ・ナショナリズムにおける社会主義受容の特質——タキン党の思想形成を中心に」、『東南アジア研究』27巻４号所収、京都大学東南アジア研究センター
根本　敬、1991、「ビルマ抗日闘争の史的考察」、伊東利勝ほか（共著）『東南アジアのナショナリズムにおける都市と農村』（AA研東南アジア研究第２巻）所収、東京外国語大学アジア・アフリカ言語文化研究所
根本　敬、1993、「ビルマの民族運動と日本」、『（岩波講座）近代日本と植民地』第６巻（抵抗と屈従）所収、岩波書店
根本　敬、1995、「植民地ナショナリストと総選挙——独立前ビルマの場合（1936／1947）」、『アジア・アフリカ言語文化研究』48・49合併号所収、東京外国語大学アジア・アフリカ言語文化研究所
根本　敬、1996、『アウン・サン——封印された独立ビルマの夢』、岩波書店
根本　敬、田村克己（共編著）、1997、『暮らしがわかるアジア読本　ビルマ』、河出書房新社
根本　敬、村嶋英治（共編）、1997、『写真記録東南アジア——歴史・戦争・日本』第４巻（ビルマ／タイ）、ほるぷ出版
根本　敬、2002、「ビルマのナショナリズム——中間層ナショナリスト・エリートたちの足跡」、『（岩波講座）東南アジア史』第７巻所収、岩波書店
根本　敬、2002、「ビルマの独立——日本占領期からウー・ヌ時代まで」、『（岩波講座）東南アジア史』第８巻所収、岩波書店
根本　敬、2002、「バモオ博士の小さな嘘」、『史學雑誌』第111編第１号、史學会
根本　敬、桐山　昇、栗原浩英（共著）、2003、『東南アジアの歴史——人・物・文化の交流史』、有斐閣
根本　敬、2004、「現代ミャンマーの政治をどう見るか——軍政下の政治過程と民主化問題」、『国際問題』第535号所収、国際問題研究所
根本　敬、2005、「国家の再翻訳にともなう普遍の意味——アウンサンスーチーの思想に見るナショナリズムと普遍」、真島一郎（編

のことば社（フォレストブックス）
小菅信子、2008、『ポピーと桜――日英和解を紡ぎなおす』、岩波書店
斎藤紋子、2010、『ミャンマーの土着ムスリム――仏教徒社会に生きるマイノリティの歴史と現在』、風響社
斎藤照子、2001、「近代への対応――19世紀王朝ビルマの社会経済変化と改革思想」、『（岩波講座）東南アジア史』第5巻所収、岩波書店
斎藤照子、2001、「ビルマにおける米輸出経済の展開」、『（岩波講座）東南アジア史』第6巻所収、岩波書店
佐久間平喜、1984、『ビルマ現代政治史』、勁草書房
ジャック・チョーカー（著）、根本尚美（訳）、小菅信子、朴 裕河、根本 敬（共著）、2008、『歴史和解と泰緬鉄道――英国人捕虜が描いた収容所の真実』、朝日新聞出版
鈴木 孝、1977、『ビルマという国――その歴史と回想』、国際PHP研究所
「戦後日本・東南アジア関係史総合年表」編集委員会（早稲田大学アジア太平洋研究センター）（編）、2003、『戦後日本・東南アジア関係史総合年表』、龍渓書舎
宋 芳綺（著）、松田 薫（編訳）、2010、『タイ・ビルマ国境の難民診療所――女医シンシア・マウンの物語』、新泉社
高橋昭雄、2012、『ミャンマーの国と民――日緬比較村落社会論の試み』、明石書店
武島良成、2003、『日本占領とビルマの民族運動――タキン勢力の政治的上昇』、龍渓書舎
竹山道雄、1948、『ビルマの竪琴』、中央公論社
田中 宏（編）、1983、『日本軍政とアジアの民族運動』、アジア経済研究所
田辺寿夫、1989、『ドキュメント　ビルマ民主化運動1988』、梨の木舎
田辺寿夫、1996、『ビルマ――「発展」のなかの人びと』、岩波書店（岩波新書）
タンミンウー（著）、秋元由紀（訳）、2013、『ビルマ・ハイウェイ――中国とインドをつなぐ十字路』、白水社
土屋健治（責任編集）、1990、『講座東南アジア学第6巻・東南アジアの思想』、弘文堂
永瀬 隆、1986、『「戦場にかける橋」のウソと真実』、岩波書店

ティー、扶南」、『(岩波講座) 東南アジア史』第1巻所収、岩波書店
伊東利勝、2001b、「エーヤーワディ流域における南伝上座仏教政治体制の確立」、『(岩波講座) 東南アジア史』第2巻所収、岩波書店
伊東利勝(編)、2011、『ミャンマー概説』、めこん
伊野憲治、1998、『ビルマ農民大反乱(1930〜1932年)——反乱下の農民像』、信山社
伊野憲治、2001、『アウンサンスーチーの思想と行動』、アジア女性交流・研究フォーラム
伊野憲治、2002、「ビルマ農民大反乱(サヤー・サン反乱)——農民蜂起の意識過程」、『(岩波講座) 東南アジア史』第7巻所収、岩波書店
岩城高広、2001、「コンバウン朝の成立——「ビルマ国家」の外延と内実」、『(岩波講座) 東南アジア史』第4巻所収、岩波書店
宇田有三(写真・文)、2010、『閉ざされた国ビルマ——カレン民族闘争と民主化闘争の現場を歩く』、高文研
太田常蔵、1967、『ビルマにおける日本軍政史の研究』、吉川弘文館
大野 徹、桐生 稔、斎藤照子、1975、『ビルマ——その社会と価値観』、現代アジア出版会
大野 徹、2001、「パガンの歴史」、『(岩波講座) 東南アジア史』第2巻所収、岩波書店
大野 徹、2002、『謎の仏教王国パガン——碑文の秘めるビルマ千年史』、日本放送出版協会
奥平龍二、2002、『ビルマ法制史研究入門——伝統法の歴史的役割』、日本図書刊行会
カレンニー開発調査グループ(著)、久保忠行、ビルマ情報ネットワーク(訳)、2009、『ビルマ軍政下のダム開発——カレンニーの教訓、バルーチャウンからサルウィンへ』、ビルマ情報ネットワーク、メコン・ウォッチ
工藤年博(編)、2008、『ミャンマー経済の実像——なぜ軍政は生き残れたのか』、アジア経済研究所
工藤年博(編)、2012、『ミャンマー政治の実像——軍政23年の功罪と新政権のゆくえ』、アジア経済研究所
倉沢愛子(編)、1997、『東南アジア史のなかの日本占領』、早稲田大学出版部
恵子・ホームズ、2003、『アガペ——心の癒しと和解の旅』、いのち

参考文献

＊日本語と英語の文献だけを示した。ビルマ語文献と公文書館所蔵の一次史料、および未刊行の博士論文は一部を除いて省略した。

1　日本語文献（著者名五十音順）

アウンサンスーチー（著）、マイケル・アリス（編）、ヤンソン由美子（訳）、1991、『自由――自ら綴った祖国愛の記録』、集英社

アウンサンスーチー（著）、伊野憲治（編訳）、1996、『アウンサンスーチー演説集』、みすず書房

アウンサンスーチー（著）、大石幹夫（訳）、2008、『（増補版）希望の声――アラン・クレメンツとの対話』、岩波書店

アウンサンスーチー（著）、土佐桂子、永井 浩、毎日新聞外信部（共訳）、2012、『新ビルマからの手紙　1997〜1998、2011』、毎日新聞社

綾部恒雄、石井米雄（共編）、1994、『（新版）もっと知りたいミャンマー』、弘文堂

池田一人、2000、「ビルマ独立期におけるカレン民族運動――“a separate state”をめぐる政治」、『アジア・アフリカ言語文化研究』第60号所収、東京外国語大学アジア・アフリカ言語文化研究所

池田一人、2012、『日本占領期ビルマにおけるカレン＝タキン関係：ミャウンミャ事件と抗日蜂起をめぐって』、上智大学アジア文化研究所

池端雪浦（編）、1994、『変わる東南アジア史像』、山川出版社

石射猪太郎、1986、『外交官の一生』、中央公論社（中公文庫）

石井米雄（編）、1991、『講座仏教の受容と変容２――東南アジア編』、佼成出版社

石井米雄、桜井由躬雄（共編）、1999、『東南アジア史Ⅰ　大陸部』、山川出版社

泉谷達郎、1989、『ビルマ独立秘史――その名は南機関』、徳間書店（徳間文庫）

伊東利勝、2001a、「綿布と旭日銀貨――ピュー、ドゥヴァーラヴァ

	獲得、上院も6議席中4議席を獲得)、アウンサンスーチーも下院で当選。EUがヤンゴンに事務所を開設。テインセイン大統領来日、野田首相と会談。**5月**アウンサンスーチー、解放後最初の外遊先としてタイを訪問。**6月**ラカイン州北部で反ロヒンギャー・反ムスリム暴動発生、200人が死亡。アウンサンスーチー、ヨーロッパ訪問中にオスロで1991年に受賞したノーベル平和賞の受賞演説を行う。**9月**アウンサンスーチー、米国を訪問、オバマ大統領と会談。**11月**米国オバマ大統領が日帰りでヤンゴンを訪問、ヤンゴン大学で講演、アウンサンスーチーと会談。
2013	**3月**中部ビルマのメイッティーラで反ムスリム暴動発生、43人が死亡。アウンサンスーチー、国軍記念日式典に来賓として出席。**4月**民間の日刊紙発行始まる。アウンサンスーチー、日本政府の招請で来日。**5月**テインセイン大統領、訪米してオバマ大統領と会談。安倍首相ビルマを訪問、テインセイン大統領と会談。**8月**1988年の民主化運動25周年を記念する集会がヤンゴンで開催される。**9月**アウンサンスーチー中欧3か国を訪問。

	の道程」（民主化ロードマップ）を発表。
2004	5月制憲国民会議8年ぶりに再開。10月軍政ナンバー3のキンニュン首相失脚（タンシュエ議長の権力いっそう強まる）。
2005	1月*米国、ビルマを「圧制の拠点6か国」に含め、非難を強める。* 7月軍政、翌年のASEAN議長国就任を辞退。11月ピンマナー近郊へ首都移転開始。
2006	3月国軍記念日記念式典を新首都ネイピードーで挙行。
2007	8月燃料費大幅値上げを発端とした大規模デモ発生。9月軍政主導の制憲国民会議における新憲法草案審議終了。僧侶デモに市民が10万人規模で合流（ヤンゴン）、軍政は武力で封じ込め。10月国連安保理が議長声明でビルマの状況に憂慮を表明。
2008	5月サイクロン被災（犠牲者14万人、被災者240万人）。軍政は新憲法承認の国民投票を強行、投票率98%、賛成率92%で「承認」と発表。
2009	5月アウンサンスーチーを国家防御法違反で新たに起訴（米国籍男性によるアウンサンスーチー宅侵入事件の責任を問われる）。8月アウンサンスーチーに懲役3年の有罪判決（「恩赦」で1年6か月の自宅軟禁に）。
2010	3月軍政、選挙関連法を公布（アウンサンスーチー、NLDの選挙参加事実上不可能に）。11月軍政、1990年以来20年ぶりの総選挙を実施、軍政系の連邦連帯発展党USDPが圧勝。総選挙終了後、アウンサンスーチーを3回目の自宅軟禁から解放。
2011	1月上下両院（民族代表院と人民代表院）から成る連邦議会召集。2月大統領、副大統領、両院正副議長を選出。

【民政移管以後】

西暦	出来事（イタリック体はビルマ以外の国の出来事を示す）
2011	3月軍事政権解散。テインセイン大統領を国家元首とする新政府発足。5月テインセイン大統領、訪中し胡錦濤国家主席と会談。8月大統領執務室においてテインセイン大統領とアウンサンスーチーが公式対話。9月国家人権委員会設置。10月1回目の政治囚大規模解放。11月政党法改正に伴い、NLDが政党登録。ASEAN首脳会議がビルマの2014年議長国就任を承認。12月米国のクリントン国務長官がビルマを公式訪問。
2012	1月2回目の政治囚大規模解放（主要政治囚は全員自由の身に）。4月長年にわたった二重為替レートを一本化し、管理変動相場制へ移行。上下両院および地方議会の補欠選挙実施、NLD圧勝（対象となった下院37議席と地方議会2議席をすべて

【軍政期】

西暦	出来事（イタリック体はビルマ以外の国の出来事を示す）
1988	9月国軍、民主化運動を封じ込め、ソオマウン大将を議長とする国家法秩序回復評議会SLORCを設置、軍政を開始。政党登録法の公布に基づき国民民主連盟（NLD）結成、アウンサンスーチーが書記長に就任。
1989	6月軍政、国名の英語呼称をバーマ（ビルマ）からミャンマーに変更。7月軍政、アウンサンスーチーを自宅軟禁に処す。
1990	5月複数政党制に基づく30年ぶりの総選挙実施、NLD圧勝。6月軍政、NLDへの政権移譲を拒否（議会を召集せず）。
1991	10月アウンサンスーチーにノーベル平和賞授与決定（授賞式12月）。
1992	4月軍政、ソオマウン議長引退、タンシュエ上級大将が議長に就任。
1993	1月軍政主導の制憲国民会議始まる（途中1996年から8年間の休会をはさんで2007年まで）。
1995	2月ウー・ヌ死去（国営メディアで報道されず、遺族による死亡公告のみ）。7月アウンサンスーチー、6年ぶりに自宅軟禁から解放される。11月NLD、制憲国民会議をボイコット、軍政はNLDメンバーを同会議から全員除名。
1996	5月NLD、独自に新憲法草案づくりを進めることを宣言、軍政はそれを抑圧、制憲国民会議も長期休会に。
1997	5月*米国による対ビルマ経済制裁始まる。*11月軍政、自らの名称を変更（国家法秩序回復評議会〔SLORC〕から国家平和発展評議会〔SPDC〕へ）。
1999	3月アウンサンスーチーの夫マイケル・アリス氏、前立腺ガンのため53歳で死去。
2000	9月アウンサンスーチー、再び自宅軟禁に処される。
2002	5月アウンサンスーチー2度目の自宅軟禁から解放される。12月ネィウィン死去（国営メディアで報道されず、遺族による死亡公告のみ）。
2003	5月アウンサンスーチーとNLD一行が上ビルマ遊説移動中、ディベーインで大量の暴徒に襲われ多数の死傷者を出す（ディベーイン事件）。この事件により、アウンサンスーチーは軍事施設での監禁を経て3度目の自宅軟禁に処される。7月*米国による対ビルマ経済制裁の強化。* 8月軍政、「政権移譲への7つ

	４月ウー・ヌ、首相に返り咲く。
1962	３月国軍によるクーデターでネィウィン大将を議長とする革命評議会発足、憲法と議会を廃止、主要政治家を逮捕・拘束。７月ビルマ社会主義計画党（BSPP）結成され、革命評議会議長ネィウィンが党議長を兼任。
1963	１月アウンジー准将を代表とする賠償増額交渉団が来日、経済技術協力協定（準賠償）を締結。２月ネィウィンとの経済政策等をめぐる対立からアウンジー准将解任される。10月産業国有化令出る。
1964	３月BSPPを除く全政党に解散命令。
1965	４月改正小作法施行。私立学校国有化始まる（～1966年3月）。11月BSPP第１回党セミナー開催。
1967	６月ラングーンで反中国人暴動発生。
1968	この年、日本の対ビルマ有償資金供与（円借款）始まる。
1974	１月ビルマ式社会主義に基づく新憲法公布（新国名はビルマ連邦社会主義共和国）。３月形式的民政移管、ネィウィンは大統領に就任（BSPP議長兼任）。国営企業労働者によるストライキ発生（～４月）。12月ウー・タン（ウ・タント）前国連事務総長の遺体取扱いをめぐって、学生たちが反政府運動を展開。
1975	６月学生・労働者による反政府ストライキ発生。 この年、日本の対ビルマ無償資金供与始まる。
1976	３月タキン・コウドオフマイン生誕100周年を機に学生たちの反政府運動盛り上がる。７月ネィウィン暗殺計画に関与したとされる青年将校らを処分。
1977	５月バモオ死去（国営メディアで報道されず、遺族による死亡公告のみ）。
1979	８月英国でマウントバッテン死去、ビルマ政府は３日間の服喪。
1981	11月ネィウィン、大統領職をサンユに譲り、BSPP議長職に専念。
1982	ビルマ市民権法（新しい国籍法）施行。
1983	全国規模の人口調査を実施。
1988	３月学生たちによる大規模反政府デモ発生。７月サンユ大統領、ネィウィンBSPP議長それぞれ辞任。新大統領にセインルウィン就任（BSPP議長兼任）。８月反政府運動に市民や公務員が合流、全土的民主化運動へ。セインルウィン大統領辞任、文官のマウンマウン大統領就任。アウンサンスーチー、民衆の前で初演説。

	月パサパラによる憲法草案作成始まる。6月制憲議会において憲法制定審議始まる。7月アウンサンら閣僚7名と官僚1名、守衛1名の計9名が、閣議の場でウー・ソオの部下らが放った凶弾によって暗殺される。パサパラ副議長のウー・ヌ、アウンサンの後任として行政参事会副議長とパサパラ議長に就任。アウンサンらに対する暗殺指示容疑でウー・ソオ逮捕される。KNUがカレン民族防衛機構（KNDO）を結成。9月新憲法、制憲議会で承認される。10月ウー・ヌ＝アトリー協定調印、ビルマの完全独立決まる。英緬防衛協定（レッヤー＝フリーマン協定）調印。11月*英国、下院でビルマ独立法案を可決（翌月、上院で可決）。*ウー・ソオほか8名に死刑判決下る。

【ビルマ連邦時代】

西暦	出来事（イタリック体はビルマ以外の国の出来事を示す）
1948	1月ビルマ、英国から主権を回復し、共和制の連邦国家として独立（国名はビルマ連邦）、初代首相にウー・ヌ就任。3月ビルマ共産党、反政府武装闘争に突入。
1949	1月KNDO、反政府武装闘争に突入、全土的内乱のためにウー・ヌ政府は危機的状況に陥る（翌年末まで）。
1950	3月中国国民党軍（KMT）のビルマ東北部侵入本格化。6月ビルマ国軍、KMTと戦闘に入るも敗退。
1951	6月第1回総選挙（～翌年1月）、パサパラ勝利。11月日本政府がラングーンに在外事務所を設置。
1952	4月対日戦闘状態終結宣言。8月日本政府の在外事務所、総領事館に昇格。 この年、ビルマ政府は英緬防衛協定（レッヤー＝フリーマン協定）を破棄。
1953	3月ビルマ政府、KMT問題を国連に提訴。11月KMTの一部が台湾に移動。
1955	4月日緬平和条約および日緬賠償・経済協力協定発効（国交樹立、日本の対ビルマ戦争賠償始まる）。
1956	4月第2回総選挙、パサパラ勝利するも、得票率で国民統一戦線（NUF）に迫られる。6月ウー・ヌ、首相職をバスウェに譲ってパサパラの党務に専念。
1957	3月ウー・ヌ、首相に復帰。
1958	4月パサパラ、「清廉派」と「安定派」に分裂。10月ネィウィン首相による選挙管理内閣発足（国軍の政治介入の始まり）。
1960	2月第3回総選挙、ウー・ヌ率いる連邦党（元清廉派）大勝。

1942	1月BIA、日本軍と別ルートでビルマに侵攻。ウー・ソオ、リスボンにおける日本公使館との接触発覚のため、帰国途上のティベリアスで逮捕され、首相職から解任される。ポオトゥン内閣発足。3月日本軍、ラングーン占領。5月ビルマ総督のインド撤退。デルタ地帯のミャウンミャでビルマ民族がカレン民族を襲い、両者間で激しい暴動が発生。6月日本軍、ビルマ全土に軍政を布告、タキン党の臨時行政府解散。7月南機関解散、BIA解散（ビルマ国防軍〔BDA〕に再編)。8月ビルマ中央行政府発足（長官にバモオ就任)。
1943	3月日本軍、ビルマ方面軍を編成。8月日本がビルマに「独立」付与(バモオが国家元首兼首相に就任)。インドに東南アジア軍総司令部（SEAC）設置される（最高司令官マウントバッテン)。11月*東京で大東亜会議開催（バモオ国家元首参加)*。
1944	7月日本軍のインパール作戦大敗、作戦中止。8月抗日地下組織の反ファシスト人民自由連盟（パサパラ）結成される（当初の名称はファシスト撲滅人民解放組織〔パタパ〕)。
1945	3月パサパラ主導の抗日武装蜂起始まる。4月バモオ国家元首、ラングーンを脱出、ビルマ南部のムドンへ。5月英軍、ラングーンを奪還、軍政を開始（～10月)。アウンサン、メイッティーラで英第14軍スリム中将と会談。*英国、戦後の対ビルマ政策を定めた『ビルマ白書』を発表。*6月ラングーンでアウンサンスーチー生まれる。ビルマ国軍、愛国ビルマ軍（PBF）に名称変更、英軍の下に入り日本軍との戦いを継続。8月*日本、ポツダム宣言受諾（連合国に降伏)。*バモオ、日本に亡命（新潟県の薬照寺に入る)。9月キャンディ協定に基づき、愛国ビルマ軍は正規ビルマ軍（植民地ビルマ軍）と合体。10月インドのシムラからビルマ政庁が戻り、ドーマン＝スミス総督が復帰（軍政から民政へ)。11月パサパラ関係者抜きで第1次行政参事会発足。
1946	1月バモオ、東京の連合国最高司令官総司令部（GHQ）に自首。2月アウンサン逮捕問題おこる（～5月、最終決着は7月)。ビルマ共産党分裂、赤旗共産党（指導者タキン・ソウ）が分派。6月ドーマン＝スミス総督帰国、解任される。8月ランス総督就任。9月パサパラ関係者が過半数を占める第2次行政参事会発足。11月ビルマ共産党、パサパラから除名される。
1947	1月アウンサンを代表とする行政参事会代表団がロンドンを訪問、英国政府（アトリー内閣）と主権移譲に関して協議、「アウンサン＝アトリー協定」に調印。2月パンロン（ピンロン）での会議を経て少数民族代表と協定締結。カレン民族同盟（KNU）結成される。4月制憲議会議員選挙でパサパラ圧勝。5

	される。**12月**ラングーン大学開学、直後に第1次学生ストライキ。
1921	最初のビルマ人高等文官（ICS）採用される（ティントゥッ）。
1922	第1回立法参事会選挙。
1923	両頭制（ダイアーキー）施行される。
1925	第2回立法参事会選挙。
1928	第3回立法参事会選挙。
1930	**5月**ラングーンで反インド人暴動発生。**6月**ラングーンでタキン党（我らのビルマ協会）結成される。**12月**下ビルマ農民大叛乱（サヤー・サン叛乱）始まる（～1932年）。
1931	英緬円卓会議開催。
1932	第4回立法参事会選挙（印緬分離問題が争点に）。
1935	**4月**ビルマ統治法公布。**5～8月**ウー・ソオ日本を訪問、帰国後『日本案内』出版。
1936	**2月**ラングーン大学第2次学生ストライキ。**11月**翌年4月のビルマ統治法施行を前に下院総選挙実施。
1937	**4月**ビルマ統治法施行により英領インド帝国から分離、英領ビルマとなる（初代総督コックレイン、初代首相バモオ）。
1938	**7月**反インド人暴動（～9月）。**8月**タキン党二派に分裂（本部派とバセイン派）。**10月**アウンサン、ウー・ヌとともにタキン党入党。**11月**アウンサン、タキン党本部派の書記長となる。上ビルマ油田労働者のラングーンに向けた行進始まる。「ビルマ暦1300年の叛乱」（～1939年2月）。
1939	**1月**ビルマ・ルート（援蔣ルート）開通。**2月**バモオ内閣不信任案可決、ウー・プ内閣発足。**8月**ビルマ共産党結成。**9月**自由ブロック結成。**11月**コックレイン総督、英国が将来ビルマをドミニオン（自治領）にすることを言明。
1940	**6月**鈴木敬司陸軍大佐（参謀本部第2部8課）、身分を偽ってラングーンに入り、謀略活動を開始。**8月**アウンサン、同志とともにビルマを密出国、アモイへ行くも、鈴木敬司の連絡で日本軍憲兵に捕えられる。**9月**ウー・プ内閣不信任案可決、ウー・ソオ内閣発足。**11月**アウンサンら東京に着く。
1941	**2月***南機関発足*。**4月**「30人の志士」のビルマ密出国と海南島集結、軍事訓練（～9月）。**5月**コックレイン総督離任、ドーマン＝スミス総督就任。**9月**ウー・ソオ、英国・米国・カナダ訪問（～12月）。**12月***日本軍、対米英宣戦布告*。日本軍、ラングーンを初空襲。バンコクでビルマ独立義勇軍（BIA）結成。日本軍、ビルマ侵攻を開始。

	て暗殺される。
1868	*シャムでラーマ5世チュラロンコーン王即位（国家の近代化へ着手）。日本で明治維新。*
1871	マンダレーで三蔵経典の総合的点検（「第5回仏典結集」）。
1876	英領下の下ビルマで地租法施行。
1878	ティーボー王即位（ビルマ王国最後の王）。キンウンミンヂーら改革派が中心となって西欧の官僚制をモデルに14省から成る官僚機構と内閣制度を導入するが、守旧派による抵抗で翌年頓挫。
1879	前王ミンドンの王子31人と王女9人が処刑される（王宮内大虐殺）。
1881	カレン民族協会（KNA）が英領下の下ビルマで結成される。
1885	1月緬仏条約締結される。11月第3次英緬戦争（コンバウン朝滅亡）。

【英領インド帝国・英領ビルマ時代】

西暦	出来事（イタリック体はビルマ以外の国の出来事を示す）
1886	1月英国がビルマ全土を英国領土に併合することを宣言。3月ビルマ全土が英領インド帝国の一州となる（準州扱い）。
1887	*フランス領インドシナ連邦（仏印）成立。*
1889	準州弁務長官クロスウェイトが上ビルマ村落法を施行。
1890	英軍、1886年から続いた上ビルマでの土着の抵抗を封じ込める。
1893	マウービン県でバモオ生まれる（1977没）。
1896	英仏協定に基づき、ラオスとビルマの国境画定。
1897	ビルマ州、英領インド帝国の準州から正規の州に格上げされる。
1900	ターヤーワディ県でウー・ソオ生まれる（1948没）。
1906	仏教青年会（YMBA）がラングーンで結成される。
1907	ミャウンミャ県でウー・ヌ生まれる（1995没）。
1911	プローム県でネィウィン生まれる（2002没）。
1915	マグウェー県でアウンサン生まれる（1947没）。
1916	YMBA、靴を履いたまま仏塔や寺院に入る欧州人への反対運動を展開。
1917	YMBAの活動が急速に政治化。
1920	10月YMBA分裂、ビルマ人団体総評議会（GCBA）結成

1740	ペグー（バゴー）でハンターワディ王国復活（タメイントー・ブッダケティ王即位、在位～1747）。
1747	ハンターワディ王国、ビンニャーダラ王即位（在位～1757）。
1752	ビンニャーダラ王、ニャウンヤウン朝の都インワを攻略。シュエボウで在地首長アウンゼーヤが王に即位（アラウンパヤー王、在位～1760）、コンバウン朝興る（～1885）。
1754	アラウンパヤー王、インワ（アヴァ）を攻略。
1756	アラウンパヤー王、ダゴンを攻略、ヤンゴンに名称を変える。
1757	アラウンパヤー王、ハンターワディ王国を滅亡させる。
1763	シンビューシン王即位（在位～1776）。
1765	シンビューシン王、清（乾隆帝）の遠征軍を撃退（～1769）。
1767	シンビューシン王、シャムのアユタヤを攻略（アユタヤ王国滅亡）。
1782	ボウドーパヤー王即位（在位～1819）。*シャム（タイ）でクルンテープ（バンコク）を都とするラタナコーシン朝成立（ラーマ1世即位）。*
1784	ボウドーパヤー王、アラカン王国（ムラウー朝）を征服。
1787	チッタゴンが英国東インド会社の支配下に入る。
1819	バヂードー王即位（在位～1837）。
1824	第1次英緬戦争（～1826）。
1826	ヤンダボー条約に基づき、ビルマ王国はテナセリムとアラカンを失い、多額の賠償金支払いを負う（第1次英緬戦争の敗北）。
1829	バヂードー王による『玻璃宮大王統史』の編纂事業始まる（～1832）。
1851	*シャムでラーマ4世モンクット王即位、西欧諸国との関係を深める。*ビルマ王国の官憲が英人船長を逮捕（殺人容疑）、罰金刑を科す。
1852	第2次英緬戦争（下ビルマ全域が英領となり、ビルマ王国は内陸国化）。
1853	ミンドン王即位（在位～1878）、ビルマ王国の近代化に着手。
1855	*シャムでモンクット王が英国全権バウリング卿との間に通商条約締結。*
1857	ミンドン王、マンダレーに新都造営。
1861	ミンドン王、税制改革に着手（タッターメイダー税の導入）。
1862	ビルマ王国、英国と通商条約締結（1867年に改定）。
1866	王宮内で近代化を推進したカナウン皇太子が二人の王子によっ

1385	ハンターワディ王国、ラーザディリ王即位（在位～1423)、下ビルマの支配をめぐり、上ビルマから攻め込むインワ朝と対立。
1430	アラカンでムラウー朝成立（～1785)、それまで続いたインワ朝とハンターワディ王国の介入を排除。
1476	ハンターワディ王国（ペグー）のダンマゼーディ王（在位1471～92)、正式な受戒法を会得させるため22名の僧侶をスリランカへ派遣。
1479	ダンマゼーディ王、ペグーでカルヤーニ戒壇を建立。
1531	タウングー城主ミンチーニョウ（在位1486～1531）の跡を継いでダビンシュエティ王が即位（在位～1550)、タウングー朝興る（～1599)。
1539	ダビンシュエティ王、ハンターワディ王国を滅亡させ、ペグー（バゴー）に遷都（海港として栄える)。
1541	ダビンシュエティ王、マルタバン（モウッタマ）を攻略。
1551	バインナウン王即位（在位～1581)。
1555	バインナウン王、インワ朝を滅ぼす。
1564	バインナウン王、シャムのアユタヤを攻撃（～1569)、陥落させる。
1580頃	河の沈泥作用のため、ペグーが海港としての機能を失う。
1581	ナンダバイン王即位（在位～1599)。
1598	タウングー朝崩壊状態に（1599年滅亡)。
1600	アラカンのムラウー朝がシリアム（タニン）の管理をポルトガル人デ・ブリートに委任（その後、シリアムはゴアのポルトガル総督下に入る)。
1604	バインナウン王の子ニャウンヤウン侯ミンイェーナンダメイッが国王に即位（在位～1606)、王朝を再建、インワ（アヴァ）に都を置く（ニャウンヤウン朝の成立、～1752)。
1606	アナウペッルン王即位（在位～1628)。
1613	アナウペッルン王、シリアムを攻撃（ポルトガル人らをインワに連行)。
1615	アナウペッルン王、チェンマイを攻略。
1627頃	英国東インド会社とオランダ東インド会社がそれぞれシリアム（タニン）に商館を開設。
1629	タールン王即位（在位～1648)。
1698	サネー王即位（在位～1714)、ニャウンヤウン朝の国政が不安定化。

関連年表

＊10世紀以前は年代の確定が
難しいため省略した

【王朝時代】

西暦	出来事（イタリック体はビルマ以外の国の出来事を示す）
1044	パガン朝の祖、アノーラター王即位（在位～1077）。
1057	アノーラター王、タトン、テナセリム攻略。
1084	チャンズィッター王即位（在位～1113）、同王治世下で中央平原地帯の灌漑関連施設の建設や仏塔の修復・建立が進む。
1112	「ミャゼディ碑文」刻まれる。
1113	アラウンスィードゥ王即位（在位～1163？）、パガン朝の安定期。
1174	ナラパティスィードゥ王即位（在位～1211）、同王治世下でパガンの「ビルマ化」進展（碑文のビルマ語化、ビルマ風建築様式など）。
1235	チャズワー王即位（在位～1249）、密教色の強い森住派の僧侶たちの勢力拡大阻止のため、上座仏教僧団の強化を図る。
1237	チャズワー王、教学使節をスリランカに派遣。
1284	パガン朝、元の攻撃を受け、弱体化。
1287	パガン朝のナラティハパティ王（在位1254～87）、元に服属（王朝は混乱状態に）。ワーレルー王（在位～1296）、サルウィン（タンルイン）河口のマルタバン（モウッタマ）にハンターワディ王国を興す（～1539）。
1299	パガン朝、名実ともに滅亡。
1309頃	ピンヤでティーハトゥ王即位（在位～1325）、ピンヤ王統による同地の支配始まる（～1360）。
1315	ザガインでアティンカヤー王即位（在位～1327）、ザガイン王統による同地の支配始まる（～1364）。
1351	*シャム（タイ）でアユタヤ王国成立（～1767）。*
1364	インワ（アヴァ）でタドウミンビャー王（在位～1367）が王権を確立（インワ朝、～1526）。
1369	ハンターワディ王国、ペグー（バゴー）に遷都。

根本 敬（ねもと・けい）

1957年（昭和32年）生まれ．国際基督教大学大学院比較文化研究科博士後期課程中退．東京外国語大学アジア・アフリカ言語文化研究所教授などを経て，現在，上智大学総合グローバル学部教授．専攻，ビルマ近現代史．
著書『アウン・サン――封印された独立ビルマの夢』（岩波書店）
『抵抗と協力のはざま――近代ビルマ史のなかのイギリスと日本』（岩波書店）
『ビルマ独立への道――バモオ博士とアウンサン将軍』（彩流社）
『アウンサンスーチーのビルマ――民主化と国民和解への道』（岩波現代全書）
など

物語《ものがたり》 ビルマの歴史《れきし》
中公新書 *2249*

2014年1月25日初版
2021年7月5日再版

著　者　根本　敬
発行者　松田陽三

本文印刷　三晃印刷
カバー印刷　大熊整美堂
製　　本　小泉製本

発行所　中央公論新社
〒100-8152
東京都千代田区大手町 1-7-1
電話　販売　03-5299-1730
　　　編集　03-5299-1830
URL http://www.chuko.co.jp/

Published by CHUOKORON-SHINSHA, INC.
Printed in Japan　ISBN978-4-12-102249-3 C1222

世界史

e1